John Benton

„Einleuchtend!“

Titus - Glauben hat Konsequenzen

3L Verlag

Impressum

Die englische Originalausgabe erschien unter dem Titel
„Straightening Out The Self-Centred Church"

„Einleuchtend!"

Aus dem Englischen übersetzt von
Volker Jordan

ISBN 3-935188-14-5

Umschlag: Hans Peter Theilig
Korrektur: Manfred Schwierk
Übersetzung: Volker Jordan
Satz: Kirsten Jerichow
Druck: Schönbach-Druck

Für Ann,
die Einzigartige

Das Christentum ist nach dem Verständnis des Apostels Paulus ein großes Unterfangen. Es ist ein Unterfangen, dass sich an der zukünftigen Ewigkeit orientiert. Menschen werden aufgefordert, unter der Prämisse ihre Zeit zu planen, ihr Leben einzusetzen und ihr tägliches Handeln zu leben - die ungeheure Prämisse, die es als sicher annimmt, dass dieses Leben nur ein Vorspann, und zwar ein sehr kurzer Vorspann, zu einem anderen, und zwar einem endlosen Leben ist, das diesem Leben folgen wird. Und die Gewähr für dieses Handeln ist die Tatsache, dass Christus von den Toten auferstanden ist.

H. P. Liddon

Inhalt

Vorwort

Die Idee zu diesem Buch waren einige Bemerkungen über die Schwächen der postmodernen christlichen Gemeinde in der westlichen Gesellschaft, die ich in einer anregenden kleinen Broschüre von Brian J. Walsh mit dem Titel *Subversive Christianity* - „Gefährdetes Christentum" - las. Er sprach von einer Diskrepanz im heutigen Leben der Christen, einer Diskrepanz zwischen der Weltanschauung der Gläubigen und ihrer Lebensweise, eine Diskrepanz, die nicht einfach durch weitere gute Absichten und glühendere Hingabe an Christus überbrückt werden könne. Christen werden von der heutigen Kultur in einer Weise gefährdet, wie sie sich ihrer kaum bewusst sind.

Ich griff diesen Gedanken in einer Neujahrsansprache zu Beginn des Jahres 1994 auf, und aus den Reaktionen erkannte ich sehr deutlich, dass ich etwas berührt hatte, was für viele in der Gemeinde ein sehr konkretes Problem darstellte. Es war so, als ob ich für uns alle etwas über uns selbst in Worte gefasst hatte, um dessen Verständnis wir schon einige Zeit am Ringen waren. Die nächsten paar Monate verbrachte ich mit dem Versuch, das Problem deutlicher zu definieren und zu erfassen, wie nämlich die Welt um uns her - beinahe unbewusst - unsere Denkweise beeinflusst. Mitten in diesem Prozess erkannte ich, dass viele der Probleme der heutigen Kirche denjenigen ähneln, denen Titus auf der Insel Kreta begegnete, als Paulus ihm etwas über die dortigen Gemeinden schrieb. Die Anfälligkeit heutiger christlicher Gemeinden für falsche Lehrer, die Probleme um die Rollen von Männern und Frauen, die Missachtung von Autorität und die allgemeine „ichbezogene" Einstellung, die in unserer Zeit oft gemeinsam daherkommen, kamen auch schon in den Gemeinden Kretas im ersten Jahrhundert gemeinsam daher. Warum ist das aber so?

Das Problem der Diskrepanz im heutigen christlichen Leben und dem, was ich darüber zu verstehen begann, führte schließlich zu einer sonntäglichen Predigtreihe über den Brief des Paulus an Titus, die ich in der Chertsey Street Baptist Church im Herbst 1994 hielt. Diese Predigten sind die Grundlage für den vorliegenden Welwyn-Kommentar.

Ich habe Bücher und Gedanken von einer Menge unterschiedlicher Prediger und Schriftsteller verwendet, als ich mein Thema in Angriff nahm, und ich hoffe, dass sie nichts dagegen haben, dass ich ihre Vorratskammern plündere. Besonders möchte ich Roy Clements Vortrag vor der UCCF im Jahre 1994 erwähnen. Zusammen mit der Broschüre von Brian Walsh und dem Werk von Os Guiness half mir dieser Vortrag, viele für mich entstandene Fragen zu klären.

Ich muss auch Eileen Savage danken, die wieder einmal sehr hart daran gearbeitet hat, die Notizen dieses Pastors, der des Schreibens mit dem Computer unkundig ist, in das Textverarbeitungsprogramm einzugeben und ein mühelos lesbares Manuskript zu erstellen.

Selbstverständlich muss ich den Leitern und der Gemeinde der Chertsey Street Baptist Church, Guildford, danken. Wir behaupten nicht, die beste Gemeinde auf der Welt zu sein, denn wir haben viele Fehler und Schwächen. Aber soweit es mich betrifft, empfinde ich es als ein wunderbares Vorrecht, Pastor und Prediger der Gemeinde in der Chertsey Street sein zu dürfen. Es ist ein noch größeres Vorrecht, dass dieser arme Sünder es verdient, einem so reizenden Teil der Familie Gottes anzugehören. Ich liebe die Gemeinde. Möge der Herr über uns wachen, uns gebrauchen, uns bewahren und uns vor allen Anschlägen Satans, seien sie alt oder neu, schützen.

John Benton
Chertsey Street,
Guildford, im Januar 1997

Einleitung

Kreta ist eine vorwiegend gebirgige, aber schöne Insel, die etwa 96 Kilometer südöstlich von Griechenland im sonnigen Mittelmeer gelegen ist. Kreta ist ungefähr 240 Kilometer lang (von Ost nach West) und variiert in der Breite (von Nord nach Süd) von 56 Kilometern bis zu ungefähr 12 Kilometern. Viele Menschen verbringen heute einen wunderbaren Sommerurlaub auf dieser Insel.

Doch für Titus war Kreta kein Ferienziel. Während er auf der Insel Kreta zurückgelassen worden war, erhielt er einen Brief des Apostels Paulus. Wir befinden uns in den frühen Tagen des Christentums. Der christliche Glaube könnte die Insel durchaus schon recht früh berührt haben - zur Zeit der ersten Ausbreitung der Kirche, denn Apg 2 überliefert uns die Tatsache, dass Menschen aus Kreta am Pfingsttag gegenwärtig waren, als der Heilige Geist zuerst in Jerusalem vom auferstandenen Herrn Jesus Christus auf die Gemeinde ausgegossen wurde (Apg 2,11). Wahrscheinlicher ist jedoch, dass erst einige Zeit später Gemeinden auf der Insel gegründet wurden. Wahrscheinlich hatte Paulus der Insel nach seiner ersten Gefangenschaft in Rom einen apostolischen Besuch abgestattet und Gemeinden gegründet. Doch aus Gründen, die uns nicht bekannt sind, war er außerstande, sehr lange zu bleiben. Als Paulus nun seinen Brief schrieb, fehlte es den neugegründeten Gemeinden auf der Insel noch an einigem, was in Ordnung gebracht werden musste (1,5). Titus, Paulus' Freund und sein Assistent im Dienst des Evangeliums, war dort zurückgelassen worden, um die Dinge in Ordnung zu bringen.

Unvollendeter Glaube

Wenn man sich die Zeit nimmt, diesen kurzen Brief an Titus durchzulesen, wird schnell deutlich, dass Paulus noch weitaus mehr im Sinn hatte, als nur Leiter/Älteste in den Gemeinden in den einzelnen Ortschaften Kretas einzusetzen, obwohl dies sicherlich die Hauptaufgabe des Titus war (1,5). Paulus hatte noch weitaus mehr im Sinn, als er davon sprach, dass Titus „vollends ausrichten" - in Ordnung bringen soll, „was noch fehlt". So gab es zum Beispiel falsche Lehrer und Irrlehren, mit denen er sich befassen musste (1,9.10). Es scheint überdies sogar so gewesen zu sein, als ob der Glaube der Christen auf Kreta selbst noch unvollendet war.

Was meine ich damit? Im allerersten Vers des Briefes spricht Paulus davon, dass das Evangelium eine Wahrheit ist, die „zu einem rechten Wandel in der Gottesfurcht" führt (1,1; Bruns[1]). Der Glaube muss in einem fruchtbaren Leben für Gott ausgedrückt werden. Doch unter den Christen Kretas geschah dies nicht so, wie man es sich gewünscht hätte. Sie waren kaum anzusprechen auf die Tatsache, dass die gute Botschaft von Gottes Gnade und Liebe uns zu einem rechtschaffenen und gottesfürchtigen Lebensstil führen sollte.

Man kann dies aus mehreren Stellen im ganzen Brief ersehen. Hier nur drei Beispiele: In 2,1 ermuntert Paulus Titus, zu lehren, „wie sich's ziemt nach der heilsamen Lehre". Und was er in den folgenden Versen fortfährt zu betonen, sind bestimmte Aspekte des praktischen christlichen Lebens - für Männer und Frauen. Vermutlich hatte sich bis dahin solch praktisches Christentum noch nicht gezeigt. Später im selben Kapitel macht es Paulus unmissverständlich deutlich: „Denn es ist

---

[1] Hans Bruns, *Das Neue Testament,* übertragen und erklärt, Brunnen Verlag, Gießen/Basel. Die *New International Version (NIV),* die vom Autor benutzt wird, übersetzt: „truth that leads to godliness", *New International Version,* International Bible Socierty, Hodder&Stougthon.

erschienen die heilsame Gnade Gottes allen Menschen und nimmt uns in Zucht, dass wir absagen dem ungöttlichen Wesen und den weltlichen Begierden und besonnen, gerecht und fromm in dieser Welt leben“ (2,11.12). Die gläubige Annahme der christlichen Wahrheit sollte eine ausgesprochen disziplinierte christliche Lebensweise zur Folge haben. Dies musste den Christen auf Kreta verdeutlicht werden.

Ein letztes Beispiel finden wir in 3,8. Nachdem Paulus in den vorhergehenden Versen einen wundervollen Abriss der „Freundlichkeit und Menschenliebe Gottes, unseres Heilandes“ gegeben hat, sagt Paulus zu Titus: „Ich will, dass du dies mit Ernst lehrst, damit alle, die zum Glauben an Gott gekommen sind, darauf bedacht sind, sich mit guten Werken hervorzutun.“ Offensichtlich waren die Christen auf Kreta nicht sehr darauf bedacht, gute Werke zu tun, zumindest nicht so, wie sie es eigentlich hätten tun sollen.

Es bestand eine Diskrepanz zwischen dem, was sie zu glauben bekannten, und ihrer tatsächlichen Lebensweise. Klingt das nicht irgendwie vertraut? Ich vermute, dass nun vielen Christen in unseren heutigen Gemeinden die Glocken läuten. Nach meinem Empfinden schauen heutzutage viele Christen nur sehr ungern der Tatsache ins Auge, dass eine Diskrepanz herrscht zwischen unserer bewussten Hingabe an den Herrn Jesus und der Weise, wie wir unser Leben führen. Wir wissen, dass in gewisser Hinsicht immer eine Art Kluft bestehen wird auf unserem ganzen Lebensweg, bis wir den Himmel erreichen werden. Auf dieser Seite der Herrlichkeit kann kein Christ ein vollkommenes Leben leben. Dennoch sind sich heute viele Christen bewusst, dass diese Kluft in ihrem Leben immer weiter auseinander klafft, als sie es sollte. Sie scheint auch weiter auseinander zu klaffen als die Kluft im Leben der Christen früherer Generationen. Seltsamerweise scheint es auch so, als ob diese Kluft nicht immer aus bewusstem Ungehorsam dem Herrn gegenüber herrührt. Oft bemerken ernsthafte Christen, dass diese Kluft sich in ihrem Leben auftut, und sie sind darüber ziemlich bestürzt. Sie haben sich aufgemacht, Christus noch entschiedener nachzufolgen, mehr im Gebet zu sein und mehr in der Bibel zu erforschen, und doch hat dies keine sofortige Lösung gebracht. Etwas geschieht, was sie nicht ganz verstehen, und sie sind nicht sicher, wie sie wachsen können!

Die Diskrepanz zwischen Glauben und Verhalten ist das zentrale Thema des Briefes, den Paulus an Titus schreibt. Und er hat unserer Generation von Christen viel zu sagen, da wir an der Schwelle des einundzwanzigsten Jahrhunderts stehen. Oft wird der Brief an Titus in Bibelkommentaren zusammen mit dem Ersten und dem Zweiten Timotheusbrief behandelt, und zwar unter dem Oberbegriff der „Pastoralbriefe", jener Briefe also, die speziell an christliche Mitarbeiter geschrieben wurden und nicht in allererster Linie an Gemeinden. Obschon dieser Brief ausführliche Anweisungen darüber enthält, wie sich ein christlicher Leiter zu verhalten hat, könnte man mit Recht behaupten, dass wir viel mehr vom Titusbrief lernen können, wenn wir von Anfang an dieses Problem der Diskrepanz im christlichen Verhalten in den Gemeinden Kretas im Blickfeld haben. Diesen Ansatz werden wir in diesem Kommentar verfolgen.

Modernes Leben

Denken wir nur einen Augenblick über das Problem nach. Die Ursache der Diskrepanz ist immer dieselbe. Es ist der Einfluss einer Gesellschaft, die von Gott nichts wissen will und uns umgibt, die auf uns einwirkt. Der prägende Einfluss der kontemporären heidnischen Kultur ist immer die Hauptursache für Krankheiten innerhalb der Gemeinde Jesu gewesen, egal an welche Epoche man denkt. Christen einer früheren Generation nannten es das Problem der „Weltlichkeit".

Nun müssen wir vorsichtig sein, damit wir nicht überreagieren. Christliches Engagement in der Gesellschaft hat sowohl positive als auch negative Seiten. Die Welt hat zwei Pole. Sie ist Gottes Welt. Er hat sie geschaffen. Er erhält sie. Sie hält daher viele Dinge zu unserem reichlichen Genuss bereit (1.Tim 4,4; 6,17). Natürlich ist sie aber auch eine gefallene Welt und das Bollwerk des Teufels, und daher ist sie ein gefährlicher Ort. Auf der einen Seite scheint es so, dass wir den Kontakt zu einer verlorenen Welt und die Fähigkeit, ihr das Evangelium mitzuteilen, verlieren, wenn wir uns als Christen zu sehr von der Gesellschaft zurückziehen und absondern. Wenn wir uns abschotten, können wir nicht Christi Gebot befolgen und der ganzen Welt das Evangelium bringen. Aber auf der anderen Seite besteht jedoch demgegenüber die Gefahr, dass wir uns so sehr mit der Welt beschäftigen, dass wir in der Gefahr stehen, Kompromisse einzugehen, und die Welt unseren Lebensstil untergräbt. Dann tut sich eine weite Kluft auf zwischen dem, wofür wir mit unserem Bekenntnis eintreten, und der Art und Weise, wie wir es ausleben. Wir müssen also vorsichtig mit der Welt umgehen.

Das vorherrschende Charakteristikum des modernen Lebens ist, verglichen mit früheren Jahrhunderten, die Geschwindigkeit der Veränderungen. Im Verkehr, im Handel, im technischen Fortschritt und in der Verbreitung von Ideen bewegt sich unsere Welt mit atemberaubender Geschwindigkeit voran. Das Problem der heutigen Gemeinde ist häufig nicht, dass es ihr an Verständnis für ihr christliches Fundament fehlt oder dass unsere sündige Natur irgendwie schlechter wäre als die der Gläubigen in anderen Jahrhunderten - sie ist immer schlecht und böse gewesen! Unser Problem ist, dass sich in unserer schnelllebigen modernen Gesellschaft die Kultur weiterentwickelt hat und uns häufig in einer Weise gefährdet, wie wir es noch nicht erfasst oder begriffen haben. Daher reicht es manchmal auch nicht aus, sich dem Herrn ganz neu zu weihen. Sehr oft hinkt das Denken durchschnittlicher Christen tatsächlich zu weit hinter der Zeit her, als dass sie erkennen könnten, wie die Welt ihre Seelen angreift.

Lassen Sie mich eine Geschichte von Os Guiness zitieren, dem Autor von *The Gravedigger File*[2]. Es handelt sich um eine Geschichte aus der alten Sowjetunion. Viele Gegenstände aus einer Tischlerei in der alten UdSSR wurden von den Arbeitern gestohlen. Deshalb wurde ein Wachposten am Tor aufgestellt. In der ersten Nacht, in der der kommunistische Wächter dort stand, kommt Petrowitsch mit einem verdächtig aussehenden Sack auf einer Schubkarre heraus. „Was haben Sie da?", fragt der Wächter. „Es sind nur Hobelspäne", erwidert Petrowitsch. Der Wächter ruft: „In Ordnung, schütten Sie den Sack aus!" Tatsächlich waren es nur Hobelspäne, und so ließ der Wächter ihn passieren. Dies geschah Nacht für Nacht. Der Wächter wusste zwar, dass etwas im Gange war, aber er konnte nicht herausfinden, was es war. Schließlich war er so ärgerlich und neugierig, dass er Petrowitsch ergriff und zu ihm sagte: „Ich weiß, dass Sie etwas im Schilde führen; es macht mich verrückt, nicht zu wissen, was es ist. Erzählen Sie mir, was Sie im Schilde führen und ich werde Sie gehen lassen. Was stehlen Sie?" Petrowitsch lächelte und antwortete: „Schubkarren!"

Leider geht der Scherz auf Kosten evangelikaler Christen. Während wir Wächter aufgestellt haben, um den Sonntag zu heiligen, gegen Abtreibung und gegen homosexuelle Praktiken einzutreten und obendrein auf der Hut vor allen Abweichungen von der gesunden Lehre sind (all dies ist durchaus sehr notwendig und sehr gut), hat der Teufel weitaus subtilere Dinge durch die Hintertür in unser Leben eingeschleust, die, wenn wir nicht vorsichtig sind, uns schließlich dazu führen werden, irgendwann auch in den anderen Fragen unseren Standpunkt zu ändern. Was jene subtilen Dinge sind, werden wir deutlich zu machen versuchen, wenn wir uns den Titusbrief anschauen.

---

[2] O. Guiness, *The Gravedigger File*, Hodder&Stoughton, 1983.

Aber wenn jemand einen einzigen Begriff möchte, so wäre es der Begriff „Subjektivismus"[3].

Kretischer Charakter

In jenen frühen Tagen des Christentums war das Volk der Kreter bekannt als eine egozentrische Gesellschaft. Paulus zitiert eine Bemerkung des Epimenides, eines kretischen Schriftstellers aus dem sechsten Jahrhundert vor Christus, über den Charakter seiner Landsleute: „Die Kreter sind immer Lügner, böse Tiere und faule Bäuche" (1,12). Offensichtlich waren sie sechs Jahrhunderte später immer noch dieselben. Es ist eine Verallgemeinerung, und man muss sie als solche verstehen, aber dennoch scheint es ziemlich deutlich zu sein, dass Kreter für ihre aggressiven nur vom Ich ausgehenden Auffassungen bekannt waren. Polybios, ein anderer antiker Schriftsteller, sagt: „Habgier und Geiz sind auf dem Boden Kretas so heimisch, dass die Kreter das einzige Volk sind, unter dem einem Gewinn jeder möglichen Art kein Stigma anhaftet." Sie würden alles für ihr Ego tun.

Subjektivismus und Aggressivität gehen nicht immer miteinander einher, aber oft ist das wohl so. Wenn Menschen sich selbst und ihre Empfindungen als das Zentrum des Universums betrachten, dann ist Unempfindlichkeit für andere nicht allzu weit entfernt, und Feindseligkeit anderen gegenüber stellt nur noch einen Schritt darüber hinaus dar.

Es ist vielleicht unmöglich, die Ursachen für diese heftige subjektive Neigung in der kretischen Persönlichkeit ausfindig zu machen. In der Mitte des Mittelmeers zwischen Europa, Asien und Afrika gelegen, war Kreta seit frühesten Zeiten so etwas wie ein Sprungbrett zwischen den Kontinenten. Orientalische Ideen und Religionen trafen dort auf die

---

3 Ichbezogenheit.

Philosophien Griechenlands. Die Blütezeit Kretas, die Minoische Zivilisation, lag etwa um 2200-1500 v. Chr. und war wegen ihres mythischen Königs Minos berühmt. Die Fischerei stellte die Grundlage für die minoische Wirtschaft dar. Es war eine gedeihende und reiche Kultur. Die Minoer bauten riesige Paläste, wie zum Beispiel den Palast in Knossos, ihrer Hauptstadt. König Minos wurde für den Eigentümer des Labyrinths gehalten, eines Tunnelllabyrinths, in welchem der legendäre Minotaurus lebte, ein Monster mit dem Körper eines Menschen und dem Kopf eines Stieres, das sich von Menschenfleisch ernährte. Das hört sich nicht danach an, als ob er ein feinfühliger Sterblicher gewesen wäre, nicht wahr? Nach einem Vulkanausbruch auf der nahe gelegenen Insel Thera etwa 1550 v. Chr. wurde Kreta von Volksstämmen des griechischen Festlands überrollt, und die Zivilisation der Minoer geriet in Verfall. Ihre großartige Kultur war zusammengebrochen und ihre Menschen waren orientierungslos. Kreta war auch eine Rekrutierungsstelle für Söldnertruppen, die zu Schlachten an weit entfernten Orten reisten und wieder auf die Insel zurückkehrten. Auch diese Männer brachten ein Mischmasch von Ideen über die Religion und das Leben mit sich zurück, während Kreta mehr und mehr verfiel.

Wenn Menschen verwirrt darüber sind, was das Leben ist, es keine als sicher geltenden Antworten auf die elementarsten Fragen des Lebens gibt, dann ist Subjektivismus eine Philosophie, die nur auf den eigenen Vorteil bedacht ist, die einzige Idee, die Sinn macht. Vielleicht spiegelte aber auch der Mythos des einstigen Labyrinths die von den Kretern empfundene Verwirrung und das Unglück des Lebens wider.

In den Jahrhunderten vor dem Kommen Christi wurde die Insel zum Schlupfwinkel von Piraten, und Kreta wurde unter mehreren, sich untereinander befehdenden Stadtstaaten eingeteilt, bis es im Jahre 67 v. Chr. von Rom unterjocht wurde. Auch diese Einflüsse mögen dazu beigetragen haben, dass im

Volk Kretas eine materialistische, aggressive Ichbezogenheit entstand.

Postmoderne Menschen

Zwar sollte dieser Punkt nicht überbetont werden, aber es bestehen doch Parallelen zwischen dem Egozentrismus Kretas und dem Subjektivismus, der unsere Gesellschaft am Ende des 20. Jahrhunderts beherrscht. Auch wir gehören nämlich einer Zivilisation an, in der Zeichen des Verfalls sichtbar sind. Die Vision der Aufklärung des 18. Jahrhunderts von einer modernen, von Vernunft und Wissenschaft regierten Welt hat keine glückliche, stabile Gesellschaft hervorgebracht. Diese Vision ist gescheitert.

Wir haben die Romantik mit ihrer Betonung auf edlen Gefühlen und Empfindungen, die im viktorianischen Zeitalter und dem Anfang dieses Jahrhunderts aufkam und blühte, hinter uns gelassen. Unsere „Götter" haben versagt. Wir haben uns weit in uns selbst zurückgezogen. Wir sind jetzt in der Zeit des Postmodernismus angekommen, der verkündigt, dass es für den Einzelnen überhaupt keine Realität außer der subjektiven Realität gibt. Das einzige, was überhaupt von Bedeutung ist, sei die individuelle Freiheit und die Weise, wie der Einzelne die Welt wahrnehme. Was auch immer es uns kostet, wir möchten uns nur gut fühlen.

Das Fehlen allgemein anerkannter Werte oder eines objektiven Sinnes im Leben lässt den modernen Menschen desorientiert zurück. Ihnen bleibt nichts anderes, als zu tun, „was recht ist in ihren Augen". Die stetigen Zwänge des modernen Lebens mit seinen unaufhörlichen Anforderungen und Mühen und die Notwendigkeit, dass alles schnell erledigt werden muss, möglichst schon bis gestern, treibt Menschen in den Subjektivismus hinein: „Ich habe keine Zeit, um darüber nachzudenken, welchen Sinn das Leben hat; ich habe schon genug Probleme damit, jeden Tag mein Überleben abzusichern." In vielerlei, ganz unterschiedlicher Hinsicht sind die Menschen der 90er Jahre in eine narzisstische Beschäftigung mit sich selbst und ihren Rechten und ihren Gefühlen hineingeraten. Persönliches Zeitmanagement, persönliche Freiräume, persönliche Entwicklung, Persönlichkeitstherapien und persönliche Entschlossenheit sind die Namen des Spiels.

Was die Sache natürlich so gefährlich macht, ist, dass es biblisch gesehen sogar halb richtig ist, so zu denken. Gott kümmert sich tatsächlich um uns als Einzelne. Selbst die Haare unseres Hauptes sind gezählt. Doch fast unbewusst hat die subjektive Einstellung unser Leben völlig in Beschlag genommen. Wir interessieren uns nur dafür, dass Gott für uns da sein soll. Wie jemand, der durch eine getönte Brille blickt, hinterfragen wir alles im Leben mit: „Inwieweit betrifft dies mich?" Nur, wer einmal eine getönte Brille trägt, wird bald alles in derselben Farbe sehen. Wir können dann nicht mehr blau von grün unterscheiden, zumindest nicht gut. Wenn uns erst einmal alles durch den Filter der Frage „Inwieweit betrifft dies mich?" oder „Was für ein Gefühl vermittelt mir dies?" erreicht, dann bringen wir schlechte Voraussetzungen mit, um überhaupt Wahrheit von Lüge zu unterscheiden, denn manchmal verletzt eine Wahrheit, während eine Lüge tröstlich sein kann. Mit unserer fest aufgesetzten Brille des Subjektivismus vermögen wir nur schwer zwischen Recht und Unrecht zu unterscheiden. Was ist Recht und was ist Unrecht? Richtig wird alles, was für mich gut ist. Und das Unrecht ist ähnlich ichbezogen. Und all dies beeinflusst unweigerlich unsere Beziehung zu Gott. Wir sind grundsätzlich nicht im Einklang mit dem Gott der objektiven Wahrheit und Heiligkeit.

Der Subjektivist beginnt sogar, die Bibel anders zu lesen. Wir lesen sie nicht mehr als ein geschichtliches Buch oder eine

Bundesverheißung des Lebens, die uns über die Wahrheit unterrichtet. Vielmehr ist sie für viele zu einer Art persönlichem geistlichem Horoskop geworden, aus dem wir das ziehen, was uns eine Zeit lang begeistert. Was die Schrift unserem Verstand sagt, wird für den schnellen Trost beiseite geschoben, den sie unseren Empfindungen bieten kann. Wenn wir erst einmal eine solche Einstellung zu unserem geistlichen Leben haben, dann gibt es kein christliches Leben mehr nach irgendwelchen Grundsätzen. Die Kluft in unserem Leben tut sich auf.

Genauso wie die aggressive Ichbezogenheit auf Kreta die Entfaltung des christlichen Glaubens in der Zeit des Titus zerstörte, so zerstört der Subjektivismus unserer Tage unseren Wandel mit Gott, und er eröffnet eine sogar noch weitere Kluft zwischen unserem Glaubensbekenntnis und unserem tatsächlichen Verhalten.

Als Paulus an Titus schreibt, ist er sich des Problems wohl bewusst. Aber er hat eine sichere und entschiedene Antwort. Und für uns heute wird seine Antwort mehr als ausreichend sein, wenn wir uns die Missstände der christlichen Gemeinschaft am Ende des 20. Jahrhunderts ansehen. Der Apostel rüstet uns mit geistlichem Dynamit aus, damit wir uns einen Weg aus dem Gefängnis des Subjektivismus in die Freiheit und Integrität, die unser Teil in Christus ist, sprengen können.

Der Titusbrief ist nicht nur ein Buch für werdende Pastoren, Älteste und christliche Leiter. Es ist ein Buch, das eine eindringliche Botschaft an uns alle hat.

1.

Die Bedeutung der Wahrheit (1,1-4)

Schriftlesung: Titus 1,1-4

Das aussagekräftigste Bild unserer modernen Welt ist wohl das eines Marktplatzes. Für viele Menschen veranschaulicht diese Beschreibung am deutlichsten, wie die Welt funktioniert und wie sich die Menschen untereinander verhalten, nicht nur in Geschäftsfragen, sondern in Beziehungsfragen generell.

Im letzten Viertel des 20. Jahrhunderts hat sich vieles im Leben der Völker und Nationen in Übereinstimmung mit diesem Bild verändert. Viele traditionelle Methoden, wie man bestimmte Sachthemen angeht, sind nicht mehr aktuell. Alles - vom Bildungs- bis hin zum Gesundheitswesen - wird heute unter wirtschaftlichen Gesichtspunkten betrachtet. Es gibt das Produkt, den Kunden und die Preise. Wir sprechen von „market forces", den Kräften, die auf dem Markt zum Spiel kommen, von Marktforschung und -analyse, vom Marktwert. Dies ist unsere Kultur.

Hinter diesem Bild des Marktplatzes steht eine Philosophie. Im Mittelpunkt des Marktes steht der Gedanke der Unantastbarkeit der freien persönlichen Entscheidung. Wahre Freiheit besteht für den Einzelnen darin, über den Basar des

Lebens zu bummeln, an den unterschiedlichen Ständen Halt zu machen und seine oder ihre eigene Wahl zu treffen. Der Markt ist folglich ein Bild, welches eine subjektive - ichbezogene - Lebenshaltung fördert. Die Philosophie hinter dem Markt vergöttert die Freiheit des Individuums, sich für das zu entscheiden, wovon es meint, dass es am besten für es sei. Im Mittelpunkt des Marktes steht das Ich und seine wahrgenommenen Bedürfnisse.

Die treibende Kraft des Marktes ist die Konkurrenz zwischen den verschiedenen Händlern. Sie müssen miteinander in einem unaufhörlichen Kampf ringen, um Aufmerksamkeit und Marktanteile zu erlangen. Der Markt ist eine sehr zeitgebundene Sache. Die Mode ändert sich. Die Launen der Kunden sind einem ständigem Wandel unterworfen. Der Markt ist sehr fest im Hier und Jetzt verwurzelt. Der Händler, der es schafft, ein Produkt herzustellen - und das auch noch zu einem äußerst wettbewerbsfähigen Preis -, das der Kunde spontan verlockend findet, ist König am Markt. Viele Menschen betrachten dies als ein sehr realistisches Bild dieser Welt.

Doch als Christen müssen wir uns daran erinnern lassen, dass dies letztlich nicht das Bild ist, welches die Bibel von der Welt zeichnet. Nach der Heiligen Schrift ist die Welt definitiv nicht ein Markt, sondern ein Königreich, das Gott gehört. Als Christen, die wir in einer egozentrischen Welt leben, müssen wir ernstlich darüber nachdenken. Die treibende Kraft eines Königreiches ist nicht die des Wettbewerbs rivalisierender Handelsherren, sondern die Macht eines konkurrenzlosen, königlichen Thrones. Im Mittelpunkt eines Königreiches steht letztlich nicht die Entscheidungsfreiheit des Einzelnen, sondern der Wille des Monarchen. Ein Königreich wird von einem ganz anderen Wortschatz bestimmt als auf einem Markt üblich. Worte wie Präferenz, Alternative und Option gehören nicht dazu. Vielmehr sind es Worte wie Autorität, Verpflichtung, Loyalität, Unterordnung und Berufung.

Das grundlegende Problem der Christen auf Kreta war, dass eine riesige Diskrepanz zwischen ihrem mündlichen Glaubensbekenntnis und ihrem tatsächlichen Verhalten bestand. In unserer heutigen westlichen Gesellschaft leidet die Gemeinde Jesu gemeinhin an ebenderselben Diskrepanz, und eine der Hauptursachen hinter jener Diskrepanz ist die Tatsache, dass Christen durch den Egokult verführt worden sind. Die Marktmentalität trägt zu jenem Kult bei. Auf der einen Seite ist der Markt, und auf der anderen das Reich. Wir werden zwischen diesen zwei sehr unterschiedlichen Betrachtungsweisen der Welt hin- und hergerissen. In einem viel stärkeren Maße, als wir es uns bewusst sind, sind wir von einer Lebenseinstellung verführt worden, die, obgleich sie, oberflächlich betrachtet, viel Realismus zu enthalten scheint, in Wirklichkeit egozentrisch ist und letztlich nicht die biblische Lebensauffassung ist.

Der Brief an Titus ist ein Brief, der das Problem anpackt, wie man als Christ in einer egozentrischen Gesellschaft leben kann. Es ist sehr bemerkenswert, wie Paulus seinen Brief beginnt. Auf profunde Weise spiegeln seine einleitenden Bemerkungen das absolute Königtum Gottes wider und fordern die ganze Atmosphäre des Subjektivismus heraus, der das Ethos Kretas im ersten Jahrhundert beherrschte und unsere postmoderne westliche Kultur heute dominiert: **„Paulus, ein Knecht Gottes und ein Apostel Jesu Christi, nach dem Glauben der Auserwählten Gottes und der Erkenntnis der Wahrheit, die dem Glauben[4] gemäß ist, in der Hoffnung auf das ewige Leben, das Gott, der nicht lügt, verheißen hat vor den Zeiten der Welt, aber zu seiner Zeit hat er sein Wort offenbart durch die Predigt, die mir anvertraut ist nach dem Befehl Gottes, unseres Heilands: an Titus, meinen rechten Sohn nach unser beider Glauben: Gnade und Friede von Gott dem Vater, und Christus Jesus, unserm Heiland"** (1,1-4).

---

[4] *NIV:* „ ... Wahrheit, die zu einem gottseligen Leben führt."

Merken wir, wo Paulus beginnt, um der Diskrepanz zu begegnen? Sofort richtet er unseren Blick über diese Welt hinaus, ihre vorübergehenden Trends und Werte, und beginnt, indem er unsere Gedanken auf den souveränen Gott und die objektive Wirklichkeit des ewigen Lebens lenkt, das Menschen dem Willen Gottes nach erlangen sollen. Letztlich richtet er unsere Aufmerksamkeit auf die Tatsache, dass es im Himmel einen König gibt und dass es hier auf der Erde einen himmlischen Lebensstil gibt (er nennt ihn einen dem Glauben gemäßen Lebensstil, 1,1), der im Widerspruch zur vorherrschenden Lebenseinstellung steht. Es handelt sich um eine Lebensweise, die nie „out of date“ - veraltet - ist. Sie unterscheidet sich von den Wegen der Welt, weil sie von Gottes Thron kommt und die gegenwärtige Ausdrucksform jenes ewigen Lebens ist, das all die Schönheit, den Tiefgang und die Freude Gottes selbst in sich trägt.

Wir wollen uns ansehen, wie Paulus die Dinge sichtbar macht. Die einleitenden Verse können unter drei Überschriften zusammengefasst werden: Paulus’ Berufung, Paulus’ Verantwortung und Paulus’ Gruß.

Paulus’ Berufung (1,1)

„Paulus, ein Knecht Gottes und ein Apostel Jesu Christi nach dem Glauben der Auserwählten Gottes und der Erkenntnis der Wahrheit, die dem Glauben gemäß ist.“ Paulus stellt sich hier, im ersten Vers des Titusbriefes, in einzigartiger Weise als Knecht Gottes vor. Für Menschen, die meinen, dass sich die Welt um sie selbst drehe, müssen diese Worte, die so viel Nachdruck auf Gott und seinen Dienst legen, wie ein Donnerschlag kommen. Er spricht nicht von einem Gott unter vielen, unter denen wir uns dann einen auswählen dürfen. Er spricht von der Wirklichkeit des einen wahrhaftigen Gottes, dem wir alle verantwortlich sind. Gott ist der große Zerstörer einer rein subjektiven Lebenshaltung. Es gibt jemanden im Universum, der viel größere Bedeutung hat als du oder ich. Es gibt jemanden, der regiert, der uns schuf und dem wir Rechenschaft geben müssen. Es gibt jemanden, dessen bloße Existenz die Vorstellung völlig zerstört, dass Wahrheit und Moral bloß relative Werte sind, die der persönlichen Entscheidung unterliegen. Es gibt jemanden, der die Stände der Markthändler in unserem Leben umstürzt. Es gibt einen Gott, vor dem wir in ergebener Ehrfurcht stehen müssen.

Persönlich reise ich nicht besonders gern per Flugzeug. Ich bin gelegentlich mit einem Jumbo-Jet in die Vereinigten Staaten und nach Afrika gereist. Es ist Furcht einflößend, an einem Fenster des Flugzeuges zu sitzen und herabzublicken, um den Hafen von New York wie eine kleine Karte unter sich zu sehen und die ungeheure Entfernung zu erkennen, mit der man über der Erde fliegt, um sich dann vorzustellen, wie es wäre, wenn man aus dem Flugzeug fiele. Der Gedanke daran ist sehr ernüchternd, ja erschreckend. Aber Höhe ist gerade eine der Metaphern, welche die Bibel gebraucht, um uns Gottes Ehrfurcht gebietendes Wesen deutlich zu machen. „So viel der Himmel höher ist als die Erde, so sind auch meine Wege höher als eure Wege und meine Gedanken als eure Gedanken", sagt Gott (Jes 55,9). Er ist in seinem ganzen Wesen „der Allerhöchste", der sagt: „Der Himmel ist mein Thron und die Erde der Schemel meiner Füße" (Jes 66,1). Wenn schon eine bloße vertikale Distanz beim Fliegen in einem Flugzeug Ehrfurcht erweckt, wie viel mehr sollte uns der geistliche und moralische Abstand zwischen uns und dem souveränen Gott Ehrfurcht einflößen! Die christliche Botschaft beginnt mit der Tatsache, dass Gott da ist - Gott ohne Vergleich oder Konkurrenten oder Rivalen, den wir nicht so zu behandeln wagen wie so viele Güter auf einem Markt.

1. Der Knecht Gottes

Paulus ist Gottes Knecht. Der Ausdruck hat insofern einen alttestamentlichen Hintergrund, als die Propheten oft als Knechte Gottes bezeichnet wurden. Auch Paulus ist in einer besonderen Weise Gottes Sprecher. Doch seine Knechtschaft spiegelt Gottes Stellung wider. Gott ist der König. Paulus ist ein Mann, dessen eigener Wille sich vor dem Willen Gottes gebeugt hat. Er hat seine Entscheidungen dem König zu Füßen gelegt. Er verpflichtet sich, nicht um sich selbst zu gefallen, sondern um einem gnädigen Herrn als Sklave zu dienen. Das ganze Leben von Paulus dreht sich um den Herrn.

Die ichbezogene Denkweise auf dem Marktplatz dieser Welt wird uns am Ende enttäuschen, denn sie ist nicht begründet in der Wirklichkeit Gottes. Auf dem Marktplatz geht es darum, unsere Entscheidungen zu treffen und das zu bekommen, was wir haben möchten. Aber wenn ich durchs Leben gehe, begegne ich immer mehr Menschen, die sagen: „Wenn ich bekomme, was ich möchte, dann finde ich heraus, dass es nicht das ist, was ich möchte." Wenn wir unseren eigenen Willen durchsetzen, so bewirkt das nur eine vorübergehende Hochstimmung, die uns aber letztendlich leer ausgehen lässt. „Was für einen Sinn hat das gemacht?", fragen wir uns dann vielleicht. Vergeblich versuchen wir, unsere Wünsche zu befriedigen. Ohne Gott sind wir wie Schiffe ohne Anker. Wir ähneln Reisenden, die ihre Heimat nie erreichen. Die Wahrheit ist, dass wir für Gott geschaffen wurden, und wir können niemals echte Befriedigung finden, ohne ihm aus Liebe zu dienen. Jesus sagte: „Nehmt auf euch mein Joch und lernt von mir; denn ich bin sanftmütig und von Herzen demütig; so werdet ihr Ruhe finden für eure Seelen" (Mt 11,29). Wir können unsere Wurzeln nur im Gehorsam dem souveränen Gott gegenüber finden.

2. Der Apostel Jesu Christi

Danach fügt Paulus seiner Berufung ein weiteres Detail hinzu, indem er sich als ein Apostel Christi bezeichnet. In seiner Gnade offenbart sich uns Gott durch den Herrn Jesus Christus. Christus dienen heißt Gott dienen. Auf der Straße nach Damaskus offenbarte sich der auferstandene Herr dem Paulus in seiner Herrlichkeit. Dann und an jenem Ort hatte der Herr Jesus Paulus zu einem Apostel gemacht. Das Wort „Apostel" meint an dieser Stelle jemanden, der vom auferstandenen Herrn Jesus Christus auserwählt worden und von ihm persönlich, mit Christi eigener, ihm übertragener Autorität, ausgesandt worden ist. Paulus' Berufung soll also, zusammen mit den anderen Aposteln, das Bindeglied zwischen Gott und uns sein.

3. Der Glaube der Auserwählten Gottes

Dieser Auftrag vom Herrn führt unmittelbar zur dritten Komponente seiner Berufung. Paulus teilt uns den Grund mit, warum er Gottes Knecht und Christi Apostel ist. Paulus' Dienst geschieht **„nach dem Glauben der Auserwählten Gottes und der Erkenntnis der Wahrheit, die dem Glauben gemäß ist".** Paulus ist ein Apostel mit dem Ziel, Menschen zur Erkenntnis Gottes durch den Glauben an Christus zu bringen.

Der Ausdruck **„der Glaube der Auserwählten Gottes"** hat einen rückwärts und einen vorwärts gerichteten Bezug. Bezüglich der Vergangenheit war das alttestamentliche Israel als Gottes Auserwählter, das auserwählte Volk, bekannt. Indem er diesen Ausdruck im Zusammenhang mit seinem Dienst gebraucht, bekräftigt Paulus zuallererst die Tatsache, dass sein Dienst und der christliche Glaube, den er predigt, nicht Dinge sind, die plötzlich aus dem Nichts aufgetaucht sind. Sie setzen Gottes Werk seit dem Anfang der Zeit fort und umfassen die zukünftige Ausführung seiner ewigen Ratschlüsse in dieser Welt. Ohne Frage sieht Paulus seinen Dienst - wie er in Vers 2 fortfährt zu betonen, als Weiterführung dessen, was Gott „verheißen hat vor den Zeiten der Welt“. Die Märkte der Welt mögen boomen und zusammenbrechen, Moden mögen kommen und gehen, doch es gibt ein progressives „Geschäft“ Gottes, das er in dieser Welt abwickelt - und Paulus ist ein Teil dieses Werkes.

Der Ausdruck **„der Glaube der Auserwählten Gottes“** ist auch nach vorne gerichteter Bezug. Er weist uns auf Paulus' Predigt und Evangeliumsverkündigung hin. Er sagt uns, dass diejenigen, die zum rettenden Glauben an den Herrn Jesus Christus kommen, die Erwählten sind, die Auserwählten Gottes. Die Erwähnung, dass Gott in seiner Souveränität einzelne Menschen zum Heil erwählt hat, ist ein weiterer Donnerschlag gegen den in der kretischen Kultur vorherrschenden egozentrischen Subjektivismus. Wenn Menschen Christen werden, entscheiden sie sich für Christus. Doch hinter ihrer Entscheidung steht die vorher gefasste Entscheidung Gottes. Wie wir später sehen werden, ist diese Wahrheit zweifelsohne auch eine ungeheure Ermutigung für verlorene Sünder. Zunächst einmal ist sie jedoch eine Wahrheit, die uns zutiefst demütigt. Sie zerstört unsere auf Autonomie bestehende Lebensmentalität. Es ist nicht so, dass wir uns für Gott entscheiden, sondern dass er uns erwählt. Unser Schicksal liegt letztlich nicht in unseren eigenen Händen, sondern in den Händen Gottes. Wir sind nicht die treibende Kraft in der Welt; Gott ist es. Paulus ist von Gott dazu berufen worden, die Auserwählten zum rettenden Glauben zu bringen.

Beachten wir dann jedoch weiter, wie Paulus jenen Glauben beschreibt. Er nennt ihn **„Erkenntnis der Wahrheit, Menschen zu einem rechten Wandel in der Gottesfurcht [...] hinzuführen“** (Bruns). Die beiden Hauptschwerpunkte sind die Wahrheit und rechter Wandel.

4. Die Wahrheit

Wenn jemand wie Paulus im ersten Jahrhundert auf Kreta, wo viele religiöse Vorstellungen kursierten und eine sehr subjektive „feel good"-Mentalität das gesellschaftliche Zusammenleben dominierte, über „die Wahrheit" sprach, bestritten Menschen - ebenso wie heute -, dass es so etwas wie „die Wahrheit" überhaupt gibt. „Du nennst es ‚die Wahrheit'", sagten sie, „aber das ist nur deine Meinung. Was für dich wahr ist, muss für mich noch lange nicht wahr sein." „Wahrheit" ist für sie nur das, was passiert, damit sie sich „wohl fühlen", oder was ihnen irgendeinen unmittelbaren persönlichen Gewinn bringt. Wie antworten wir solchen Menschen? Nun, zunächst einmal sollten wir aufzeigen, dass ein extremer Subjektivismus eigentlich sinn- und zwecklos ist. Wenn zu jedem Thema nur subjektive Meinungen existieren, dann macht es zu guter Letzt keinen Sinn, überhaupt miteinander zu sprechen. Kommunikation wäre eigentlich unmöglich, weil man dann immer nur seine eigene Meinung haben kann, und man nie wissen kann, ob das, was man jemand anderen subjektiv hat sagen hören, auch wirklich das war, was er oder sie meinte. Und natürlich kann man es nicht nachprüfen oder herausfinden, denn selbst wenn man das tut, könnte man nie sicher sein, ob die andere Person die Frage so verstanden hat, wie man sie gemeint hat, oder ob sie die Antwort mit mehr als nur ihrer eigenen, subjektiven Deutung gehört hat. Purer Subjektivismus führt logischerweise zum Schweigen. Er ist ein „Blindgänger".

Zweitens müssen wir darauf aufmerksam machen, dass es niemanden gibt, der sein Leben wirklich so lebt, als ob es keine Wahrheit gäbe, selbst wenn sich Menschen auf gewundene philosophische Argumente über die Existenz objektiver Wahrheit einlassen mögen. Man diskutiert nicht darüber, ob zwei plus zwei gleich vier sind. Das Ergebnis ist eine objektive Wahrheit. Und für alle kommt diese Wahrheit zum selben Ergebnis. Es hängt nicht von einer Meinungsfrage ab, ob ein

Teelöffel Arsen tödlich ist oder nicht. Es ist objektive Wahrheit, und wenn man versucht, so zu leben, als ob dies nicht wahr wäre, würde man seinem Leben schnell ein Ende setzen! Überhaupt, die Welt ist keine Meinungsfrage. Die Wahrheit existiert.

Doch wenn wir für die Wahrheit kämpfen, müssen wir solche Menschen auch zum Dritten auf die historischen Tatsachen des Christentums hinweisen. Als solche, die im Zeitalter des Fernsehens leben, sind wir für das, was Geschichte ist, unempfindlich gemacht worden. Wir denken törichterweise, dass etwas auch nicht geschehen sein kann, wenn wir es nicht auf dem Bildschirm zu sehen bekommen, so als ob die Realität erst begonnen hätte, als das Fernsehen erfunden wurde. Aber natürlich stehen die historischen Tatsachen fest. Das Volk Israel im Alten Testament und die Existenz der christlichen Gemeinde in unserer Zeit sind Tatsachen. Und dabei handelt es sich um Folgen des Wirkens Gottes in der Geschichte. Paulus hat von „Gottes Auserwählten“ gesprochen. Und die großartige Geschichte, wie Gott mit seinem Volk durch die Jahrhunderte geht, wird uns zuverlässig in der Heiligen Schrift überliefert. Außerdem ist Gottes Buch ein Buch, das sich selbst beglaubigt. Seine alttestamentlichen Weissagungen, die hunderte und manchmal tausende von Jahren vorher aufgeschrieben wurden, sind in Jesus Christus erfüllt worden. Er ist gekommen und für unsere Sünden gestorben und auferstanden nach den Schriften. Sogar der Gang der Geschichte ist durch sein Kommen verändert worden. Paulus selbst war ein Augenzeuge des auferstandenen Herrn Jesus. Die Fakten sind eindeutig. Die Wahrheit steht fest. Und sie steht fest, ob wir uns nun dabei wohl fühlen oder nicht. Wahrheit ist keine Marktware. Sie wird nicht aufhören, Wahrheit zu sein, wenn man sich entscheidet, sie nicht zu kaufen. Sie wird nicht falsch werden, wenn man beschließt, sie zu ignorieren und sie auf die lange Bank zu schieben. Gott ist da, ob wir das nun mögen oder nicht. Darum ist Wahrheit von Bedeutung.

5. Der rechte Wandel in der Gottesfurcht

Der zweite Hauptschwerpunkt liegt auf dem rechten Wandel vor Gott. Das Evangelium ist die **„Wahrheit, Menschen zu einem rechten Wandel in der Gottesfurcht [...] hinzuführen“** (Bruns), gemeint ist Frömmigkeit.

In der heutigen Welt zwischen Angebot und Nachfrage ist Frömmigkeit wahrscheinlich das Letzte, was Menschen begehren. Ihre Bedürfnisse definieren sich am persönlichen Glücksgefühl oder an persönlicher Erfüllung und Befriedigung, und nicht an einem frommen Lebensstil, der zudem auch noch ziemlich kostspielig ist. Dies liegt jedoch daran, dass Menschen, welche die Welt durch die Brille des Subjektivismus betrachten, ihr wahres Bedürfnis nicht erkennen.

Das Wort, das die revidierte Elberfelder Bibelübersetzung[5] mit „Gottseligkeit“ übersetzt, bezeichnet William Edwy Vine als „jene Frömmigkeit, welche, von einer auf Gott gerichteten Haltung gekennzeichnet, das tut, was Ihm wohlgefällig ist“[6]. Hier lässt Paulus eine weitere Bombe gegen die Ichbezogenheit platzen. Wenn das Evangelium in richtiger Weise in unserem Leben aufgenommen wird, dann führt es zu einem Gott wohlgefälligen Lebensstil. Die unweigerliche Konsequenz wird sein, dass wir uns endgültig vom Subjektivismus und der Ichbezogenheit abwenden und entschiedene Schritte tun, um Gott zu gefallen, der nun der Mittelpunkt unseres Lebens ist. Wenn eine derartige Veränderung in unserem Leben nicht stattfindet, dann haben wir keinen reinen Glauben, dann haben wir keine echte Erkenntnis der Wahrheit und keine Liebe zu ihr. Das Bestreben, Gott im Leben zu gefallen, ist Kennzeichen dafür, dass wir wirklich errettet worden sind. Deshalb ist Paulus so sehr

---

[5] *Elberfelder Bibel,* revidierter Text (Abk.: *revElbf*), Brockhaus Verlag, Wuppertal 1985/1991.

[6] W. E. Vine, *Vine's Expository Dictionary of Old and New Testament Words,* Volume 2: E-Li, Old Tappan (NJ) 1981, S. 162. Entsprechend übersetzt Bruns.

besorgt um die Gemeinden auf Kreta, und er wäre ähnlich besorgt über das, was heute als Christentum durchgeht.

Der Ausdruck **„Wahrheit, [die] Menschen zu einem rechten Wandel in der Gottesfurcht [...] hinzuführen“** hat noch eine andere Seite. Die Gemeinden auf Kreta waren mit vielen falschen Lehrern konfrontiert, wie es später im Brief deutlich wird. Falsche Lehre kann jedoch niemals zu einem rechten Wandel hinführen. Ein Gott-wohlgefälliger Lebenswandel ist in den Wahrheiten des Glaubens bezüglich des Herrn Jesus Christus verkörpert und wird durch diese mitgeteilt. Wenn die Wahrheit verunreinigt oder durch Irrtum ersetzt wird, dann wird unweigerlich ein Gott-wohlgefälliger Lebenswandel ausbleiben. Frömmigkeit ist eine Blume, die nur aus dem Samen der Wahrheit wächst. Darum ist Wahrheit so bedeutend. Unser größte Sorge kann es nicht sein, aus dem Basar der Weltreligionen die Religion auszuwählen, die uns am meisten zusagt. Es geht vielmehr darum, die Wahrheit anzunehmen, die zur Gottseligkeit führt.

Paulus' Verantwortung (1,2.3)

Nachdem er seine Berufung zusammengefasst hat, erläutert Paulus nun ausführlicher die Wichtigkeit seines eigenen Dienstes. Als Apostel Christi beschreibt er den Glauben, mit dessen Verkündigung er beauftragt worden ist, als einen Glauben und eine Erkenntnis **„in der Hoffnung auf das ewige Leben, das Gott, der nicht lügt, verheißen hat vor den Zeiten der Welt; aber zu seiner Zeit hat er sein Wort offenbart durch die Predigt, die mir anvertraut ist nach dem Befehl Gottes, unseres Heilands“**.

1. Die Hoffnung

Der Glaube, mit dessen Verkündigung Paulus beauftragt worden ist, beruht auf der Hoffnung des ewigen Lebens. Das Wort **„Hoffnung"** bezieht sich auf die Zukunft. Wenn wir an die Zukunft denken, sind wir oft verunsichert. „Ich hoffe, dass ich die Stelle bekomme", sagen wir vor dem Vorstellungsgespräch, oder wir sagen, wenn wir mit dem Flugzeug abheben: „Ich hoffe, wir haben im Urlaub gutes Wetter." Wir gebrauchen das Wort „Hoffnung" in Bezug auf Dinge in der Zukunft, deren Eintreffen wir begrüßen würden, deren wir uns aber nicht sicher sind. Biblisch gesehen hat die Hoffnung jedoch eine ganz andere Qualität. Sie ist eine Zukunft, die sicher ist, weil sie sich, wie wir später sehen werden, auf die Verheißung Gottes gründet, der uneingeschränkt glaubwürdig ist.

Die christliche Hoffnung ist eine gewisse Hoffnung. Für Paulus' Botschaft war die Tatsache von zentraler Bedeutung, dass der Herr Jesus Christus von den Toten auferstanden ist. Nachdem er für unsere Sünden starb, hat er für uns die Tür in die Zukunft geöffnet. Der Herr Jesus hat das Tor in das Reich der Ewigkeit geöffnet - in Gottes herrliche Gegenwart. So wie der sterbende Jesus dem Schächer am Kreuz verheißen konnte: „Wahrlich, ich sage dir: Heute wirst du mit mir im Paradies sein", so wird die Seele jedes sterbenden Gläubigen in den Himmel aufgenommen werden. So wie der Herr Jesus am dritten Tag vom Tode auferstand, so wird jeder Christ am Jüngsten Tag leibhaftig auferweckt werden und in „einen neuen Himmel und eine neue Erde ... in denen Gerechtigkeit wohnt" (2.Petr 3,13) aufgenommen werden.

Unsere postmoderne Lebensauffassung ist eigentlich eine von Verzweiflung gekennzeichnete Sicht des Lebens. Die Hoffnungen, die viele Menschen hatten, dass die moderne Wissensgesellschaft, die Wissenschaft sowie die Freiheit, sich auszudrücken wie man will, eine bessere Welt für alle hervorbringen würde, zerrinnen unter den harten Realitäten einer verfallenden westlichen Gesellschaft am Ende des 20. Jahrhunderts - den Realitäten des Lebens und des Todes. Die Menschen haben ihre Visionen verloren. So wie die Kreter des ersten Jahrhunderts die Kinder der minoischen Zivilisation waren, die untergegangen war, sind auch wir die Kinder einer Zivilisation, die sich verrannt hat. Wenn wir einmal keine Visionen mehr haben, scheinen Selbstsucht und Subjektivismus sich als der einzige Lebensweg anzubieten, der überhaupt Sinn macht.

Doch es gibt einen anderen Weg. Die utopischen Träume und Reiche der Menschen waren immer auf Fundamente gebaut, die langsam zerfielen. Paulus predigt die Wahrheit, die zur Gottseligkeit führt. Er predigt einen Glauben, der auf „der Hoffnung auf das ewige Leben“ ruht. Hier ist die Heilung für jede Verzweiflung. Hier ist ein Reich, das nicht vergehen oder enden wird.

Die Worte Jim Elliots, des amerikanischen Missionars, der in Südamerika in den 50er Jahren getötet wurde, als er versuchte, die Auka-Indianer zu evangelisieren, sind immer noch wahr. Er sagte: „Der ist kein Narr, der hingibt, was er nicht behalten kann, um zu gewinnen, was er nicht verlieren kann.“ Über diese Logik sollte die konsumorientierte Generation unserer Tage nachdenken! Wir können dieses Leben nicht behalten. Wir können den Tod nicht vermeiden. Aber durch den Glauben an Jesus Christus ist uns ein Leben geschenkt worden, das ewig ist.

2. Die Verheißung

Das ewige Leben ist sicher, weil es von Gott verheißen und bereitgestellt worden ist. Paulus möchte sicher gehen, dass uns nicht die Tatsache entgeht, dass Gott vertrauenswürdig ist. Die Hoffnung des ewigen Lebens wurde **„verheißen ... vor den Zeiten der Welt“** von **„Gott, der nicht lügt“**. In einer subjektiven, egozentrischen Gesellschaft gilt das Erzählen einer Lüge oft als vorteilhaft. Warum auch nicht, wenn es keine andere moralische Basis für unser Handeln gibt, als das zu tun, „was am besten für mich ist“? Die Kreter waren, wie Paulus später ausführt, für ihr Lügen berüchtigt (1,12). Im Gegensatz dazu kommt die Verheißung des ewigen Lebens von Gott, der nicht lügt (4.Mose 23,19; 1.Sam 15,29).

Wir gebrauchen manchmal die Vorsilbe „Pseudo-“, um eine Nachahmung oder eine Täuschung zu beschreiben, die nicht der Wirklichkeit selbst entspricht. Das Wort, das Paulus hier für Gott gebraucht, ist *„apseudo“*. Er steht im Gegensatz zu allem, was „pseudo“ ist. Er geht ausschließlich mit dem um, was echt ist. Er lügt nicht. Er kann nicht lügen.

Wie kommt es, dass Gott so ist? Erstens, weil seine Wahrhaftigkeit ein Teil seiner Heiligkeit ist. Gott ist absolut wahrhaftig und gerecht. Sein Wesen ist so, dass er nicht gegen sich selbst handeln kann, und zu lügen oder zu täuschen wäre unheilig und ungerecht. Zweitens ist Gott Wahrheit und lügt nicht, weil es eine der Haupteigenschaften der Wahrheit ist, dass sie immer mit der Wirklichkeit übereinstimmt. Gott ist die Grundlage der Wirklichkeit, der Erhalter des Universums, und eine Lüge kann dieser Wirklichkeit nicht entsprechen. Drittens sagt uns die Schrift, dass der Teufel der Vater der Lüge ist (Joh 8,44). Wenn Gott löge, würde er den Pfad des Teufels beschreiten, und das ist unmöglich. Deshalb lügt Gott nicht. Deshalb können wir seiner Verheißung vertrauen.

Außerdem ist die Tatsache, dass Gott nicht lügt, in der biblischen Geschichte immer wieder unter Beweis gestellt worden. Gott verhieß Noah, dass die Sintflut als Gericht kommen würde. Und sie kam. Gott lügt nicht. Gott verhieß dem kinderlosen Abraham, dass er Nachkommen haben würde, die zu einem großen Volk würden. Isaak wurde geboren, und das Volk Israel war die Konsequenz. Gott lügt nicht. Gott sprach zu Mose, dass er die Israeliten aus der Knechtschaft Ägyptens befreien würde. Im Anschluss an die

Plagen, die Gott über Ägypten schickte, ließ Pharao sie ziehen. Gott log nicht. Am allermeisten sind Gottes Wahrhaftigkeit und Zuverlässigkeit dadurch bewiesen worden, dass er den Herrn Jesus Christus sandte. Diese Tatsache steht Paulus besonders vor Augen, als er darüber nachdenkt, dass Gottes Wort **„zu seiner Zeit“** der Welt gepredigt wurde.

Das Kommen Jesu unterstreicht die Treue Gottes. Die Verheißung des Erretters, die vor aller Zeit beschlossen wurde, wurde zuerst Adam und Eva nach dem Sündenfall in Eden geoffenbart. Der Nachkomme des Weibes sollte der Schlange den Kopf zertreten (1.Mose 3,15). Obwohl jene Verheißung vor so langer Zeit gegeben worden war, hatte Gott sie nicht vergessen. Christus kam. Gott ist treu!

Die Verheißung wurde Menschen gegeben, die sie am wenigsten verdient hatten - uns, Sündern, die rebelliert und Gott endlos beleidigt haben. Doch Gott wird seinen Verheißungen nicht untreu, selbst wenn er Grund genug hätte, das zu werden. Die Verheißung, die Gott gab, hat ihn viel gekostet. Wer kann verstehen, was es für Gott den Vater bedeutete, seinen eingeborenen, seinen geliebten Sohn den Schlingen und Versuchungen der Erde, dem Schmerz und Zorn des Todes auf Golgatha zu übergeben? Doch Gott änderte seine Meinung nicht. Jesus kam.

Was Gott in seinem eigenen Ratschluss vor aller Zeit beschlossen hatte, hat er in Christus zustande gebracht. Wir werden wiederum daran erinnert, dass es letztlich nicht unsere Entscheidungen sind, welche die Geschichte formen und lenken. Er regiert. Er lässt alles geschehen, was er verheißen hat. Und was er aus Liebe verheißt, ist das ewige Leben für Sünder. Der christliche Glaube beruht auf der Gewissheit des ewigen Lebens, das Gott, der niemals lügt, verheißen hat.

3. Die Predigt

Wir verstehen die volle Bedeutung und das Gewicht der Verantwortung, die Paulus verspürte, wenn wir begreifen, dass - nachdem Christus sein Werk vollbracht hat - Paulus und sein Predigtdienst nun eine gewichtige Rolle für die Ausführung der Pläne des Gottes des Himmels auf der Erde spielen. Gott hat, nachdem er den Herrn Jesus von den Toten auferweckt hatte und so sein Versprechen des ewigen Lebens einhielt, **„zu seiner Zeit ... sein Wort offenbart durch die Predigt, die mir anvertraut ist nach dem Befehl Gottes, unseres Heilands“**.

Paulus ist geboten worden, das Wort zu predigen. Er steht in der Pflicht. Gott, der König, hat es ihm geboten. Positiv ausgedrückt, ist die Verkündigung der Wahrheit das Mittel, das Gott gebraucht, um seine Auserwählten zum Glauben und zum ewigen Leben zu führen. Negativ ausgedrückt, könnte man sagen: Gottes Ratschluss, dass Menschen ewiges Leben finden, kann nicht erfüllt werden, wenn nicht die Wahrheit verkündigt wird.

Es kursiert die Geschichte, dass, als im Jahre 1866 die größten Diamantenminen der Welt in Südafrika ans Licht kamen, die Menschen nichts von ihnen ahnten. Ein Mann namens Van Neikerk fand Steine, die wie Diamanten aussahen und einfach auf dem Boden herumlagen. Er machte auf sie aufmerksam, aber die Leute sagten: „Mach dich nicht lächerlich! Diamanten, die einfach so im Sand herumliegen und man einfach nur aufzulesen braucht? Sei kein Narr!“ Aber Van Neikerk war nicht davon abzubringen. Schließlich sandte er einen der Steine einem berühmten Geologen, Dr. Athertone. Der Geologe war zunächst skeptisch, aber als guter Wissenschaftler führte er alle erforderlichen Tests durch und war erstaunt, als er herausfand, dass es sich tatsächlich um einen erstklassigen Diamanten handelte, der auf £500 veranschlagt wurde (was 1870 eine Menge Geld war!). Van Neikerk und sein Freund O'Reilly gingen an die Stelle zurück, wo sie die Diamanten gefunden hatten, und landeten einen absoluten Glückstreffer. Die Diamanten lagen noch die ganze Zeit da, und die Leute gingen an ihnen vorüber, weil sie die Wahrheit über diese Steine nicht kannten.

Es gibt einen großen Schatz des ewigen Lebens, den Gott Menschen schenken möchte. Er wünscht sich das so sehr, dass er es vor Anbeginn der Zeit verhieß und seinen Sohn in den Tod gab, um es zu garantieren. Aber die Menschen werden es nur finden und ergreifen, wenn sie die Wahrheit darüber kennen.

Darum ist die Wahrheit kostbar. Durch sie werden Menschen von ihren Sünden errettet und erhalten ewiges Leben. Eine Predigt, die auf Irrtümern basiert, vermag das nicht. Allein die Wahrheit vermag es.

Als ein Apostel ist Paulus direkt vom Herrn Jesus Christus ausgesandt worden. Er ist ein Augenzeuge der Auferstehung. Er hat die Wahrheit aus erster Hand erfahren, und ihm ist die Predigt der guten Botschaft des ewigen Lebens an die Welt anvertraut worden.

Dies ist die Bedeutung des Paulus. Dies ist die Verantwortung, die ihm auferlegt worden ist. Dies ist der Absender dieses Briefes.

Paulus' Gruß (1,4)

Als Nächstes wird uns ganz offiziell die Person vorgestellt, an die der Brief gerichtet ist. Offensichtlich ist der Brief für einen breiteren Leserkreis gedacht - daher seine Einbeziehung in unser Neues Testament -, aber sein ursprünglicher Leser und die Person, an die Paulus dachte, als er ihn schrieb, war Titus: **„an Titus, meinen rechten Sohn nach unser beider Glauben: Gnade und Friede von Gott, dem Vater, und Christus Jesus, unserm Heiland.“**

1. Titus, mein Sohn

Aus anderen Schriftstellen können wir ersehen, dass Titus ein enger und vertrauter Mitarbeiter des Apostels Paulus war. Er begleitete Paulus auf vielen seiner Reisen. Er scheint einen stärkeren Charakter als Timotheus gehabt zu haben, und Paulus vertraute ihm oft schwierige Aufgaben an. Hierunter ragte seine heikle Mission in Korinth heraus, wo er die gespannte Situation, die zwischen Paulus und den Christen in Korinth entstanden war, klären sollte. Dies war ein Auftrag, der zweifellos sowohl diplomatisches Geschick als auch Glaubwürdigkeit erforderte. Titus scheint auch ein Mann mit Organisationstalent und Führungsqualitäten gewesen zu sein. In Korinth wurde er mit der Organisation einer Sammlung beauftragt (2.Kor 8,6).

Nun hatte Paulus ihn auf Kreta zurückgelassen, um die dortigen Probleme in Ordnung zu bringen (1,5). In vielerlei Hinsicht könnten wir bei Titus an einen treuen Friedensstifter des Paulus denken.

Die Tatsache, die uns an dieser Stelle jedoch am meisten interessiert, ist, dass Titus ein Heide, ein Grieche ist (Gal 2,3), während Paulus ein Jude ist. Doch obgleich Titus ein Heide und Paulus ein Jude ist, gehören sie derselben Familie an. Paulus nennt Titus seinen „rechten Sohn". Sie teilen einen „gemeinsamen Glauben" (revElbf) an den Herrn Jesus Christus, der über die rassischen und kulturellen Grenzen hinausgeht.

Eines der großen Merkmale auf dem Markt des Lebens ist die Konkurrenz, die dort herrscht. Es besteht Konkurrenz zwischen Reich und Arm. Es besteht Konkurrenz zwischen verschiedenen Ländern und Rassen. Es besteht Konkurrenz zwischen den Geschlechtern. Doch in Christus fallen alle jene Barrieren. Was keine irdische Zivilisation in all den Jahren der Menschheitsgeschichte erreicht hat, ist in Christus erreicht worden. Hier ist nicht Jude noch Heide, sondern alle sind einer in Christus Jesus (vgl. Gal 3,28).

Dann schreibt Paulus Titus einen Segensgruß. **„Gnade und Friede“** ist Paulus' normaler Segensgruß in den meisten seiner Briefe. Obgleich es in seiner Bedeutung viele Dimensionen hat, ist jenes Wort „Gnade“ der Schlüssel zu der Frage, warum alle rassischen und kulturellen Unterschiede in Christus weggewischt sind.

„Gnade“ meint Gottes unverdiente Güte. Paulus wünscht, dass Titus Gottes Kraft und Barmherzigkeit und den geistlichen Frieden genießen möge, der alle äußeren Umstände übersteigt. Solche Segnungen sind das Geburtsrecht derer, die durch den Glauben an Christus, unseren Heiland, Gottes Familie angehören. Angesichts der Verpflichtungen, mit denen er beauftragt ist, und der Probleme, mit denen er auf Kreta konfrontiert ist, benötigt er Gottes Gnade, die ihn stärken und ihn zu dem vorliegenden Auftrag befähigen kann.

2. Freie Gnade

Nun steht die **„Gnade“**, die hier in diesem Eröffnungsgruß erwähnt wird, in der Tat im Zentrum der guten Nachricht, die Paulus verkündigt. Aufgrund seiner freien Barmherzigkeit und Gnade sandte Gott der Vater seinen Sohn, damit dieser unser Heiland werden konnte. Und es ist der Gedanke an diese freie und unverdiente Gnade, der uns die Lehre der Erwählung erst verstehen läßt, die Paulus in diesen Eröffnungsversen seines Briefes erwähnt. Sein Dienst als Apostel geschieht **„nach dem Glauben der Auserwählten Gottes“**. Es ist dieser Ratschluss, der sie erwählt hat, der Menschen nun in Christus Jesus eins macht, was für einen kulturellen oder sozialen Hintergrund sie auch haben mögen.

Einfach ausgedrückt, besagt die biblische Lehre der Erwählung Folgendes: Wenn du und ich Christen sind, dann liegt es letztlich daran, dass Gott uns von Ewigkeit her, das heißt lange bevor wir uns für ihn entscheiden oder ihn lieben konnten, auserwählt und geliebt hat. Gottes Erwählung ist eine

Gnadenwahl; das heißt, sie geschah nicht auf der Grundlage irgendeines Verdienstes oder von etwas Gutem, das in uns zu finden gewesen wäre. Sie geschah auch nicht aufgrund unseres rassischen oder kulturellen Hintergrundes.

Oberflächlich betrachtet, scheint dies eine sehr harte und erschreckende Wahrheit zu sein, und tatsächlich zerstört sie jedwede egozentrische Einstellung in uns. Wir sind nicht der Mittelpunkt des Universums. Letztlich übt Gott die Herrschaft aus, nicht wir. Sie zerbricht alle menschliche Überheblichkeit und allen Stolz. Aber abgesehen von diesem Aspekt dieser Lehre, ist sie auch eine äußerst tröstliche Wahrheit für Sünder.

Wenn du entscheiden könntest, wer errettet würde, wen würdest du auswählen? Vielleicht wäre unsere erste Reaktion auf jene Frage, dass wir jeden auswählen würden. Aber wenn jeder ohne Ausnahme errettet und niemand für die Sünde bestraft würde, was wäre dann mit Gottes Gerechtigkeit? Für die ganze Welt würde es so aussehen, als ob Gott der Sünde gegenüber gleichgültig wäre. Er wäre ein Richter, der jeden Übeltäter laufen lässt. Stell dir die Frage nun noch einmal unter der Voraussetzung, dass du nicht jeden retten kannst. Wenn du nun entscheiden könntest, wer errettet werden soll, wen würdest du auswählen?

Stellen wir uns einmal vor, die ganze Menschheit wäre in einen riesigen Wolkenkratzer eingeteilt. Die „guten“ Menschen wären unterm Dach anzutreffen, und all die Taugenichtse und Ganoven unten im Kellergeschoss. Wenn man nun die Menschen danach zum Heil auswählen würde, wie gut sie sind, dann gäbe es auf einem bestimmten Stockwerk des Wolkenkratzers einen Punkt, der nicht überschritten werden kann. Solche unterhalb der horizontalen Sperre hätten keine Hoffnung. Oder angenommen, man würde sagen: „Nein, die Bibel sagt, dass Menschen durch Glauben errettet würden, und nicht aufgrund dessen, wieviel Gutes sie getan haben. Wir wollen den Wolkenkratzer der Menschheit nach ihrem eigenen

Glauben einteilen.“ Nun wären all die milchgesichtigen, leichtgläubigen Burschen auf dem Dachgeschoss, aber die Sperre würde bedeuten, dass es für die geborenen Spötter im Keller keine Hoffnung gäbe. Oder man könnte, wie es der Jude im Alten Testament vielleicht gemacht hätte, die Menschheit nach ihrer Rasse einteilen, die Juden ganz oben und die Heiden unten. Oder man könnte die Menschen nach Arm und Reich einteilen, oder auf irgendeine andere Weise, je nachdem, was man sich gerade ausdenkt. Doch wie man sich auch immer entscheiden mag, Menschen ihren Platz im Wolkenkratzer zuzuweisen hat immer zur Konsequenz, dass zumindest eine Gruppe übrig bleibt, für die keine Hoffnung mehr besteht. Sie befinden sich unterhalb des entscheidenden Stockwerkes. Sie sind einfach die verkehrten Leute!

Aber das Wunderbare an der Lehre von Gottes gnädiger Erwählung ist, dass sie uns sagt, dass Gottes Erwählung sich nicht auf irgendwelche menschlichen Kategorien gründet und deswegen für alle Hoffnung besteht. Wie auch immer wir uns entscheiden mögen, die Menschheit in dem Wolkenkratzer einzuteilen, wo immer wir uns selbst vielleicht auch selbst hinstecken würden - nach welchem Kriterium auch immer -, Gottes „Sperrlinie“ verläuft immer vertikal, nie horizontal. Sie bahnt sich einen Weg durch alle Kategorien. Und deshalb kann niemand jemals sagen: „Ich bin zu weit gegangen“ oder „Ich bin nicht der Typ, um errettet zu werden“, weil es keinen bestimmten „Typ“ gibt, den Gott auserwählt. Die Lehre der freien Gnade innerhalb der Lehre über die bedingungslose Erwählung Gottes bedeutet, dass wir jedermann Hoffnung anbieten können. Wer sie auch sind, was auch immer sie getan haben, welchen Hintergrund sie auch haben mögen, das Evangelium konfrontiert Menschen mit einer einfachen Frage: „Willst du Christus als deinen Erretter annehmen?“

Die Frage, die Menschen beantworten müssen, lautet nicht: „Bin ich einer der Auserwählten Gottes?“ Niemand kann das je herausfinden, indem er auf sich selbst blickt oder auf die Kategorien, in die man von anderen Menschen gesteckt wird. Die Frage lautet vielmehr: „Willst du die Wahrheit annehmen und Jesus Christus als deinen Erretter haben?“ Wenn die Antwort ein aufrichtiges „Ja“ ist, dann gehörst du zu Gottes Auserwählten.

Auf dem Markt stellen sich Menschen einander immer gegenüber und vergleichen sich miteinander. Wer ist besser? Wer ist schlechter? Wer ist nur durchschnittlich? Den Personen, die auf diesem Markt nur als Mittelmaß gehandelt werden, stellt das Leben viele Nachteile in Aussicht. Selbst solche, die an die Spitze des Erfolges klettern, scheinen selten viel Freude daran zu haben. Wer weiß, wann sie aus ihrer Stellung herausfallen werden? Aber durch seine souveräne Gnade zerschlägt Gott den Markt. Er bahnt sich einen Weg durch alle menschlichen Kategorien und Vergleiche.

Paulus war ein Jude. Titus war ein Heide. Doch obgleich sie sehr unterschiedlich waren, wurden beide durch ihren „gemeinsamen Glauben“ an den Herrn Jesus Christus errettet. Durch die Verkündigung der Wahrheit Jesu Christi kommen Menschen aus jeder Rasse und Klasse sowie Sprache und Kultur in den Besitz des ewigen Lebens. Bist du ein erretteter Mensch? Gottes Gnade ist reich und frei. Warum kommst du nicht zu Christus, wenn du es noch nicht getan hast? Gott errettet Menschen wie dich. Warum also kommst du nicht?

2.

Das Identitätsprofil eines christlichen Leiters (1,5-9)

Schriftlesung: Titus 1,5-9

Es kursiert die Geschichte um eine kleine Sportmaschine, die vier Menschen durch die Luft beförderte, den Pilot, zwei Teenies und einen alten Mann, der Christ war. Sie flogen nun gemächlich dahin, als plötzlich die Stimme des Piloten über die Bordsprechanlage knisterte: „Wir haben ernste Motorprobleme! Wir werden abstürzen! Und es gibt nur drei Fallschirme an Bord, einer zu wenig. Ich habe eine Frau und eine Familie, die mich brauchen; ich nehme also einen der Fallschirme. Auf Wiedersehen!" Und er sprang hinaus und ließ die beiden Teenies und den alten Christen zurück. Unverzüglich sagte einer der Teenager: „Jetzt muss ich Ihnen sagen, dass ich der klügste, geistreichste junge Mann der Welt bin. Ich habe einen Intelligenzquotienten von 175, und die Welt braucht mich. Ich bin bereits ein großer Wissenschaftler und könnte durchaus das Heilmittel für Krebs oder für AIDS erfinden. Ich nehme also den anderen Fallschirm. Auf Wiedersehen!" Und auch er sprang hinaus.

Jetzt begann der alte Christ mit dem übrig gebliebenen Teenie zu sprechen. Er sagte: „Nimm Du den letzten

Fallschirm. Ich bin alt. Ich habe mein Leben genossen, und ich weiß, dass, ich wenn ich sterbe, bei dem Herrn Jesus, meinem Heiland, sein werde. Nimm also den letzten Fallschirm. Das geht schon in Ordnung." Darauf antwortete der Teenie: „Machen Sie sich keine Sorgen. Das ist gar nicht notwendig. Es gibt immer noch zwei Fallschirme. Der klügste Junge in der Welt sprang mit meiner Provianttasche hinaus!"

Ein humorvolle Geschichte, aber sie warnt uns vor übertriebener, selbstbewusster Alleswisserei. Sie erinnert uns daran, dass wir bescheiden und belehrbar bleiben sollten. Aber wer wird uns belehren? Wir haben bereits gesehen, dass es absolut lebenswichtig ist, zu lernen und die Wahrheit über den Herrn Jesus Christus anzunehmen, denn dadurch erlangen wir ewiges Leben. Aber wer sollen unsere Lehrer sein?

Mit dieser Frage beschäftigt sich der Abschnitt des Titusbriefes, den wir in diesem Kapitel untersuchen wollen: **„Deswegen ließ ich dich in Kreta zurück, dass du vollends ausrichten solltest, was noch fehlt** [damit du, was noch mangelte, in Ordnung bringen (revElbf)], **und überall in den Städten Älteste einsetzen, wie ich dir befohlen habe"** (1,5).

Gemeinden waren in den einzelnen Ortschaften auf der Insel Kreta gegründet worden, doch sie befanden sich in keiner guten Verfassung. Sie benötigten Leiter, die **„sich an das Wort der Lehre, das gewiss ist"** festhalten würden, damit sie fähig seien, **„zu ermahnen mit der heilsamen Lehre und zurechtzuweisen, die widersprechen"** (1,9). Solche Leiter wurden in jeder Stadt benötigt, in allen Gemeinden.

Das Problem auf Kreta war das, was wir das Problem der Diskrepanz genannt haben, die Diskrepanz zwischen dem Glaubensbekenntnis der Christen und ihrem tatsächlichen Verhalten.

Im letzten Kapitel sahen wir, wie Paulus den christlichen Glauben definiert hat. Er nannte ihn die „Erkenntnis der

Wahrheit, Menschen zu einem rechten Wandel in der Gottesfurcht [...] hinzuführen“ (1,1; Bruns). Doch auf Kreta lief etwas schief; die Wahrheit führte nicht so zu einem rechten Wandel in der Gottesfurcht, wie sie es sollte.

Wir können auch aus dem lernen, was uns aus Kalkutta berichtet wurde. Ein sechsjähriger Waisenjunge war von christlichen Hilfskräften von den Straßen der Stadt geholt worden, wo er mit Fieber im Sterben gelegen hatte. Sie hatten ihn wieder gesund gepflegt, und an dem Tag, an dem er sich auf dem Weg in ein anderes Heim machte, gaben sie ihm ein Paket Zucker mit auf den Weg. Zucker wird unter den Armen Kalkuttas hoch geschätzt. Ein Viertelpfund Zucker hat den gleichen Wert wie ein Tagelohn. Als der kleine Junge durch das Tor des Heims hinausging, sah er, wie die Arbeiter ein anderes Kind hineinbrachten, das sich offensichtlich in einer schrecklichen Notlage befand. Er ging über die Straße und schenkte dem Jungen den Zucker.

„Warum hast du das getan?“, wurde er gefragt. „Ich denke, dass Jesus dasselbe getan hätte“, antwortete er.

Nichts Vergleichbares geschah unter den Christen auf Kreta. Obgleich Christus ganz freigebig ist, obwohl das Evangelium eine Botschaft der Vergebung und des ewigen Lebens ist, das jedem kostenlos gegeben wird, der es annehmen wird - ohne Einschränkung -, hatte es sich nicht praktisch in ihrem Leben ausgewirkt. Sie waren immer noch gefangen in der subjektiven Selbstsucht ihrer nichtchristlichen Gesellschaft, die sie umgab. Sie waren nicht mit der heiligen, sich selbst aufopfernden Liebe Christi erfüllt. Sie waren immer noch im Sensualismus[7] und Materialismus einer heidnischen Kultur gefangen, die unserer eigenen sehr ähnlich ist. Die Gemeinden waren in diesem Sinne egozentrisch. Sie waren in sich verkrümmt und verwachsen und mussten „ausgerichtet“ werden, in Ordnung

[7] Die Lehre, nach der alle Erkenntnis allein auf Sinneswahrnehmung zurückzuführen ist.

gebracht werden. Wie? Wo Menschen ichbezogen und überheblich leben und miteinander wetteifern, sind Rivalität und Auflösungserscheinungen eine häufige Folge. Dieses Chaos sollte wieder in Ordnung gebracht werden. Aber wie? Die Gegenmaßnahme, die Paulus ergreift, ist, die Einsetzung christlicher Leiter in allen Gemeinden anzuordnen. Diese Männer (denn Paulus setzt voraus, dass sie männlichen Geschlechts sein müssen) sollen Menschen sein, welche die Wahrheit nicht nur kennen und lehren, sondern sie auch in ihrem Leben ausleben, um so Vorbilder für andere sein zu können. Für Paulus war Leiterschaft in der Gemeinde eine ganz entscheidende Angelegenheit. Die Qualität einer Gemeinde ist sehr oft ein Spiegelbild für die Qualität ihrer Gemeindeleitung. Viele Krankheiten in den Gemeinden können geheilt werden, wenn man die richtigen Leute in der Leitung hat.

Musterhafte Leiter

Wenn wir uns über die Verse 5-9 einen kurzen Überblick verschaffen, können wir zunächst eine Menge allgemeiner Faktoren bezüglich der Gemeindeleitung festhalten.

Paulus fasst die Arbeit christlicher Leiterschaft zusammen. Er nennt die Führer **„Älteste"** (1,5). Dies ist ein Begriff mit einem jüdisch-alttestamentlichen Hintergrund. Im Alten Testament wurde der Begriff für Männer mit gutem Ruf und Weisheit gebraucht, welche die Angelegenheiten einer Stadt oder eines Dorfes überwachten (Spr 31,23). Diese Vorstellung wurde auf die Gemeinden übertragen. Jede Gemeinde ist eine Gemeinschaft des Volkes Gottes. Der Begriff „Ältester" impliziert, dass diese Männer erfahrene Christen sein sollten, mit einem wirklichen Maß an Reife im Glauben. (Leider geht dieses nicht immer mit den Jahren einher.) Sie mussten Männer sein, die respektiert werden konnten. Außerdem mussten sie fähig sein, durch ihr Vorbild und ihren weisen Rat zu leiten.

Paulus nennt sie auch **„Bischöfe“** oder **„Aufseher“** (1,7). Es handelt sich um Männer, denen die Aufgabe anvertraut ist, über Gottes Werk, seine Gemeinde, zu wachen. Hinter dem Gebrauch des Wortes **„Aufseher“** steht ein doppelter Gedanke. Das Wort bezieht sich auf Hirten, die über ihre Herde wachen, um sie vor Wölfen oder anderen Gefahren zu schützen. Es bezieht sich auch auf den Haushalter eines großen Hauses, der darauf achtet, dass alle Knechte ihre Arbeit verrichten und sie so tun, wie der Herr des Hauses es wünscht. Älteste sind dazu berufen, sich sowohl um die Gemeinde zu kümmern als auch die Gemeinde zu ihrer Arbeit für Gott zu bewegen.

Die Werkzeugkiste eines christlichen Leiters, mit dessen Hilfe er diese Arbeit verrichten soll, ist die apostolische Wahrheit, durch welche er fähig ist, **„zu ermahnen mit der heilsamen Lehre und zurechtzuweisen, die widersprechen“** (1,9). Die Heilige Schrift stellt uns sowohl Speise für die Seele bereit als auch das Schwert des Geistes für unsere geistliche Kriegführung.

Beachten wir auch, dass Paulus Titus anweist, Älteste (Mehrzahl!) in jeder Stadt einzusetzen. Im Neuen Testament wird nirgends erwähnt, dass nur „ein Pastor“ oder „ein Prediger“ eingesetzt wurde. Das Werk christlicher Leiterschaft ist ein geteiltes Werk. Die Gemeinde soll nicht von einem Mann, sondern von einer Gruppe von Männern geführt werden, die sich die Leitung teilen. Das hat viele Vorteile. Kein Mensch ist ein Alleskönner; er benötigt neben sich andere mit anderen Gaben. Wenn ein Mann ermattet und erschöpft ist, gibt es noch andere Führer, welche die Last weiter tragen können. Nur selten tritt nur eine einzelne Schwierigkeit in der Gemeinde auf, und oft wird mehr als eine Person zur Hilfe benötigt. Eine geteilte Führung schützt auch davor, dass ein einzelner Mann in einer Gemeinde zu großes Gewicht bekommt und so die oberste Führung Christi über seine Gemeinde in den Schatten stellt.

Doch als Paulus den Typ von Mann beschreibt, den er in der Gemeindeleitung haben möchte, wird ein Wort wiederholt. Es ist das Wort **„untadelig"** (1,6.7). Unmoralische oder unwürdige Männer in christlichen Führungspositionen sind eine Schande für die Sache Christi. Ein Gemeindeleiter muss jemand mit den höchsten moralischen und geistlichen Maßstäben sein. Er muss eine Person sein, der seit ihrer Bekehrung kein Schmutz anhaftet. Wir denken an den Propheten Samuel in seiner Abschiedsrede, als er das Volk fragte: „Hier stehe ich. Nun tretet gegen mich auf vor dem HERRN ... Wem hab ich Gewalt oder Unrecht getan? Aus wessen Hand hab ich ein Geschenk angenommen ...?" (1.Sam 12,3). Niemand konnte ihn anklagen. Mit dieser allgemeinen Vorbedingung der Unbescholtenheit im Sinn, nimmt sich Paulus in diesem Abschnitt Zeit, um ausführlich zu erklären, was er meint. Bevor ein Mann in die christliche Leitung berufen werden kann, gebietet Paulus Titus und den Gemeinden, drei wesentlichen Bereiche zu überprüfen. Sie müssen sein Familienleben, sein persönliches Verhalten und seine lehrmäßige Haltung prüfen.

Leben in der Familie (1,5.6)

Es ist interessant, dass Paulus sowohl hier als auch in 1.Tim 3, wo Paulus ebenfalls die notwendigen Voraussetzungen für Älteste beschreibt, mit der Frage des Familienlebens beginnt. Der Grund dafür ist sicherlich die Tatsache, dass Paulus Gemeinde und Familie als sehr eng miteinander verwandt und ineinander verflochten sieht. In gewisser Hinsicht ist die Gemeinde Gottes eine Familie. Paulus hat Titus bereits als seinen „rechten Sohn nach unser beider Glauben" (1,4) bezeichnet. Sehr oft nennen sich Christen gegenseitig „Brüder und Schwestern“ im Herrn, und dies ist biblisch begründet (Röm 16,1.17).

Wenn die Gemeinde eine Familie ist, dann ist die Art und Weise, wie ein Mann seine eigene Familie umsorgt und leitet, gleichsam ein Testfeld dafür, wie er mit der Führung und Pflege der Gemeinde zurechtkommen wird. Paulus legt dies in 1.Tim 3,5 dar: „Denn wenn jemand seinem eigenen Haus nicht vorzustehen weiß, wie soll er für die Gemeinde Gottes sorgen?“ Und mit der gleichen Sicherheit können wir sagen, dass, wenn ein Mann in seinem Familienleben gute Arbeit leistet, dies eine solide Basis für die Überzeugung ist, dass er durchaus fähig sein wird, auch eine gute Arbeit für die Familie des Herrn, die örtliche Gemeinde, zu tun.

Weil Gemeinde und Familie so eng miteinander verwandt sind, besteht das Neue Testament darauf, obgleich es ein großes Maß an Flexibilität in den Rollen von Männern und Frauen in der Gemeinde enthält, dass in der Gemeinde eine männliche Leitung erforderlich ist, ebenso wie die Familie von einem männlichen Haupt geführt werden soll (Eph 5,23). Eine Familie und eine Gemeinde folgen dem gleichen Modell. Ohne dieses Modell gäbe es Verwirrung in den Beziehungen zwischen Männern und Frauen. Wenn eine Frau in der Gemeinde als eine Gemeindeleiterin Autorität über ihren Mann ausüben müsste, was würde aus der Autorität des Mannes zu Hause werden? Wie auch immer wir die Einzelheiten der Anordnungen interpretieren, die Paulus hinsichtlich der Rollen von Männern und Frauen in der Gemeinde gibt, ist es in 1.Kor 11 und 14 oder 1.Tim 2 immer sein großes Anliegen, die enge Verbindung zwischen Familie und Gemeinde zu betonen, denn die Familie hat Modellcharakter für die Gemeinde. Bei dieser engen Beziehung zwischen Familie und Gemeinde gibt das häusliche Leben eines Mannes einen ersten wichtigen Hinweis dafür, ob er zur Gemeindeleitung begabt ist oder nicht.

„Älteste ... wie ich dir befohlen habe: wenn einer untadelig ist, Mann einer einzigen Frau, der gläubige Kinder hat, die nicht im Ruf stehen, liederlich oder ungehorsam zu sein“ (1,6). Der springende Punkt in diesem Vers ist, dass sich ein Ältester durch sein Familienleben als jemand zu erkennen geben muss, der sowohl selbst treu ist als auch andere zur Treue anspornt. Der Gemeindeleiter muss ein treuer Ehemann seiner Frau sein. Ehebruch ist die eine große Schande für die heutige Gemeinde Jesu. Paulus sagt, dass ein Ältester, selbst in einer Kultur, in der die Monogamie nicht populär sein mag, der Mann einer einzigen Frau sein soll. Wenn er ein treues Herz für seine Ehefrau hat, dann wird er ein Mann sein, der ein treues Herz für die örtliche Gemeinde hat.

Außerdem soll er ein Mann sein, der seine Kinder zur Treue erzieht. Die Lutherbibel[8] übersetzt Vers 6 so, als ob das Ältestenamt auf Männer beschränkt ist, deren ganze Familie, einschließlich ihrer Kinder, gläubig ist. Obgleich das natürlich höchst wünschenswert wäre, geht die Übersetzung wahrscheinlich über das hinaus, was Paulus eigentlich meinte. Das Wort „gläubig“ kann ebenso mit „treu“ oder „zuverlässig“ übersetzt werden. Es gibt zwei Gründe, weshalb man der Deutung, dass die Kinder eines Ältesten unbedingt Gläubige sein müssen, misstrauen sollte. Erstens geht diese Forderung über das hinaus, was Paulus in 1.Tim 3,4 von der Familie eines Ältesten verlangt: „Einer, der seinem eigenen Haus gut vorsteht und gehorsame Kinder hat in aller Ehrbarkeit.“ Zweitens stellt die Deutung als „zuverlässig“ oder „treu“ im Sinne von „gehorsam“ einen sinnvolleren Kontrast zum Ende des Verse dar. Sie sollen ihrem Vater treu und gehorsam sein und **„nicht im Ruf stehen, liederlich oder ungehorsam zu sein“.**

Wir haben damit begonnen, den Gedanken zu verfolgen, dass eine der Hauptursachen für die Kluft zwischen Glauben und Leben, die bei Christen in unserer Zeit zu beobachten ist,

[8] Ebenso die *NIV*, auf die sich Benton bezieht.

die weite Verbreitung des Subjektivismus ist. Psychologen sagen uns, dass eine Hauptursache für ein ängstliches Vertieftsein ins eigene Ich häufig darin zu suchen ist, wie Kinder im späten 20. Jahrhundert erzogen werden. Das Beschäftigtsein eines Kindes mit seinem Ich führt fast immer zu irgendeinem sich auflehnenden Verhalten.

Das Thema der Erziehung ist ein riesiges Gebiet. Wir können es hier nicht ausführlich behandeln. Aber es sind zwei Gegensätze, die eine schlechte Erziehung ausmachen können. Auf der einen Seite haben wir die Vernachlässigung eines Kindes. Dies kann sowohl eine physische als auch eine emotionale Vernachlässigung bedeuten. Sie hinterlässt bei einem Kind Frustration. Es sehnt sich nach Liebe, aber seine Eltern sind nie für ihn da. Es freut sich darauf, die Mutter und den Vater eine Zeit lang für sich zu haben, doch die Eltern haben keine Zeit für solche kindischen Dinge, und es bekommt das Gefühl, unwichtig und wertlos zu sein. Dies führt in einem Kind zu Verstimmungen und Zorn, und irgendwann werden diese Gefühle überkochen und es wird rebellieren.

Das andere Extrem einer schlechten Erziehung ist die zu nachsichtige Behandlung des Kindes. Manche Eltern stellen das Kind in den Mittelpunkt der Familie, weil die eigene Beziehung zwischen Mann und Frau nicht intakt ist. Das Wohlergehen des Kindes ist etwas, worüber sie sich einig sind! Doch das kann dazu führen, dass die Eltern bereit werden, absolut alles zu tun, was das Kind wünscht. Das Kind ist dann (vielleicht unterbewusst) in der Lage, seine Eltern zu manipulieren, und fürchtet sich schließlich vor seiner eigenen Macht, weil es nicht die Reife hat, damit umzugehen. Es ist so, als ob die Eltern dem Kind die Verantwortlichkeit übertragen hätten. Obgleich das Kind anfänglich diese Macht genießen mag, ist es eigentlich zu jung, um damit fertig zu werden, und so beginnt es, seinen Eltern übel zu nehmen, was sie tun, dass sie nämliche keine Grenzen setzen und keine Anleitung zum

Leben geben. Auch diese Erziehungsform ist ein Rezept für ein zorniges, ichbezogenes, aufgebrachtes Kind, das rebellieren wird.

Wenn dies in der Familie eines Mannes geschieht oder geschehen ist, könnte dasselbe Verhalten auch in der Gemeinde an den Tag gelegt werden. Wenn ein Mann nicht genug Liebe aufbringt, sich um seine Kinder zu kümmern, wird er kein Herz für die Gemeinde haben. Wenn er nicht genügend Durchsetzungsvermögen aufweist, um seinen Kindern Grenzen zu setzen, wie wird er die charakterliche Stärke aufbringen, um Zucht in der Gemeinde auszuüben, wenn es erforderlich wird?

„Nein“, sagt Paulus, „wähle einen Mann aus, der hinsichtlich seiner Kinder das rechte Gleichgewicht von Freundlichkeit und Durchsetzungsvermögen zeigt. Er ist ein Mann, der auch das rechte Gleichgewicht für die Gemeinde hat.“

Wie sieht es mit unverheirateten Männern als Älteste aus? Dies kann nicht ausgeschlossen werden. Paulus selbst war ledig. Doch bevor wir unverheiratete Männer einsetzen, müssen einige andere Kriterien als das Leben in einer Ehe gefunden werden, um die Zuverlässigkeit eines Mannes und seine Fähigkeit, auch andere zu dieser Treue und Zuverlässigkeit anzuspornen, zu prüfen. Vielleicht ist es erforderlich, dass er eine Zeit lang mit einem älteren Leiter Seite an Seite tätig wird. Von Timotheus konnte Paulus sagen: „Ihr aber wisst, dass er sich bewährt hat; denn wie ein Kind dem Vater hat er mit mir dem Evangelium gedient“ (Phil 2,22).

Persönliches Verhalten (1,7.8)

„Denn ein Aufseher soll untadelig sein als ein Haushalter Gottes, nicht eigensinnig, nicht jähzornig, kein Säufer, nicht streitsüchtig, nicht schändlichen Gewinn suchen; sondern

gastfrei, gütig, besonnen, gerecht, fromm, enthaltsam.“ Die persönlichen Verhaltensmuster eines Mannes stellen den zweiten Eignungstest für christliche Leiterschaft dar.

Der Aufseher soll nach Vers 7 **„als ein Haushalter Gottes“** dienen. Wie wir vorher schon bemerkt haben, erinnert uns dieser Vergleich daran, dass der Älteste als ein Haushalter/Aufseher der Ortsgemeinde als Gottes Haushalt dienen soll. In der antiken Gesellschaft war ein Haushalter im Haus eines angesehenen Herrn voll verantwortlich für die Verwaltung der Angelegenheiten seines Hausherrn. Für eine derartige Position war moralische Integrität oder Unbescholtenheit erforderlich, wie Jesu Gleichnisse über einen Hausherrn, der wegging und sein Eigentum der Aufsicht der Verwalter überließ, andeuten. Der Hausherr wird eines Tages wiederkommen, und der Verwalter muss dann imstande sein, Rechenschaft abzulegen.

Ein Verwalter, der in einer solchen Position zurückgelassen wird, hat viele Möglichkeiten zum Missbrauch seiner Macht. Somit ist also ein Mann mit absoluter persönlicher Integrität erforderlich - ein Mann mit Gewissen. Ebenso wie persönliche Integrität von einem Verwalter gefordert wird, muss sich Unbescholtenheit auch im persönliche Leben eines christlichen Leiters erkennen lassen, wenn er Gottes Haushalter sein soll. Paulus konzentriert sich nun auf das persönliche Verhalten eines angehenden Ältesten.

In diesem Abschnitt werden zunächst fünf Dinge verboten: **„... nicht eigensinnig, nicht jähzornig, kein Säufer, nicht streitsüchtig, nicht schändlichen Gewinn suchen.“**

Ein *eigensinniger* Mann ist jemand, der eigenwillig und egoistisch ist. Ein solcher Mann wird nicht fähig sein, auf die Bedürfnisse anderer zu achten, und seine Dominanz wird die Vorrangstellung Christi verwischen, welche die Gemeinde kennzeichnen sollte. So ein Mann ist, obgleich er von der Welt als ein starker Führer gelobt werden mag, nicht für die Führung in der Gemeinde geeignet, in der wahre Führerschaft ein Dienst ist, der Demut erfordert (Mk 10,42-45).

Ein *jähzorniger*, ungehaltener Mann ist für die Mitarbeit in einem Leitungsgremium ungeeignet. Das Buch der Sprüche warnt uns, dass ein explosives Temperament sehr oft auf andere abfärbt. Stellen Sie sich vor, was im Treffen eines Leitungsgremiums geschehen würde! „Ein zorniger Mann richtet Zank an; ein Geduldiger aber stillt den Streit" (Spr 15,18). Ein Mann, bei dem leicht die Sicherung durchbrennt, wird schnell Gottes Werk zunichte machen, wenn er in leitender Position ist.

Als Nächstes warnt Paulus vor *Trunkenheit*. In der antiken Welt der Mittelmeerländer war Wein häufiger Bestandteil der täglichen Mahlzeiten, so wie wir Tee trinkenden Briten es normalerweise gewöhnt sind, Tee zu trinken. Dies bedeutete aber, dass die Versuchung, sich zu betrinken, viel größer war. Aber ein betrunkener Schafhirte kann nicht die Aufsicht über die Schafe seines Herrn führen. Der Wolf würde großen Schaden anrichten, noch ehe der Hirte überhaupt erkannt hat, was vor sich geht. Ebenso muss ein Ältester ein Mann sein, der seine Leidenschaften kontrollieren kann, statt dass seine Leidenschaften ihn kontrollieren.

Paulus warnt davor, *streitsüchtige* Männer ins Ältestenamt zu berufen. Wenn unser Herr Jesus keine Vergeltung übte, als er fälschlicherweise angeklagt und ungerechterweise herausgefordert wurde, und wenn er uns ein neues Gebot gegeben hat, einander zu lieben, dann hat Streitsucht keinen Platz in der christlichen Gemeinde. Wahre geistliche Autorität hat nichts mit einer geballten Faust und Gewaltbereitschaft zu tun.

Am Ende dieser Liste über Charaktereigenschaften, die einen Mann von christlicher Leiterschaft ausschließen, sagt uns

Paulus, dass der Älteste nicht jemand sein darf, der *schändlichen Gewinn sucht*. Der römische Dichter Livius sagte: „Die Kreter sind so begierig auf Reichtum wie Bienen auf Honig." Ein Mann, der schändlichen Gewinn sucht, wird jemand sein, der leicht bestochen werden kann. Jemand, der Geld über alles liebt, wird bereit sein, alles zu sagen, nur um des persönlichen Gewinns willen. Er ist kein glaubwürdiger und integrer Mann. Er wird keinen treuen Haushalter für die Gemeinde Gottes abgeben, die durch Wahrheit und Liebe auferbaut wird. Geldliebe kennzeichnet falsche Lehrer (1,11); sie sind glücklich damit, alles zu lehren, was sie populär macht und ihnen Geld einbringt.

Im Gegensatz dazu beschreibt Paulus nun positive Charaktereigenschaften und ein untadeliges persönliches Verhalten. In diesem zweiten Abschnitt werden sechs Dinge genannt: **„... sondern gastfrei, gütig, besonnen, gerecht, fromm, enthaltsam."**

Gastfreundschaft zeigt, wenn sie richtig gewährt wird, ein großzügiges Herz. Nach einer solchen Gesinnung sucht Paulus bei einem Ältesten. Bei der Gastfreundschaft geht es nicht einfach darum, Freunde aus der eigenen Umgebung einzuladen. In der Heiligen Schrift erstreckt sie sich insbesondere auf Fremde und Ausgestoßene. Sie hat weniger mit einem überhäuften Tisch und mehr mit einer offenen Tür für solche zu tun, die sich in körperlicher, seelischer, emotionaler oder geistlicher Not befinden (Mt 25,35).

Wie wir gezeigt haben, war das zentrale Problem in den Gemeinden Kretas, dass der Glaube nicht zur Gottseligkeit im Leben der Menschen führte. Die Kluft tat sich weit auf. Vor diesem Hintergrund betont Paulus, dass Älteste Menschen sein müssen, die durch ihr eigenes Beispiel beim Schließen der Kluft vorangehen. Er muss jemand sein, der „gütig" ist, also das Gute liebt. Ein christlicher Leiter muss jemand sein, der sich der Förderung einer gütigen Menschenfreundlichkeit und einer wohlwollenden Frömmigkeit widmet, selbst wenn andere Leute ihn als „Schleimer" verspotten.

Das Wort **„besonnen"**, welches Paulus hier gebraucht, kann ebenso gut mit „vernünftig" übersetzt werden. Ein Ältester darf kein Mann sein, der wilden, törichten Ideen anhängt. Ja, er muss ein Mann sein, der glaubt, dass Gott der Gott des Unmöglichen ist. Aber er muss diesen Glauben mit einer guten Dosis gesundem Menschenverstand verbinden. Der Gott, der uns unsere Herzen gab, ist auch derselbe Gott, der uns unseren Kopf und Verstand gab!

Die übrigen drei Eigenschaften („gerecht, heilig, enthaltsam", revElbf.), vervollständigen das Profil der untadeligen persönlichen Lebensführung, die von jemandem gefordert wird, der nach Leitungsaufgaben in der Gemeinde strebt. *Gerechtigkeit* oder *Rechtschaffenheit* bezieht sich auf Aufrichtigkeit und Geradheit in unseren Beziehungen mit anderen Menschen. *Heiligkeit* bezieht sich auf die Hingabe in unserer Beziehung zu Gott. *Enthaltsamkeit* spricht von der Beziehung eines Mannes zu sich selbst. Er muss jemand sein, der seine eigenen Triebe, Handlungen, Stimmungen und Bestrebungen völlig unter Kontrolle hat.

Hier haben wir also ein abgerundetes Identitätsprofil eines Mannes, den die Gemeinde braucht, um sie zu leiten. Ich befürchte jedoch, dass solche Männer aus der Mode gekommen sind. Solche Männer sind im Denken vieler Menschen von heute nur von geringem Wert. Die säkulare Welt mit ihrer plärrenden Selbstherrlichkeit und ihrem Versklavtsein an das Neue stempelt solche Männer als langweilig ab. Und auch die Gemeinde unserer Tage, die sehr oft alles durch die getönte Brille des Subjektivismus sieht, legt auf solche Männer geringen Wert. Christen, deren erste unausgesprochene Frage lautet: „Was für ein Gefühl vermittelt er mir?", eignen sich schlecht dazu, die geforderten Eigenschaften zu schätzen. Sie legen mehr Wert auf den

Unterhaltungswert eines Mannes als auf seine Glaubwürdigkeit und Treue. Sie interessieren sich eher für die Gaben des Geistes als für die Frucht des Geistes.

Nein, wenn wir darüber nachdenken, wer die Gemeinde leiten und wer uns belehren solle, sollten wir nicht fragen: „Ist er unterhaltsam?" oder „Hat er ein attraktives Äußeres?" oder „Wie viele Menschen kommen, um ihm zuzuhören?" oder sogar „Hat er einen großen Intellekt?". Diese Fragen sind bestenfalls zweitrangig und letztlich völlig irrelevant. Die Fragen, welche gestellt und klar beantwortet werden müssen, haben mit der Moral und der geistlichen Qualität eines Mannes zu tun. Er muss Paulus' Test bestehen und sich als untadelig erweisen.

Untadelige Männer sind unmodern. Aber trotzdem sagt uns der Apostel, dass es solche Männer sind, und zwar nur solche Männer, welche die Gemeinde Gottes leiten sollen.

Eintreten für das Evangelium (1,9)

Am Ende, aber keineswegs zuletzt, gebietet Paulus, dass die lehrmäßigen Überzeugungen eines Mannes, der für die Leitung der Gemeinde in Betracht kommt, untersucht werden müssen: **„Er halte sich an das Wort der Lehre, das gewiss ist, damit er die Kraft habe, zu ermahnen mit der heilsamen Lehre, und zurechtzuweisen, die widersprechen."**

Wir erfahren hier zwei Dinge über den christlichen Leiter und die apostolische Botschaft. Uns wird gesagt, wie er die Botschaft festhalten und wie er sie anwenden muss.

1. Wie er die Botschaft festhalten soll

Erstens muss er sie *standhaft festhalten*. Auf Gemeindeleiter ist immer wieder Druck ausgeübt worden, das Evangelium, die

Botschaft der Heiligen Schrift, zu verwässern - und das wird immer der Fall sein. Es ist tragisch, die Auswirkungen auf die Gemeinde Jesu über die Jahrhunderte zu sehen, wenn sich die christliche Kirche und ihr Evangelium aus verschiedenen Gründen auseinander gelebt haben.

Paulus betont zwei Aspekte der Botschaft der Bibel. Erstens betont er ihre *Vertrauenswürdigkeit*. Es ist eine vertrauenswürdige Botschaft, zu deren standhaftem Festhalten Gemeindeleiter berufen sind. Paulus selbst war ein Augenzeuge der Auferstehung des Herrn Jesus Christus. Bei jener höchst dramatischen Begegnung auf der Straße nach Damaskus war sein Leben völlig umgekrempelt worden, so dass er als einstmaliger Verfolger Christi zu einem Prediger Christi wurde. Der Apostel ist, wie er an Titus schreibt, ein lebendiger Beweis der Wahrheit des Evangeliums. Heutzutage ist der Druck, von der „heiligen Schrift abzugehen, die dich unterweisen kann zur Seligkeit durch den Glauben an Christus Jesus", enorm, und er kommt aus vielen verschiedenen Richtungen. Insbesondere geht unsere Zeit der Philosophie des Pluralismus nach. Hierbei handelt es sich um die Vorstellung, dass alle Religionen gleichermaßen wahr seien. Und die Konsequenz, wenn alle Religionen gleichermaßen wahr sind, ist natürlich, dass wir nicht allzu fest an der biblischen Botschaft festzuhalten brauchen.

Gotthold Ephraim Lessing, der deutsche Dramatiker und Kritiker aus dem 18. Jahrhundert, trat mit seiner Ringparabel für einen derartigen Pluralismus ein: Ein Vater hatte einen magischen Ring, den er nach seinem Tod einem seiner drei Söhne vermachen musste. Weil er nicht der Günstlingswirtschaft angeklagt werden wollte, machte er zwei falsche Ringe, die dem ersten glichen. Vor seinem Tod gab er jedem seiner Söhne einen Ring. Jeder meinte, dass sein eigener der echte Ring sei, und eine Auseinandersetzung über die Frage, wer der Besitzer des echten Ringes sei, brach zwischen ihnen aus. Die drei Söhne gingen zu Nathan dem Weisen. Er sprach zu ihnen:

„Jeder von euch möge denken, dass sein eigener Ring der wahre sei, aber versucht nicht, den anderen davon zu überzeugen.“ Und die Moral von der Geschichte ist: „Niemand kann sicher sein, welche Religion die wahre ist, legt also eure eigene nicht anderen auf und seid nicht zu sehr um die Wahrheit besorgt.“

Aber ein treuer und zuverlässiger christlicher Leiter wird das nicht so einfach schlucken können. Gott lügt nicht, wie Paulus uns in Vers 2 mitgeteilt hat. Er macht keine falschen Ringe. Er hat seinen Sohn gegeben und das eine wahre Evangelium der ganzen Welt gegeben, wie nicht zuletzt durch die Auferstehung Jesu und die Gottseligkeit, die das Evangelium im Leben von Menschen hervorbringen kann, bewiesen wird. Der Älteste muss ein Mann sein, der an der vertrauenswürdigen Botschaft festhält und nicht zulassen wird, dass die Gemeinde durch schmeichelhafte Worte oder modische Argumente dieser Botschaft beraubt wird. Nur solche Männer dürfen unsere Lehrer sein, und keine anderen.

Zweitens unterstreicht Paulus die *Sorgfalt*, mit welcher christliche Leiter das Evangelium, an dem sie festhalten, handhaben müssen. Sie müssen an der Botschaft festhalten, die „gewiss ist“. Hier haben wir einen Indikator eines weiteren Angriffspunktes auf das Evangelium, auf den wir Acht geben müssen. Viele Kritiker stellen sich gegen das apostolische Evangelium, indem sie sagen: „Ja, das Neue Testament war die Botschaft der Apostel; ihre Botschaft für die antike Welt. Aber heute ist die Welt anders. Wir leben in einem ganz anderen Zeitalter, einem Zeitalter der Technologie. Wir wissen viel mehr über Psychologie, Genetik und das Verhalten der Menschen. Das Evangelium muss unserer Zeit angepasst und gepredigt werden. Ständig über Sünde zu reden, ist nicht nützlich. Das Gerede vom Zorn eines heiligen Gottes ist für den modernen Menschen unangenehm. Das Evangelium muss auf den neuesten Stand gebracht werden.“

Doch der treue christliche Leiter durchschaut diese Argumente. Er hält an dem Evangelium fest, das **„gewiss ist"** und von Paulus und vom Herrn Jesus gelehrt worden ist. Natürlich müssen wir eine moderne Sprache gebrauchen, wenn wir das Evangelium weitergeben. Natürlich müssen wir das Evangelium auf die Umstände und Bedürfnisse einer modernen technologischen Gesellschaft anwenden. Aber wir verändern nicht die Botschaft. Warum? Weil Gott immer noch derselbe ist, obwohl sich die Zeiten geändert haben; die gefallene menschliche Natur ist immer noch dieselbe; der Herr Jesus ist derselbe gestern, heute und in Ewigkeit; das Bedürfnis des Menschen nach einer ewigen Errettung ist dasselbe; und die Gnade und Güte Gottes sind immer noch dieselben. Die Männer also, welche die Gemeinde belehren sollen, müssen Männer sein, die an dem Evangelium so festhalten, wie es gelehrt worden ist.

Dies ist die lebenswichtige Wahrheit. In den Augen des Paulus soll man verflucht sein, wenn man das Evangelium verändert (Gal 1,8.9). Wenn nur die Wahrheit die Verlorenen erretten kann, dann ist man, wenn man sie vernachlässigt oder verfälscht, nur um beliebt zu sein oder höher geachtet zu werden, des abscheulichsten Verbrechens gegen die Menschheit schuldig.

Der zuverlässige Gemeindeleiter ist also nicht jemand, der mit den zentralen Wahrheiten des Christentums spielt oder nur eine vage Vorstellung davon hat. Er muss jemand sein, der das Evangelium klar und kompromisslos lehrt.

2. Wie er die Botschaft anwenden soll

Paulus sagt uns aber nicht nur, wie ein Gemeindeleiter an der biblischen Botschaft festhalten soll, er sagt uns auch, wie er diese Botschaft anwenden muss. Er hält an der Botschaft der Bibel fest, **„damit er die Kraft habe, zu ermahnen mit der heilsamen Lehre und zurechtzuweisen, die widersprechen"**

(1,7). Sein Dienst ist ein zweifacher Dienst. Er besteht aus Ermahnung und Ermutigung, aus der Auferbauung der Gemeinde und der Bekämpfung von Irrtum.

Das Evangelium ist eine großartige Botschaft, die für den gefallenen Sünder voller Ermutigung steckt. Es ist die Botschaft von der „Freundlichkeit und Menschenliebe Gottes“ (3,4). Weil Christen in einer gefallenen Welt leben, mit der Verdorbenheit und Schwachheit in sich selbst kämpfen und von außen von den Listen des Teufels verlockt werden, benötigen sie oft Ermunterung. Das Evangelium ist die Botschaft, die uns Hoffnung gibt, und sie gibt uns Mut, auf dem Glaubensweg voranzugehen.

Paulus spricht hier von der „gesunden“ Lehre. Das Wort „gesund“ gebrauchen manchmal die Ärzte. Früher sprachen Ärzte davon, dass man „an Leib und Gliedern gesund“ sei, und wenn sie diese Redewendung gebrauchten, meinten sie, dass jemand wirklich gesund war. Die Lehre des wahren Evangeliums wird geistlich gesunde Christen hervorbringen. Wenn sie richtig angenommen worden ist, wird die Wahrheit zu einem Gott-gefälligen Wandel führen, wohingegen Irrtum kranke Christen zur Folge haben wird. Der Ausdruck „gesunde Lehre“ wird leider in vielen christlichen Kreisen verachtet, aber eigentlich ist gesunde Lehre das, was die Gemeinde Jesu am nötigsten hat, damit Christen heilig und glücklich im Herrn sind. Das reine Evangelium ist die Quelle der Freude eines jeden Christen.

Den Dienst George Whitefields[9], des großen Evangelisten des 18. Jahrhundert, kommentierend, bemerkt J.C. Ryle[10]: „Er

---

[9] George Whitefield (1714-1770) war der bekannteste Evangelist des 18. Jahrhunderts. Whitefield, ein ordinierter Pfarrer der anglikanischen Kirche, wurde in vielerlei Hinsicht zum Vorbild für John und Charles Wesley.

[10] John Charles Ryle, anglikanischer Bischof von Liverpool und bedeutender, bibeltreuer Autor. Seine bedeutendsten Publikationen sind: *Expository Thoughts on the Gospels* und *Holiness*.

war ein Mann mit einem einzigartig glücklichen und fröhlichen Gemüt. Niemand, der ihn sah, konnte je bezweifeln, dass er sich seines Glaubens erfreute ... Nach seinem Tod sagte eine angesehene Dame aus New York folgenden bemerkenswerten Satz, als sie über den Einfluss sprach, durch den der Heilige Geist ihr Herz für Gott gewann: ‚Herr Whitefield war so fröhlich, dass ich versucht wurde, Christ zu werden!'" Dementsprechend sollte jeder treue Älteste jemand sein, der durch seine Lehre fähig ist, andere mit dem Evangelium zu ermuntern.

Aber kommen wir zu einem zweiten Aspekt, der den Dienst eines wahren Lehrers kennzeichnet. Sein Schwert muss zweischneidig sein. Er muss nicht nur die Schrift gebrauchen, um die Ängste der Sünder niederzuschlagen und die Ketten der Finsternis zu lösen, er muss auch imstande sein, *Sünde und falsche Lehre* zu bekämpfen. Er muss fähig sein, die **„zurechtzuweisen, die [dem Evangelium] widersprechen“.** Das ist keine so populäre Arbeit wie der Dienst der Ermutigung. Häufig muss an dieser Stelle ein erbitterter Kampf geführt werden, der Mut erfordert. Der Lehrer hat es schwer, denn Christen möchten viel lieber und öfter gelobt als gewarnt werden. Einen gefährlichen Irrtum zu bekämpfen, wird häufig als „Richtgeist“ und „negative Grundhaltung“ karikiert. Nun, der Lehrer muss sich tatsächlich davor hüten, nicht in einen überkritischen Geist zu verfallen. Aber die Aufgabe der Verteidigung der Wahrheit und des Kämpfens für den ein für alle Mal den Heiligen anvertrauten Glauben ist von größter Bedeutung, denn es ist die Wahrheit, die allein Menschen befreit und zum Heil führt. Der wahre christliche Gemeindeleiter muss ein Wächter sein. Er muss auf die Philosophien der modernen Welt und die Sekten und die Irrlehren, die in den Kirchen aufkommen, Acht haben und fähig sein, sie zu widerlegen. Es heißt, dass Bankangestellte am besten darauf vorbereitet würden, falsche Banknoten zu erkennen, wenn man sie die echten Geldscheine zählen lasse.

Sie würden dann so sehr mit den echten vertraut sein, dass sie prompt alle falschen erkennen könnten. Ebenso ist ein gründliches und tiefes Verständnis der Bibel und des echten Evangeliums, das in ihr gelehrt wird, die beste Vorbereitung für die Widerlegung von Irrlehren.

Kannst du jetzt erkennen, warum diese Anweisungen so wichtig ist? Gott bietet der Welt ewiges Leben in Jesus Christus an. Jenes ewige Leben kommt zu uns, wenn wir die Wahrheit über Christus hören und darauf antworten. Es handelt sich folglich um eine kostbare Wahrheit. Sie muss gelehrt, in der ganzen Welt und in allen Generationen weitergegeben werden. Doch es gibt viele falsche Vorstellungen, die geglaubt werden. Wie können wir unterscheiden, wer ein wahrer Lehrer und wer ein Verführer ist? Auf wen sollen wir hören? Paulus hat uns die Antwort gegeben. Man kann einen wahren christlichen Führer von einem falschen Lehrer unterscheiden, wenn man sein Familienleben, sein persönliches Verhalten und sein Eintreten für das Evangelium untersucht. Wenn man sich diese Bereiche näher anschaut, wird man feststellen, dass ein Mann, obwohl er nicht vollkommen sein mag, doch wirklich das Wesen Christi ausstrahlt. Im Leben des wahren Lehrers hat die Wahrheit bereits zu einem Gott-wohlgefälligen Wandel geführt, und deshalb kannst du ihm getrost und vertrauensvoll erlauben, dich zu belehren.

3.

Die falschen Lehrer und ihre Anhänger (1,9-16)

Schriftlesung: Titus 1,9-16

Wie wir gesehen haben, besteht ein sehr wichtiger Teil der Aufgabe eines christlichen Leiters darin, falscher Lehre zu widerstehen (1,9). In diesem Abschnitt des Briefes an Titus geht es also gleich mit dem weiter, worüber Paulus schon im vorigen Absatz zu sprechen kam. Nachdem er über die Anforderungen an das Leben und den Charakter eines Gemeindeleiters geschrieben hat, spricht Paulus nun über die falschen Lehrer, welche die Gemeinden auf Kreta beunruhigten, und die Leute, die ihnen folgten.

Nationale Charakterzüge

Die Probleme auf Kreta waren kompliziert. Wenn wir diesen Abschnitt lesen, begreifen wir, dass falsche Lehre gewissermaßen nur das halbe Problem war. Das Volk Kretas war besonders anfällig für Lügner. Die Irrtümer der falschen Lehrer schienen gerade Erfolg zu haben, weil sie irgendwie dem zu entsprechen schienen, was wir den Nationalcharakter der Kreter nennen könnten. Gemeinsam stellten diese beiden Komponenten - Irrlehre und Nationalcharakter - einen sehr starken und geistlich gefährlichen Cocktail dar.

Wir machen Witze über englische Zurückhaltung, schottische Klugheit, walisische Sentimentalität und irische Einfachheit. Diese Witze sind gewöhnlich nicht boshaft, sondern als gutmütiger Scherz gemeint. Doch sie sind Beispiele für nationale Eigenschaften oder regionale Klischees. Sie sind Verallgemeinerungen über Menschen, die einen unterschiedlichen Hintergrund haben.

Sie können verletzend sein, weil Verallgemeinerungen nie genau zutreffen und gefühllose Bemerkungen über Rasse und Hintergrund verständlicherweise Menschen aus der Fassung bringen können. Doch manchmal liegt in solchen Verallgemeinerungen genügend Wahrheit, um den Gedanken daran am Leben zu erhalten. Wir sprechen von der Disziplin der Deutschen, von den unergründlichen Chinesen, vom feurigen südländischen Temperament.

In Vers 12 bezieht sich Paulus auf den Nationalcharakter der Kreter. Er zitiert einen Dichter namens Epimenides aus dem sechsten Jahrhundert v. Chr., der selbst aus Kreta war (er sollte es also wissen!): **„Es hat aber einer von ihnen gesagt, ihr eigener Prophet: Die Kreter sind immer Lügner, böse Tiere und faule Bäuche.“**

Der Brief an Titus hat uns bereits gezeigt, dass das Evangelium von dem Herrn Jesus Christus die Wahrheit ist, die zu einem Gott-wohlgefälligen Lebenswandel führt (1,1). Doch das Problem auf Kreta war - wie wir auch gesehen haben -, dass dies so nicht zutraf. Es bestand bei den Kretern eine Diskrepanz zwischen ihrem christlichen Glauben und ihrem Verhalten. Die Wahrheit führte nicht zu einem rechten Lebenswandel. Ihr Leben war ichbezogen und nicht im Einklang mit Gottes Liebe.

Der erste Hauptfaktor, der die Gemeinden auf dem Weg zur Gottseligkeit behinderte, war falsche Lehre. **„Denn es gibt viele Freche, unnütze Schwätzer und Verführer ... weil sie ganze Häuser verwirren und lehren, was nicht sein darf“** (1,10.11). Aber auch die nationalen Vorlieben der Kreter spielten eine Rolle. In ihrer Egozentrik und betont gefühlsorientierten Lebenseinstellung waren die Kreter besonders offen für falsches Gedankengut, um es sowohl selbst zu lehren als auch in ihr Leben aufzunehmen.

Wo haben nationale Charakterzüge ihren Ursprung? Wir müssen zuallererst sagen, dass alle Menschen, welchen Hintergrund sie auch immer haben mögen, Sünder sind und als Folge des Sündenfalls im Garten Eden jene grundlegend egozentrische Natur geerbt haben. Wenn wir also von nationalen Eigenschaften sprechen, können wir nicht behaupten, dass eine Nation oder Rasse an sich besser oder schlechter sei als eine andere. Wir fragen einfach nur, wie unsere gemeinsame Sündhaftigkeit sich in unterschiedlichen Völkern im Licht unterschiedlicher Hintergründe äußert. Bezüglich der Mentalität der Kreter und ihre Neigung zu falscher Lehre sind zwei Feststellungen zu machen:

Als Erstes liegt die Vermutung nahe, dass Geographie, Handel und Klima einen gewissen Einfluss auf die Kreter hatten. Wo ein warmes Klima herrscht und Nahrung im Überfluss vorhanden ist, neigen Menschen dazu, entspannter zu sein. Wo das Leben kälter und härter ist, sind eher harte Arbeit und Disziplin als nationale Eigenschaften anzutreffen. Vielleicht neigt die erste Gruppe zu Sünden der Zügellosigkeit, während die letzte zu den Sünden der Selbstgerechtigkeit tendieren. Wie auch immer diese Eigenschaften entstanden, identifiziert Paulus die Kreter als allgemein zügellose, böswillige und sinnliche Menschen, als **„böse Tiere“** und **„faule Bäuche“**. Die körperlichen Triebe waren am wichtigsten.

Eigenartigerweise macht diese Lebenseinstellung Menschen immer empfänglich für falsche religiöse Lehre. Wir wissen, dass die fünf Sinne des Körpers Quellen der Freude sind, doch können sie einen Menschen letztlich nie befriedigen. Fleischliche Befriedigung dauert nicht lang an. „Das Auge sieht sich niemals satt, und das Ohr hört sich niemals satt“, sagt der Schreiber des Buches Prediger (Pred 1,8). Der gefühlsbetonte, sinnliche Mensch ist also immer jemand, der nach etwas Neuem, etwas Ungewöhnlichem, etwas Überraschendem Ausschau hält. Und wenn eine neue geistliche Lehre angepriesen wird, die höchste Erfüllung, Erregung oder eine gute Zeit verspricht, sind diese Menschen häufig sehr offen dafür. Dies ist ein fruchtbarer Nährboden für falsche Lehrer mit neuartigen religiösen Lehren, die besondere Erkenntnis oder Erfahrungen oder Wohlstand und ein „siegreiches Leben im Überfluss“ versprechen.

Unsere moderne Gesellschaft gründet sich gerade auf dieser Lebenseinstellung. Grundlage unserer Gesellschaft ist die Evolutionstheorie geworden, die darauf besteht, dass Menschen lediglich komplizierte Tiere sind. Die Konsequenz ist, dass das Glück und die Freude letztlich in den fünf Sinnen des Körpers liegt, sodass wir uns überall, wo es uns juckt, kratzen sollten. Aber eine solche Befriedigung lässt Menschen unerfüllt zurück, und folglich werden sie empfänglich für alle möglichen religiösen Lehren, die der grundlegend egozentrischen, genussorientierten Lebenshaltung Vorschub leisten.

Wenn wir jedoch zum Charakter der Kreter zurückkommen, müssen wir erkennen, dass, zweitens, nationale Eigenschaften mit vorherrschenden Gedanken und bedeutenden Ereignissen in der Geschichte eines Volkes überaus eng verknüpft sind. Wir sprechen zum Beispiel bei den Briten von dem „Geist von Dünkirchen“. Die Kreter hatten sich in der Geschichte einen Namen dafür gemacht, dass sie Lügner waren. Dieser Ruf war scheinbar aufgekommen, weil sie in der Vergangenheit behauptet hatten, dass sich das Grab des Zeus, des Herrn der Götter, auf Kreta befinde. Diese Lüge hatte die Insel wahrscheinlich ins Rampenlicht der Weltöffentlichkeit gestellt und viele Reisende dorthin gelockt. Eine Lüge hatte ihnen geholfen. Dies hatte einen bedeutenden Präzedenzfall im Empfinden der Nation gebildet. Der Gedanke, um des Gewinnes willen mit religiösen Ideen hausieren gehen zu können, ungeachtet, ob sie wahr oder falsch waren, war zu einer anerkannten Marktstrategie geworden, die man ohne weiteres anwenden konnte. Und selbstverständlich ist ein falscher Lehrer nur zu glücklich, wenn er seine Lehren so zurechtbiegen kann, dass sie dem entsprechen, was die Leute hören wollen.

Die falschen Lehrer, die nun auf Kreta zur Zeit des Paulus ihr Unwesen trieben, folgten den Fußstapfen einer oft gegangenen Tradition: **„Kreter sind immer Lügner."** Sie erfüllten die „Prophetie" des Epimenides in ihrer eigenen Generation, indem sie eine religiöse Lüge verbreiteten. Auf Kreta waren zwei chemische Komponenten zusammengetroffen, die in ihrer Zusammensetzung gegen den Einfluss des Evangeliums resistent machten: Irrtum und eine Bereitschaft, ihn anzunehmen.

Umgang mit falschen Lehrern (1,9-14)

Wie sollen christliche Führer mit diesem doppelten Problem von falscher Lehre und einer nationalen Vorliebe dafür umgehen? Das steht in diesem Abschnitt bei Paulus auf der Tagesordnung. Weil er so eng mit dem vorherigen Abschnitt über die von den Ältesten geforderten Eigenschaften verbunden ist, werden wir uns ein wenig zurückbewegen und den neunten Vers des vorhergehenden Abschnitt mit einbeziehen. Paulus antwortet auf das Problem, indem er Menschen und ihren Irrtümern die Wahrheit entgegenhält. Wahrheit ist immer die große Waffe des Christentums gewesen. Wir können den Abschnitt in vier Teile untergliedern. Paulus nennt für den Umgang mit den falschen Lehrern drei Schritte, und dann er erklärt er, warum dies getan werden muss.

1. Sie müssen widerlegt werden (1,9.10)

Der Älteste muss sich halten **„an das Wort der Lehre, das gewiss ist, damit er die Kraft habe, zu ermahnen mit der heilsamen Lehre und zurechtzuweisen, die widersprechen. Denn es gibt viele Freche, unnütze Schwätzer und Verführer, besonders die aus den Juden"**.

Vielleicht hat jemand schon einmal das Bilderbuch *Where's Wally* in der Hand gehabt, eigentlich eher ein Spiel für Kinder. (In den Vereinigten Staaten heißt Wally Waldo.) Diese schlaksige Gestalt Wally hat ein fröhliches Gesicht und einen rotweißen Pomponhut, und Ziel des Spiels ist es, ihn auf dem Bild zu finden. Das Problem ist, dass er unter einer riesigen Menge anderer Figuren versteckt ist. Verschiedene Bilder zeigen ihn inmitten vieler Menschen am Strand oder ganz hinten auf dem Rummelplatz und anderswo. In vieler Hinsicht beschreibt dies eine der erfolgreichsten Strategien des Teufels gegen das Evangelium, wie wir in Vers 10 sehen. Er weiß, dass Menschen die Wahrheit über den Herrn Jesus Christus hören und erfassen müssen, damit sie ewiges Leben finden können, und so ist es seine Masche, das Evangelium mit einer kaum überschaubaren Menge unechter Alternativen zu umgeben. Das macht es schwer, die Wahrheit zu finden.

„Denn es gibt viele Freche, unnütze Schwätzer und Verführer", sagt Paulus. Satan überflutet den Markt mit Ködern. Paulus bezeichnet die falschen Lehrer und ihre Anhänger als *freche* oder besser *aufsässige* (revElbf) Menschen. Sie werben nicht dafür, dass wir uns Gott und seinem Wort unterordnen. Sehr häufig hat ihre Botschaft mehr mit Selbstverwirklichung als mit Unterordnung zu tun. Und wenn ihre Lehre doch

Unterordnung einbezieht, so hat diese häufig eher mit dem Gehorsam einem Sektenführer gegenüber zu tun als dem Gehorsam Christus und der Bibel gegenüber. Aber das wahre Evangelium führt zu einer bereitwilligen Ergebung und Hingabe an den Herrn. „Nehmt auf euch mein Joch und lernt von mir", sagte Jesus (Mt 11,28).

Paulus bezeichnet diese Gegner des Evangeliums als *unnütze* (revElbf: hohle) *Schwätzer.* Diese Leute reden sehr viel, aber sie sagen nichts von bleibendem Wert. Ihre Lehre ist nichts weiter als eine Theorie, aber sie sagt wenig oder nichts, wie Menschen im Alltag ganz praktisch ein Gott-gefälliges Leben führen können.

Paulus beschreibt die falschen Lehrer als *Verführer.* Sie gehen mit falschen Versprechungen hausieren. Ihre Lehre stammt nicht von dem Gott, „der nicht lügt" (1,2), ist nicht das von ihm gegebene Evangelium. Was sie anzubieten haben, führt nirgendwo hin als ins Verderben. In den letzten Jahren haben wir viele tragische Szenen gesehen, von der Davidianer-Sekte („Branch Davidians") in Waco, Texas, und dem Giftgasanschlag auf unschuldige Menschen in der Untergrundbahn Tokios, der von der japanischen Aum-Sekte ausging. Nach den Massenmorden in der Schweiz, die mit dem so genannten „Orden des Sonnentempels" in Verbindung gebracht wurden, sagte ein Sprecher aus jenem Land, dass er befürchte, dass es nicht weniger als 600 verschiedene Sekten in der Schweiz gebe. Es sollte uns nicht überraschen. Paulus sagte, dass es viele Verführer gibt. Und manchmal können, wie bei den Massenselbstmorden in Jonestown, Guyana, im Jahre 1978, diese kultischen Bewegungen vor einem ziemlich orthodoxen christlichen Hintergrund beginnen, womit Menschen betrogen worden sind.

Aber wir wären töricht, wenn wir uns einfach nur auf die extremeren Sekten konzentrierten. Es gibt viele andere Widersacher des Evangeliums mit einer weitaus glaubwürdigeren und angeseheneren Herkunft. Paulus’ eigener Dienst hatte am meisten durch den jüdischen Widerstand gelitten, besonders derer, von denen Paulus sagt, dass sie einen Eifer für Gott hätten, der sich jedoch nicht auf Erkenntnis gründet (Röm 10,2). Viele seiner eigenen missionarischen Aktivitäten waren von seinen jüdischen Landsleuten angegriffen worden. In vielerlei Hinsicht ist die Religion der Juden, die sich ja auf Gottes Offenbarung im Alten Testament gründet, eine großartige Religion. Aber weil sie Jesus verworfen haben, ihren von Gott gesandten Messias, und weil sie immer noch an den alttestamentlichen Opfern festhielten, die Gott in Christus abgeschafft hatte, muss Paulus die Juden unter die Aufsässigen und Betrüger einordnen.

Wie sollen wir Paulus zufolge reagieren? Wo soll die christliche Gemeinde beginnen, wenn sie sich mit falscher Lehre beschäftigt? Paulus sagt, dass ihr widersprochen werden müsse und die falschen Lehrer zurechtgewiesen werden sollen (1,9). Das ist der einzig mögliche Ausgangspunkt. Alle Christen haben hier eine gewisse Verantwortung, aber die Zurückweisung falscher Lehre ist insbesondere die Aufgabe der Ältesten und Gemeindeleiter. Es muss sorgfältig erforscht werden, was für ein Irrtum gelehrt wird. Wir müssen unsere Position kennen und richtig verstehen. Dann müssen die Ideen der Irrlehrer analysiert, bloßgestellt und als falsch bewiesen werden. Hierfür benötigen wir „das der Lehre gemäße, zuverlässige Wort“ (1,9; revElbf) des biblischen, apostolischen Evangeliums als unser Werkzeug. Falsche Lehre muss mit der klaren Lehre der Schrift aus den Angeln gehoben werden. Die Bibel ist unsere große Waffe. Sie war auch die Waffe, die Paulus einsetzte. Von seinem Dienst in Thessalonich lesen wir: „Wie nun Paulus gewöhnt war, ging er zu ihnen hinein und redete mit ihnen an drei Sabbaten von der Schrift, tat sie ihnen auf und legte dar, dass Christus leiden musste und von den Toten auferstehen“ (Apg 17,2.3). Die alttestamentlichen Weissagungen, die hunderte von Jahren im Voraus niedergeschrieben und in Christus vor vielen Augenzeugen erfüllt wurden, stellen insbesondere ein massives Argument für die Wahrheit des Evangeliums dar.

Falscher Lehre kann nicht widersprochen werden, indem man sie ignoriert. Ihr darf man sicherlich nicht mit physischer Gewalt antworten, wie es während der katholischen Inquisition in Spanien der Fall war. Auch nicht besser ist es, wenn man sie mit anderen Ideen in einem Diskussionsforum über verschiedene Glaubensformen diskutiert. Paulus sagt uns, dass falsche Lehre durch einsichtige Argumente widerlegt werden soll. Sie muss abgewiesen werden.

Dies ist ein wichtiger Gesichtspunkt. Es gibt einen religiösen Markt der für alle Glaubensrichtungen offen ist. Wir selbst leben in einer multikulturellen, religiös-pluralistischen Gesellschaft. Paulus setzt hier jedoch voraus, dass wir in einer Welt der Logik leben. In Gottes Vorsehung ist uns das Licht der Vernunft gegeben worden. Die Gesetze der Logik sind kulturübergreifend. Sie gelten ebenso sehr für einen Hindu wie für einen Christen. Sie gelten ebenso sehr für den Irrlehrer wie für den Rechtgläubigen. Und deshalb sollen wir, auch wenn es harte Arbeit sein mag, mit der Bibel in der Hand unseren Verstand und unser Argumentationsvermögen einsetzen, um das Falsche zu widerlegen. Denn wenn das Evangelium die wahre Heilsbotschaft Gottes, unseres Schöpfers, ist, dann wird es der Realität entsprechen und sich bei jedem legitimen Test als gültige Wahrheit erweisen.

2. Sie müssen zum Schweigen gebracht werden (1,11-13)

„Denen man das Maul stopfen muss, weil sie ganze Häuser verwirren und lehren, was nicht sein darf, um schändlichen Gewinns willen.“ Paulus meint hier, dass er beweisen muss, dass falsche Lehrer im Unrecht sind, und zwar so, dass niemand mehr ihnen zuhören will. Ihr Irrtum muss so eindeutig nachgewiesen werden, dass es, falls es als notwendig empfunden wird, sie wegen ihrer Irrlehre unter Gemeindezucht zu stellen, jedem deutlich ist, dass ein solches Handeln gerechtfertigt ist. Vielleicht werden sie ja, wenn all ihre Ideen entkräftet und als falsch bewiesen worden sind, entweder aufgeben und weggehen, oder, noch besser, Buße tun und dem wahren Evangelium vertrauen. Jedenfalls müssen sie zum Schweigen gebracht werden.

Dies ist notwendig, sagt Paulus, weil Ideen Menschen beeinflussen. Wenn der falschen Lehre gestattet wird, ungestört zu wüten, wird sie Menschen von Christus wegbewegen und zu einem Lebensstil verführen, der weder gut für sie ist noch Gott verherrlicht. Paulus sagt von den Irrlehrern auf Kreta, dass sie **„ganze Häuser verwirren und lehren, was nicht sein darf“.** Hier könnte sich **„Häuser“** auf Gemeinden beziehen, die sich in Häusern versammelten, oder auf christliche Familien. Religiöse Ideen, die einer egozentrischen Generation Vorschub leisten, indem sie ihr persönliche Erfüllung und Freiheit versprechen, werden nichts von Pflichten, wie familiären Pflichten, und anderen Dingen wissen wollen, die möglicherweise die persönliche Freiheit einschränken könnten. Das Problem war nicht nur, dass ganze Gruppen an diese falschen Lehren glaubten. Falsche Lehren haben immer Auswirkung auf unseren Lebenswandel.

Das, was Paulus im zweiten Kapitel des Titusbriefes lehrt, scheint den Schluss nahe zu legen, dass eine konkrete Auswirkung der falschen Lehre die Untergrabung des richtigen Verhaltens im Familienleben und der männlichen und weiblichen Rollen in der Familie war (vgl. 2,1-4). Wo Gottes Modell für das Familienleben untergraben wird, bringt dies immer Schmerz und Kummer mit sich. Die falschen Lehrer gingen mit Lügen hausieren. Wie wir bereits gesehen haben, zitiert Paulus Epimenides: „Es hat einer von ihnen gesagt, ihr eigener Prophet: Die Kreter sind immer Lügner, böse Tiere und faule Bäuche. Dieses Zeugnis ist wahr.“ Wo Ehemännern nicht die reine Lehre Christi gelehrt wird, werden sie keinen Ansporn dazu haben, ihre Frauen so lieben, wie Christus die Gemeinde geliebt hat. Häufig werden sie zu **„bösen Tieren und faulen Bäuchen“**, zum Schaden aller anderen Familienmitglieder. Wo Frauen nicht belehrt werden, sich ihren Männern aus Liebe zu Christus unterzuordnen, können auch sie entarten. In Kapitel 2 warnt Paulus davor, dass Frauen zu Verleumderinnen, Säuferinnen oder faul werden. All dies kann dazu führen, dass Kinder vernachlässigt werden und dass das Familienleben zusammenbricht. Und es rührt alles von verkehrten Ideen, von falscher Lehre her, die Menschen in sich aufnehmen, sei sie religiös oder weltlich. Folglich darf falsche Lehre in einer Gemeinde nicht geäußert werden.

Es war nicht einmal so, als ob die falschen Lehrer aufrichtige Motive in ihrem Dienst gehabt hätten. Sie gehörten wirklich nicht zu den Personen, denen das Wohl ihrer Zuhörer am Herzen lag, sie aber verführten. Ihr wirkliches Motiv, warum sie lehrten, war, so sagt Paulus, **„um schändlichen Gewinns willen“**. Der Lohn und die Spesen des Predigers standen in ihrem Denken an oberster Stelle. Dies war wiederum Teil der natürlichen Veranlagung der Kreter. Es ist eine Warnung an uns alle, jede religiöse Versammlung mit Argwohn zu betrachten, wo der Kollektenteller einen zu großen Stellenwert genießt. Betrachtet man also die Motive der falschen Lehrer, so sagt Paulus, wird niemand mehr meinen, dass es einen Verlust für die Welt darstellt, wenn solche Lehrer nicht mehr lehren können.

3. Sie müssen zurechtgewiesen werden (1,13.14)

„Aus diesem Grund weise sie scharf zurecht, damit sie gesund werden im Glauben und nicht achten auf die jüdischen Fabeln und die Gebote von Menschen, die sich von der Wahrheit abwenden.“ Falsche Lehrer müssen nicht nur widerlegt und zum Schweigen gebracht werden, sondern sie und ihre Anhänger sollten auch zurechtgewiesen werden. Sie müssen mit entschiedenen Worten korrigiert werden. Irrlehre ist eine ernste und Schaden anrichtende Angelegenheit, und sie kann nicht leichtfertig behandelt werden. Die ganze Gemeinde muss sehen, dass ihre Leiter die Sache ernst nehmen.

Beachten wir, dass Paulus das Adverb **„scharf“** gebraucht. Diesen Leuten muss mit unmissverständlichen Worten gesagt werden, dass es falsch war, einer Irrlehre zu folgen. Paulus geht es hier nicht darum, aufbrausend zu reagieren, sondern sie zu wahrer Buße zu führen und sie auf den Weg der Nachfolge und des Wandels mit dem Herrn zurückzubringen! Sie müssen zurechtgewiesen werden, **„damit sie gesund werden im Glauben“.** Falsche Lehrer und ihre Anhänger können von verderblichem Irrtum befreit werden!

Vor seiner Bekehrung zu Christus war Hugh Latimer, der Reformator aus dem 16. Jahrhundert, ein grimmiger Verfechter des römischen Katholizismus. Er hatte buchstäblich Leute weggejagt, die es gewagt hatten, einer evangelischen Schriftauslegung zuzuhören. Aber trotz seines schrecklichen Rufes bat ein junger Student, Thomas Bilney, um ein persönliches Gespräch mit Latimer und bekannte dort klar seinen Glauben an Christus. Die Folge war, dass Latimer sich bekehrte. Menschen, die Irrtum verbreiten, können sich ändern. Diesen Wunsch hat auch Paulus.

Seine scheinbare Strenge kommt aus einem Herzen voller Liebe. Das zuverlässige Wort Gottes ist durch verrückte und wunderliche „Märchen“ und Geschichten ersetzt worden. Das Wort Gottes, welches nie vergehen wird, ist in den Herzen der Menschen durch **„die Gebote von Menschen, die sich von der Wahrheit abwenden“,** ersetzt worden, die nicht nur heute da und morgen wieder gegangen sind, sondern sich durch ihre Verwerfung der Wahrheit bereits als blinde Leiter von Blinden erwiesen haben. Wenn Menschen von solchen gefährlichen Ideen befreit werden sollen, dann wird dafür ein gewisses Maß an Eindringlichkeit notwendig sein.

Heutigen Gemeindeleitern mangelt es manchmal an jener angemessenen Härte, die bisweilen erforderlich ist. Ein Gleichgewicht muss gefunden werden, aber häufig sorgt sich der Pastor zu sehr darum, charmant anstatt behilflich zu sein. Johannes Calvin sagt in seinem *Unterricht in der christlichen Religion* über die Autorität der Gemeindeleiter, dass sie sich auf Gottes Wort gründet: „Sieh da, das ist jene gewaltige Macht, mit der die Hirten der Kirche, was für einen Namen sie auch tragen mögen, ausgerüstet sein müssen, damit sie nämlich auf Grund des Wortes Gottes zuversichtlich alles wagen, seiner Majestät alle Kraft und Herrlichkeit, alle Weisheit und Hoheit dieser Welt zu weichen und Gehorsam zu leisten zwingen, damit sie ferner, auf seine Macht gestützt, allen Menschen, vom höchsten bis zum geringsten, gebieten, Christi Haus bauen und das des Satans umstürzen, die Schafe weiden und die Wölfe überwältigen, die Gelehrigen unterweisen und ermahnen, die Widerspenstigen und Halstarrigen aber strafen, schelten und unterwerfen, und damit sie binden und lösen und schließlich auch Wetterstrahl und Donnerschlag ausgehen lassen, wenn es nötig ist, aber das alles mit dem Wort Gottes!“[11]

Indem wir das, was wir gesehen haben, im Gedächtnis behalten, sollten wir einen Augenblick innehalten und vor unserem geistigen Auge ein Profil falscher Lehrer zusammenstellen. Wenn wir im Kapitel zuvor die Kennzeichen eines wahren christlichen Leiters gesehen haben, sodass wir wissen können, wen wir dazu berufen dürfen, uns zu belehren, ist es ebenso gut, eine Vorstellung von den Kennzeichen falscher Lehrer zu gewinnen, damit wir wissen, wen wir zu meiden haben. Es gibt vier Kennzeichen, die sich aus diesem Abschnitt aufdrängen:

1. Falsche Lehrer *verwerfen oder untergraben die klare Lehre der Schrift* (1,10), indem sie versuchen, sie subtil

[11] J. Calvin, *Unterricht in der christlichen Religion* (IV, 8.9), hrsg. v. O. Weber, Neukirchen-Vlyn 1986, S. 787.

wegerklären zu wollen und die Autorität der Schrift durch etwas anderes ersetzen.

2. Falsche Lehrer *verführen Menschen zur Gottlosigkeit* (1,11). Ihre Anhänger werden entweder zu Sünden der Dekadenz - der Missachtung von Gottes Gesetz - oder zu Sünden der Selbstgerechtigkeit - der Missachtung von Gottes Liebe - verführt. Auf die eine oder andere Art leisten sie dem Egoismus der Leute Vorschub (1,12).

3. Falsche Lehrer sind sehr oft *durch schändliche Gewinnsucht motiviert* (1,11) und erfinden alle möglichen Tricks, um Menschen zu veranlassen, ihnen Geld zu geben. Wir sollen in der Tat einen Teil unseres Geldes geben. Aber ist es nicht interessant, dass es sowohl dem Herrn Jesus als auch den Aposteln immer zuallererst darum ging, dass Menschen ihr Geld anstatt ihnen den Armen gaben? (Mk 10,21; Gal 2,10).

4. Schließlich versuchen falsche Lehrer sehr häufig (weil es, wie wir betont haben, zur Verantwortlichkeit der Ältesten und Führer der örtlichen Gemeinde gehört, falscher Lehre zu widerstehen), außerhalb der Struktur oder der Aufsicht der örtlichen Gemeinde zu arbeiten. Falsche Lehrer lieben es, spezielle Zusammenkünfte abzuhalten.

Aber falsche Lehrer und ihre Anhänger können, Preis dem Herrn, von ihren Irrwegen befreit werden. Man beachte, wie Paulus die Vorgehensweise beschreibt: Sie müssen widerlegt, zum Schweigen gebracht, und in Liebe, wenn auch scharf, zurechtgewiesen werden!

Nun passt all dies nicht allzu gut zum Ethos des heutigen Christentums, auch nicht zur allgemeinen Weltanschauung am Ende des 20. Jahrhunderts. „Paulus“, mögen wir sagen, „all das sieht ziemlich lieblos und engstirnig aus. Das scheint mir doch in der Vorgehensweise etwas zu definitiv und dogmatisch zu sein.“ Paulus geht in den letzten zwei Versen des Kapitels auf solche Sorgen ein.

Paulus verteidigt seine Kompromisslosigkeit (1,15.16)

Warum müssen wir klar Position beziehen, wenn es um die Wahrheit des Herrn Jesus Christus geht? **„Den Reinen ist alles rein; den Unreinen aber und Ungläubigen ist nichts rein, sondern unrein ist beides, ihr Sinn und ihr Gewissen. Sie sagen, sie kennen Gott, aber mit den Werken verleugnen sie ihn; ein Gräuel sind sie und gehorchen nicht und sind zu allem guten Werk untüchtig.“** Warum soll man bezüglich des Evangeliums so dogmatisch sein? Paulus' Antwort hebt zwei Elemente hervor.

1. Reinigung durch das Evangelium

Die vorherrschende falsche Lehre auf Kreta scheint in einem jüdischen Hintergrund verwurzelt gewesen zu sein (1,14). Dass sich Paulus in Vers 15 auf den Gedanken der „Reinheit“ bezieht, deutet darauf hin, dass die Irrlehrer Menschen waren, die einen besonderen Nachdruck auf das legten, was „rein“ und was „unrein“ war, ähnlich den Pharisäern zur Zeit Jesu. Sie waren mit Riten und Zeremonien beschäftigt, wozu die religiöse Waschung und vielleicht die Enthaltung von bestimmten Nahrungsmitteln gehörten. Rituelle Reinheit wurde als der Weg zu Gott angesehen. Dies könnte Leuten durchaus die Freiheit gelassen haben, sich in anderen Bereichen ihres Lebens im moralischen Sinne verwerflich zu verhalten. „Solange ich nur die geforderten Rituale einhalte, bin ich frei, zu tun, was mir gefällt.“ Derartige Gedanken empfahlen sich den sinnlichen Kretern natürlich von selbst!

Doch Paulus wusste, dass wirkliche Reinheit in Gottes Augen weder eine Sache von Ritualen noch eigentlich überhaupt von unseren Werken ist, denn selbst diese sind in den Augen eines heiligen Gottes wie ein beflecktes Kleid (Jes 64,5). Wahre Reinheit in Gottes Augen ist etwas, was uns Gott allein schenken kann - und das tut er allein durch Christus. Um von Gott angenommen zu werden, müssen wir Christus im Glauben annehmen. Es ist nie das, was wir für Gott tun, das uns reinigen kann, sondern das, was er im Herrn Jesus für uns getan hat. Jesus ist das Lamm Gottes, das die Sünde der Welt wegnimmt, und zwar durch sein Opfer auf Golgatha. Sein völlig ausreichendes Werk für Sünder wird persönlich durch den Glauben angenommen. So kommt es, dass in unserem Vers Paulus die **„Unreinen“** (oder „Befleckten“) mit den **„Ungläubigen“** gleichsetzt (1,15). Weil nur Christus uns in Gottes Augen annehmbar machen kann, kann nichts, was Ungläubige tun, sie je in den Augen Gottes rein machen. Für sie **„ist nichts rein“**.

„Den Reinen“ jedoch (das heißt, den Gläubigen), **„ist alles rein“**. Was Christus für uns auf Golgatha vollbracht hat, rechtfertigt uns auf ewig in den Augen Gottes. Alle unsere Sünden sind bedeckt. Dies gibt uns keinen Freibrief zur Sünde, aber es bedeutet, dass wir bei Gott völlig angenommen sind, und nichts kann das je rückgängig machen. In diesem Sinne ist uns **„alles rein“.** Doch diese Segnung gehört uns nur in Christus.

John Bunyans[12] Bekehrungsgeschichte ist uns an dieser Stelle nützlich. Der Kesselflicker war überführt worden und hatte seine Sünden viele Male bekannt, aber er bekam keinen Frieden. Doch eines Tages, als er wegen seiner Sünden wirkliche

[12] John Bunyan (1628-1688) war einer der bedeutendsten und einflussreichsten Autoren des 17. Jahrhunderts. Bunyan musste zwölf Jahre im Gefängnis verbringen, weil er trotz Verbots nicht aufhörte das Evangelium zu predigen. In dieser Zeit schrieb er sein berühmtestes Werk: *Die Pilgerreise zur seligen Ewigkeit.*

Qualen litt, war es so, als ob er die Stimme Gottes gehört hätte, die zu seiner Seele sprach. „Deine Gerechtigkeit ist im Himmel!", sagte die Stimme. Plötzlich wurde ihm klar, was das bedeutete. Der Mittelpunkt seines Interesses verschob sich plötzlich von ihm selbst auf Jesus, der auferstanden und in den Himmel aufgefahren und in Gottes Gegenwart aufgenommen worden war. Jesus ist der anerkannte Stellvertreter aller gläubigen Sünder in Gottes Gegenwart. Plötzlich begriff Bunyan, dass seine Annahme bei Gott nicht an ihm lag oder an seinen Gefühlen oder selbst an seinem guten oder schlechten Verhalten. Alles war Jesus zu verdanken. Jesus wurde als der Stellvertreter des Sünders angenommen, gerecht vor den Augen Gottes im Himmel, also war das auch John Bunyan! Eine solche Erkenntnis wurde Bunyan in seinem Verstand plötzlich so klar, dass er in Christus frohlockte! Es ist eine wunderbare Botschaft. Auch der schlimmste Sünder kann durch Jesus Christus bei Gott Annahme finden.

Das ist der erste Grund, mit dem Paulus seinen Dogmatismus verteidigt. Weil das Heil allein in Jesus ist, dürfen wir nur Jesus predigen, denn es gibt keinen anderen Weg. Weil er der einzige Weg ist, würde man ihn verachten, wenn man irgendetwas anderes predigte. Falsche Lehre führt Menschenseelen in die ewige Verdammnis und muss daher bekämpft werden. Allein Christus kann uns in den Augen Gottes reinigen.

2. Das Leben des Evangeliums

Auf der praktischen Ebene geht es, Jesus zufolge, bei einem reinen Leben nicht um das, was in einen Menschen eingeht, sondern um das, was aus ihm ausgeht. Es geht nicht in erster Linie darum, Regeln und Satzungen einzuhalten; es geht um die Motive des Herzens (Mk 7,17-23). Paulus spricht in Vers 15 vom Herzen im Sinne der Gesinnung und des Gewissens.

Seit dem Sündenfall ist jeder Teil unserer menschlichen Natur von der Sünde in Mitleidenschaft gezogen worden. Sogar unser Gewissen ist in Mitleidenschaft gezogen worden, so dass wir den Unterschied zwischen Gut und Böse nicht so erkennen, wie wir es sollten. Mit einem verdorbenen Gewissen können Menschen nicht sehen; sie können die Wahrheit nicht erkennen und folglich nicht in der rechten Weise leben. Das Gewissen ist jene Anlage, durch welche wir, wenn sie richtig funktioniert, den Willen Gottes erkennen und, wenn wir tun, was richtig ist, seine Billigung finden. Doch das verdorbene Gewissen des sündigen Menschen ist so beschaffen, dass wir, während wir Dinge tun, die ein Gräuel vor Gott sind, meinen, wir täten das Richtige.

Überdies ist unser Sinn und unser Gewissen so befleckt, dass wir uns mit dem Gedanken täuschen können, dass wir richtig handeln, wenn wir tatsächlich in Böses verwickelt sind. **„Sondern unrein ist beides, ihr Sinn und ihr Gewissen. Sie sagen, sie kennen Gott, aber mit den Werken verleugnen sie ihn.“** Diese innerliche Befleckung zeitigt Paulus' Bemerkung bezüglich der falschen Lehrer und ihrer Anhänger: **„Ein Gräuel sind sie und gehorchen nicht und sind zu allem guten Werk untüchtig.“**

Das Gewissen kann allein durch das Blut Christi gereinigt werden (Hebr 9,14). Der Sinn kann verwandelt werden, aber nur durch das Evangelium (Röm 12,1.2). Das Herz kann erneuert werden, aber nur durch die Waschung und Erneuerung des Heiligen Geistes (3,5). Regeln und Rituale sind nicht in der Lage, den inwendigen Teil des Menschen zu erneuern und ihm reine Motive und göttliche Werte zu geben. Falsche Lehre kann Menschen nicht von ihrer inneren Sklaverei des Ichs und der Sünde befreien. Eine christuslose Religion kann Menschen nicht von ihrer Schuld und ihren Zweifeln und Ängsten befreien. Nur das Evangelium vermag solches zu tun.

Hier haben wir also den zweiten Grund, den Paulus anführt, weshalb er so geradlinig in seiner Verteidigung der Wahrheit ist. Weil er Menschen liebt und sich danach sehnt, sie befreit von der Sünde und dem Ich zu sehen, damit sie Gott mit einem Herzen dienen, das Vergebung erfahren hat und sich ihrer freut, müssen sie das Evangelium haben und nichts anderes. Nicht Engstirnigkeit oder Fanatismus sind die Gründe für Paulus' erbitterten Kampf für das Evangelium. Er verteidigt seinen Dogmatismus, weil sein Herz voller Liebe zu den Menschen ist. Es ist nicht Paulus, der es ganz falsch verstanden hat. Es ist die heutige Gemeinde, die manche Dinge ganz falsch versteht. Irrlehre gastfreundlich aufzunehmen, hat nichts mit Verständnis und Weitherzigkeit zu tun. Falsche Lehre ist ein Seelenmörder. Ein dogmatischer Standpunkt für die biblische Wahrheit bezüglich des Evangeliums von unserem Herrn Jesus Christus ist der am meisten von Liebe erfüllte Standpunkt in der Welt.

Nehmen wir an, dass einhundert Menschen in die Sprechstunde eines Arztes kämen und er bei ihnen allen dieselbe Krankheit diagnostizierte. Wäre es richtig, wenn er sie alle selbst entscheiden ließe, welches Arzneimittel sie, in ihrer Unwissenheit, für sich selbst als das beste ansehen? Wäre es engstirnig vom Arzt, zu empfehlen, dass, wenn sie alle dieselbe Krankheit haben, auch alle dieselbe Medizin benötigen? Natürlich nicht.

> Das Leben ist kurz,
> Der Tod ist sicher,
> Sünde ist die Ursache
> Und Christus das Heilmittel.

Die Krankheit der ganzen Welt ist die Sünde. Das einzige Heilmittel für die Sünde ist Christus. Deshalb ist Paulus ein christlicher Dogmatiker.

4.

Gott-wohlgefällige Männlichkeit (2,1-8)

Schriftlesung: Titus 2,1-8

Während des Zweiten Weltkrieges wurde mein Vater mit der britischen Armee in den Fernen Osten gesandt. 1941 wurde er von den Japanern gefangen genommen, als Singapur in ihre Hände fiel. Die Zustände, die in jener Zeit in dem Kriegsgefangenenlager der Japaner herrschten, werden durch die Tatsache veranschaulicht, dass von den 380 Mann der Kompanie meines Vaters, die in das Changi Gefängnis in Singapur gingen, mein Vater einer von nur siebenundzwanzig war, die zu Kriegsende lebendig wieder herauskamen. Die Zustände waren miserabel und schreien bis heute zum Himmel.

Die Lage für alliierte Gefangene im berüchtigten Gefangenenlager am Fluss Kwai war so aussichtslos und die Sterblichkeitsrate so hoch, dass die Männer in ihrer Selbstsucht und in ihrem verzweifelten Überlebenskampf beinahe wie Tiere wurden. Sie dachten sich nichts dabei, Essen oder Wasser von ihren sterbenden Kameraden zu stehlen. „Er würde sowieso sterben", lautete die Rechtfertigung. Jedermann war nur noch für sich da.

Doch plötzlich, so wird uns von Augenzeugen berichtet, geschah eine Art „Wunder". Männer begannen sich zu verändern. Sie hörten auf zu stehlen und fingen an zu teilen. Die Selbstsucht des Überlebenskampfes wich der Freundlichkeit und der Rücksichtnahme auf andere. Es begann alles mit einem Schotten namens Angus McGilvray, der buchstäblich sein Leben für seinen Freund gab. Sein Freund war schwer krank und lag schon im Sterben. Jemand hatte seine Wolldecke gestohlen; Angus gab ihm seine eigene. Jemand stahl die Nahrung dieses Mannes; Angus ersetzte sie mit seiner Nahrungsration. Die Folge war, dass es mit Angus' Freund wieder bergauf ging, Angus selbst aber starb. Jesus sprach: „Niemand hat größere Liebe als die, dass er sein Leben lässt für seine Freunde" (Joh 15,13). Angus McGilvray bezahlte den Preis der größten Liebe.

Diese Geschichte begann sich im Lager herumzusprechen. Sie wurde zum Gesprächsgegenstand unter den Gefangenen. Als die Geschichte sich verbreitete, begann sie, Leute zum Nachdenken zu bringen. Sie wurden mit einem Beispiel christlicher Liebe konfrontiert und irgendwie berührte es ihre Herzen, und harte Männer begannen, sich zu verändern. Unter unmenschlichen Bedingungen, die schlechter nicht hätten sein können, unter denen Selbstsucht und Diebstahl vielleicht gerechtfertigt sein könnte, brach Liebe durch. Anstatt dass jeder nur noch für sich selbst lebte, zeigte sich, wie durch ein Wunder, christliche Herzensgüte.

Gott-wohlgefälliger Lebenswandel

Es gibt einen Lebensstil, der nie veraltet ist, der in jedem Kulturkreis von Belang ist, der - unabhängig von den Umständen, in denen wir leben - richtig ist, weil er das in dieser Welt sichtbar gemachte ewige Leben ist. Paulus nennt ihn „den rechten Wandel in der Gottesfurcht". Was Paulus Titus im ersten Vers des zweiten Kapitels seines Briefes sagt, ist, dass dieser Lebensstil von dem Evangelium des Herrn Jesus Christus herrührt. Dieser Lebensstil eines Gott-wohlgefälligen Lebens ist sowohl die logische Konsequenz als auch das lebendige Resultat der guten Botschaft der Vergebung und des neuen Lebens in Christus, das in unsere Herzen aufgenommen worden ist. Er ist der gesunde, lebendige Ausdruck des Evangeliums. Paulus schreibt an Titus: **„Du aber rede, wie sich's ziemt nach der heilsamen Lehre."**

Was er im Sinn hat, ist ein frommer Lebensstil, wie aus den folgenden Versen ersichtlich ist. Er fährt fort, einige der grundlegenden Prinzipien der christlichen Lebensweise für Männer und Frauen deutlich zu machen. Der Gedanke der „Gesundheit" steht im Vordergrund. Es ist die „gesunde" Lehre, die zu geistlich und moralisch gesundem christlichen Leben führt - der Art von christlichem Leben, das Paulus weiter beschreibt. Ein gesundes christlichen Leben ist für einen bekehrten Menschen keine zwangsläufige Folge. Das Leben Gottes vibriert im Herzen eines bekehrten Menschen. Hier liegt für ihn die Motivation, für Gott zu leben. Aber Christen müssen darin angeleitet werden, wie sie leben sollen. Paulus sagt Titus, dass christliche Ethik, die Grundsätze, nach denen wir unser Leben führen sollen, nicht etwas vom Evangelium Losgelöstes ist. Unsere Ethik entspringt dem Evangelium. Christus ist nicht allein unser Erretter, sondern er ist auch unser Vorbild. Unser Lebensansatz muss mit dem des Evangeliums übereinstimmen; so wie **„sich's ziemt nach der heilsamen Lehre"**.

Die falsche Lehre, die wir uns im vorherigen Kapitel angesehen haben und so anziehend auf die charakterliche Besonderheit der Kreter wirkte, war eine Lüge. Sie war auf eine sehr subjektive, ichbezogene Lebensauffassung gegründet, die ihrerseits wiederum zu gottlosem Verhalten führte.

Paulus sprach in Vers 11 des Kapitels 1 davon, dass diese Lehre „ganze Häuser" verwirrte. Die ersten Gemeinden versammelten sich in Häusern, und es könnte sein, dass Paulus im Sinn hatte, dass christliche Gemeinschaften durch diese Lehre verwirrt wurden. Dies mag zweifellos zutreffen. Aber da er sich in den Eingangsversen des 2. Kapitels mit allem Nachdruck auf das häusliche Leben konzentriert, ist es wahrscheinlicher, dass Paulus an Familien dachte, christliche Häuser, denen durch diese Lehre großer Schaden zugefügt wurde.

Dies ist Folge des Subjektivismus. Wenn unser erster, unbewusster, beherrschender Gedanke ist: „Was habe ich davon?" oder „Was für ein Gefühl gibt mir dies?", dann werden wir unausweichlich dahin kommen, gegen jede Art von Einschränkungen zu rebellieren, sogar gegen die Einschränkungen, die aus familiären Verpflichtungen entstehen. Die verdrehte Sicht der individuellen Freiheit, welche die westliche Welt zur Zeit dominiert, hat das Familienleben immer mehr untergraben. Menschen lassen sich scheiden, weil sie sich „frei" fühlen wollen. Ein egozentrischer Lebensansatz ermuntert uns dazu, uns mit Händen und Füßen gegen jede Einschränkung, jede Pflicht zu wehren, die über das hinausgeht, wofür wir vielleicht bezahlen werden.

„Titus, dies verwirrt Menschen, Gemeinden und Familien", sagt Paulus. „Du musst ihnen den Lebensstil erklären, der mit der gesunden Lehre im Einklang ist." Sie brauchen Belehrung darüber, wie sie in Übereinstimmung mit dem Evangelium leben können.

Welcher Lebensstil ist dem Evangelium gemäß? Wie sieht ein Gott-gefälliges Leben ganz praktisch aus? Wie gestaltet das Evangelium das Leben von Männern und Frauen? Was fordert es von der Jugend und von den Älteren? Paulus beantwortet jene Fragen in den Versen 2-8 des 2. Kapitels. Wir können das, was er jeder Gruppe zu sagen hat, in Form einer Tabelle zusammenfassen.

	Männer	**Frauen**
Ältere	nüchtern ehrbar besonnen gesund im Glauben, in der Liebe, in der Geduld	angemessen nicht verleumderisch nicht Sklavinnen von vielem Wein Lehrerinnen des Guten
Jüngere	Ermutigung, besonnen zu sein	ihre Männer und Kinder lieben besonnen keusch mit häuslichen Arbeiten beschäftigt demütig den Männern untergeordnet

In diesem Kapitel werden wir uns auf das konzentrieren, was Paulus den Männern zu sagen hat, und im nächsten Kapitel seine Anweisungen an die Frauen betrachten. Wir werden uns zunächst die älteren Männer anschauen, danach die jüngeren Männer.

Ältere Männer (2,2)

Paulus gibt keine Definition dessen ab, was er mit älteren Männern meint, aber vermutlich spricht er von solchen, die ihr Elternhaus vor einiger Zeit verlassen haben und lange genug auf eigenen Füßen gestanden haben, um einige Lebenserfahrung zu haben. Sie sind es, zu denen andere kommen, um ihren Rat einzuholen; sie nimmt man sich zum Vorbild. Sie mögen älter sein oder nicht, aber jedenfalls sind sie reif.

Ich bin zufällig auf eine ironische Definition des männlichen Teils der menschlichen Rasse gestoßen.[13] Sie sieht folgendermaßen aus:

Atomgewicht	75 kg (+ 25 kg)
Vorkommen	Wo immer Angehörige des anderen Geschlechts auftreten oder wo viel gegessen und getrunken wird.
Körperliche Eigenschaften	Sehr aktiv in der frühen Entwicklung, mit einer großen Affinität, um im Dreck und Schmutz usw. zu wühlen. Zeigt mit der Zeit Bartwuchs an sichtbaren Stellen seines Körpers und eine Ausdehnung der horizontalen und vertikalen Dimensionen. Wenn gereift, hart und spröde von außen, darunter jedoch immer noch weich.
Chemische Eigenschaften	Wird zum Wackelpeter, wenn man ihn neben atemberaubenden Exemplaren der weiblichen Spezies stellt. Leuchtet hell, wenn er ins Licht der Öffentlichkeit gestellt wird, aber wird jedoch unsichtbar, wenn er wirklich gebraucht wird. Anscheinend sehr kompliziert, aber sehr leicht zu analysieren, weil der Weg zum Herzen durch den Magen geht.
Nutzen	Kaum festzustellen.
Warnung	Zerbricht wahrscheinlich in Stücke, wenn er fallen gelassen, abgelehnt oder in die Schranken verwiesen wird.

13 Diese Tabelle ist entnommen aus: G. Twelftree, *Drive Home the Point,* Monarch Publications, 1994.

Es ist ein humorvolles und in mancher Hinsicht einsichtiges Bild des modernen Mannes. Aber wenn es auch nur irgendwie der Wahrheit nahe kommt, dann ist der moderne Mann eigentlich eine ziemlich klägliche Figur, an der Oberfläche mit starken Muskeln angereichert, spielt er den Tapferen. Aber er ist nie wirklich erwachsen geworden. Innen ist er leicht verletzlich. Es ist eigentlich ein Bild der Männer, die hinter einer Maske der harten (so genannten) Männlichkeit leben, während sie innen verletzlich und verloren sind. Ich meine, dass dies ein faires Bild des Mannes des 21. Jahrhunderts ist. Die Leute begreifen dies. Männer sind oft sehr auf Selbstschutz bedacht. Der Sänger und Liederdichter Paul Simon hat ein altes Lied mit folgenden Zeilen geschrieben:

> Es gibt eine Mauer in China,
> Sie ist eintausend Meilen lang,
> Und um mich her ist eine Mauer,
> Die man nicht einmal sehen kann.
> Es hat ein wenig gedauert,
> bis man mir nahe kommen konnte.

Deshalb meinen so viele Frauen, dass sie ihre Männer nicht wirklich kennen würden. In unserer Verwundbarkeit bauen wir Männer Mauern um uns herum auf. Männer haben Bedürfnisse; sie können ihre Stelle verlieren; Beziehungen können schief gehen; aber sie werden nicht weinen. Sie werden sich unter der harten Schale der „Männlichkeit“ verstecken. Ihre Stärke liegt außen; sie liegt in der Maske, die sie tragen, um ihre innere Verwundbarkeit zu schützen.

Wie ganz anders ist Paulus' Bild von dem, was ein reifer christlicher Mann sein sollte! Er schreibt an Titus in Vers 2: **„Den alten Männern sage, dass sie nüchtern seien, ehrbar, besonnen, gesund im Glauben, in der Liebe, in der Geduld.“**

Paulus stellt ein Bild anziehender männlicher äußerlicher Charakterstärke vor, das sich auf ein gesundes geistliches

Leben im Innern gründet. Er erwähnt sechs charakteristische Merkmale. Sie können in zwei Gruppen von drei Merkmalen untergliedert werden.

1. Die äußerlichen Aspekte

An erster Stelle werden die drei äußerlich wahrnehmbaren Merkmale eines Mannes erwähnt. Er soll **„nüchtern"** sein. Ursprünglich bedeutet das, dass er keine berauschenden Getränke zu sich nehmen soll. Er soll seine körperlichen Gelüste unter Kontrolle haben. Er soll seine Leidenschaften beherrschen und sich nicht von seiner Lust beherrschen lassen. Paulus hat deutlich gemacht, dass die Männer auf Kreta oft „böse Tiere und faule Bäuche" sind (1,12). Das moderne Bild eines Bier saufenden Schürzenjägers, der einen harten Mann mokiert, ist eine Lüge. Das sind keine starken Männer. Sie sind schwach. Sie sind Männer, die Sklaven ihrer eigenen, sündigen Begierden sind - und sie sind unfähig, sich selbst zu befreien. Im Gegensatz dazu hat das Wort **„nüchtern"**, das hier gebraucht wird, einen Wortstamm, der den Gedanken der Selbstbeherrschung unter allen Umständen in sich trägt.

Er soll **„ehrbar"** sein. Wörtlich soll der reife christliche Mann ein ernster Mann sein. Das bedeutet nicht, dass er ein finster dreinblickender, introvertierter Mensch sein muss, der unfähig ist, je ausgelassen zu sein. Aber es bedeutet, dass er der Ausgelassenheit nie gestattet, über die angemessenen Grenzen hinauszugehen. Sein Charakter hat ein Gewicht, die selbst in heiteren Augenblicken bleibt. Jene Gewichtigkeit seines Charakters schenkt ihm eine edle Würde, die Vertrauen weckt. Andere, die bei ihm sind, fühlen sich geschützt und sicher. Diese befähigt ihn, einen positiven Einfluss auf andere zu nehmen - zu ihrem Besten. Man sieht, dass man sich auf ihn verlassen kann und er sich an das Richtige gebunden fühlt, was jüngere Männer dazu veranlasst, im Geheimen zu sich selbst zu sagen: „Ich möchte so sein wie er."

Er soll **„besonnen"** sein. Das Wort, das hier verwendet wird, bezieht sich besonders auf den Verstand und das Denken. Er soll ein vernünftiger Mann sein, jemand, der für sein gesundes Urteilsvermögen bekannt ist. Er mag kein Intellektueller sein, aber er hat einen gesunden Menschenverstand. Er ist kein Mann, der vorgibt, die Antwort zu wissen, wenn er sie nicht weiß. Er ist kein hastiger Mann. Er ist von einer vernünftigen Bescheidenheit geprägt.

Ein reifer Christ ist also nicht irgendein abgehobener, supergeistlicher, extrovertierter Mensch. Obwohl sein Christentum eine gewisse mystische Seite haben mag, die für den Ungläubigen unbegreiflich ist, einen unsichtbaren, verborgenen Umgang mit Jesus, so ist er doch in sehr starkem Maße jemand, der mit beiden Füßen auf dem Boden steht.

Liebe Männer, Nüchternheit, Ehrbarkeit, Besonnenheit - sind dies unsere Ziele im Leben? Stehen sie auf unserer Liste, wenn wir Gott im Gebet bitten, uns zu reifen christlichen Männern zu formen, an denen er seine Freude hat?

Nun ist das Entscheidende an solchen christlichen Charaktereigenschaften, dass sie echt sein müssen. Diese Eigenschaften müssen von Herzen kommen und dürfen nicht in irgendeiner Weise eine Maske sein, die für andere aufgesetzt wird, oder eine heuchlerische Show, die vor anderen abgezogen wird. Sie gründen sich auf ein gesundes, inneres geistliches Leben. Dies führt uns zu den anderen Merkmalen, von denen Paulus wünscht, dass Titus sie den christlichen Männern nahelegen möge, als Zeichen der Reife.

2. Das innere Leben

An zweiter Stelle werden drei Merkmale des inneren Lebens eines christlichen Mannes aufgeführt. Paulus sagt Titus, dass die älteren Männer **„gesund im Glauben, in der Liebe, in der Geduld"** sein sollen. Diese Liste ist eine Variante der drei großen, neutestamentlichen christlichen Tugenden „Glaube, Hoffnung, Liebe" (1.Kor 13,13). Glaube und Liebe werden in unserer Liste genannt, und Geduld kann als die praktische Seite der Hoffnung gesehen werden.

Was verleiht dem Charakter eines Mannes freudiges Gewicht und Würde? Die Antwort lautet: „Wenn er durch den Glauben an Christus Jesus in Berührung gekommen ist mit Gott in seiner ganzen heiligen Herrlichkeit!" Ein Mann, dessen Glaubensaugen beständig den König der Könige sehen, können davon nur berührt werden. Etwas von Gottes majestätischer Herrlichkeit färbt auf ihn ab, genauso wie Moses Angesicht leuchtete, nachdem Gott ihm seine Herrlichkeit gezeigt hatte.

Wie reift in einem Mann Nüchternheit und Selbstbeherrschung anstatt triebhafte Gier nach mehr oder egozentrischer, liebloser Introvertiertheit? Wenn ein Mann in tiefen Zügen von der heiligen Liebe Gottes zu uns Menschen, die sich auf Golgatha erwies, getrunken hat und so selbst zu einem Liebhaber der Menschen verwandelt worden ist. Der Apostel Paulus selbst hatte sich von einem engherzigen, pharisäischen Verfolger der Gemeinde zu einem großherzigen Knecht Gottes verwandelt, sodass er sagen konnte: „Christus lebt in mir." Er hatte die Tiefgründigkeit der Tatsache erkannt, dass der „Sohn Gottes mich geliebt und sich selbst für mich dahingegeben hat" (Gal 2,20).

Was fügt ein Mann seinem Charakter geduldiges Ausharren hinzu, das im Gutestun nicht müde wird, ganz gleich, wie hart die äußeren Umstände sind? Die Antwort lautet: Wenn seine Augen letztlich nicht auf diese Welt gerichtet sind, sondern auf das zukünftige Leben. Wieder war es Paulus selbst, dem der auferstandene Herr Jesus auf dem Weg nach Damaskus begegnete. Er hatte die Realität des ewigen Lebens gesehen, und in Christus Jesus wird uns dieselbe Hoffnung zuteil. Dann können wir aus Überzeugung sagen, „dass dieser Zeit Leiden nicht ins Gewicht fallen gegenüber der Herrlichkeit, die an uns offenbart werden soll“ (Röm 8,18) - und wir bekommen Kraft, um auszuharren. Das innere Leben des Glaubens, der Hoffnung und der Liebe formt den äußeren Menschen.

An dieser Stelle ist erwähnenswert, dass die Eigenschaften, die Paulus bei einem reifen Christen sucht, insgesamt darauf hindeuten, dass Paulus' Vorstellung vom christlichen Leben nicht die eines ständigen Sieges und einer relativen Leichtigkeit ist. Das christliche Leben ist ein hartes Leben, das Mut und Geduld ebenso erfordert wie Glauben und Liebe. Heute hört man viel über die siegreiche Kraft des Heiligen Geistes im christlichen Leben. Sehr oft missverstehen wir jedoch das Wesen der Kraft des Geistes. Oft ist es eine Kraft, die es uns nicht ermöglicht, frei von Leiden zu sein, sondern es zu erdulden (2.Tim 1,8). Die Kraft des Geistes fließt, richtig verstanden, vom Kreuz Jesu her (Joh 19,34), wird durch die Botschaft vom Kreuz freigesetzt und ermächtigt uns dazu, uns selbst zu verleugnen, das Kreuz auf uns zu nehmen und dem Herrn Jesus nachzufolgen.

In den 80er Jahren war die Nachrichtenmoderatorin Anna Ford damit beschäftigt, einen Dokumentarfilm über Männer zu drehen. Sie interviewte meiner Kenntnis nach etwa 120 Männer aus allen Lebenslagen und Gesellschaftsschichten, von Richtern bis hin zu Bergarbeitern und alles, was dazwischen anzusiedeln ist. Darüber befragt, was sie herausgefunden hatte, sagte sie, dass sie sich niedergeschlagen fühlte, weil nicht ein einziger Mann, mit dem sie gesprochen hätte, überhaupt ein wirkliches Ziel im Leben zu haben schien. Gefragt, was Männer brauchen, erwiderte sie mit tiefer Einsicht, dass der „äußere Mann“ und der „innere Mann“ zusammenkommen müssen, was, wie sie sagte, vermutlich bedeuten würde, „Gott zu finden“. Was sie nun mit dieser Bemerkung meinte, und was sie als „Gott“ identifiziert, weiß ich nicht. Aber eigentlich sagte sie mehr, als sie wahrscheinlich wusste. Nach dem, was wir in diesen Versen gesehen haben, traf sie eine präzise Einschätzung. Bei wahrer Männlichkeit handelt es sich um eine äußere, liebende, würdevolle Stärke, die sich auf ein gesundes inneres geistliches Leben gründet. Unsere Gebete zu vernachlässigen heißt, unsere Männlichkeit zu vernachlässigen. Wenn wir unseren Wandel mit Gott vernachlässigen, so ist dies der sichere Weg, dass unsere Männlichkeit zu maßloser Blödheit oder zu religiöser Heuchelei entartet. Wenn das innere Leben einen Mannes mit christlichem Glauben, christlicher Hoffnung und Liebe bestäubt wurde, blüht die Blume der liebenden Kraft und der wahren Männlichkeit in seinem Leben auf. Deshalb ist das geistliche Leben eines Mannes von so großer Bedeutung.

Jüngere Männer (2,6-8)

„Desgleichen ermahne die jungen Männer, dass sie besonnen seien in allen Dingen. Dich selbst aber mache zum Vorbild guter Werke, mit unverfälschter Lehre, mit Ehrbarkeit, mit heilsamem und untadeligem Wort, damit der Widersacher beschämt werde und nichts Böses habe, das er uns nachsagen kann.“

Im Griechischen, der Sprache, in der das Neue Testament verfasst wurde, steht am Ende von Vers 6 kein Punkt. Die Aufforderung, die jungen Männer der Gemeinde zu ermahnen, besonnen zu sein, geht direkt in den Gedanken über, dass Titus sich selbst in allem zum Vorbild machen solle. Man könnte diese Verse (2,7.8) also als Ausgangspunkt ansehen, an dem christliche Lehrer anfangen sollten, jungen Männern zu helfen, besonnen zu sein. Bei einem so toleranten und ausschweifend moralischen Klima, wie es auf der Insel Kreta herrschte, wo es völlig normal war, jedweder Versuchung nachzugeben, ist es nicht schwer einzusehen, dass eine Tugend wie die Besonnenheit für junge Männer von größter Wichtigkeit war.

Und auch heute bleibt sie für junge christliche Männer genauso wichtig.

Das Wort **„besonnen“**[14], das hier gebraucht wird, ist dasselbe Wort, das auch für die älteren Männer in Vers 2 gebraucht wurde, und bezieht sich in allererster Linie auf eine einsichtige Geisteshaltung. Der Verstand ist der Kontrollraum des Menschen. Wenn man also in der Lage ist, richtig und kontrolliert zu denken, wird das richtige Verhalten folgen. Das ist der Schlüssel. Männer sind gewöhnlich mit mehr körperlicher Kraft begabt als Frauen. Aber diese Stärke muss in die richtigen Bahnen gelenkt und kontrolliert werden, damit sie zum Guten genutzt werden kann.

Wie können wir Besonnenheit definieren? Besonnenheit ist die Fähigkeit, zu unterscheiden und zu erkennen, wie wichtig Gottes Ziele in einer bestimmten Situation sind, um sich dann für dieses Ziel zu entscheiden und gegen ihm zuwiderlaufende Wünsche und Anliegen. Dazu gehört die Fähigkeit, das Richtige zu erkennen und sich gegen die Versuchung zu sündigen zu entscheiden. Manchmal gehört die Fähigkeit dazu, das persönliche Vergnügen zurückzustellen, um mit der Arbeit fortfahren zu können, die getan werden muss. Es erfordert Stärke. Aber diese Stärke benötigt eine Ausrichtung; daher betont Paulus die Fähigkeit, alles zu durchdenken und zu erkennen, wie wichtig die Ziele Gottes für unser Leben sind.

Ein biblisches Beispiel einer solchen Besonnenheit sehen wir in der Geschichte Davids in 1. Samuel 26. Gott hatte ihm den Thron Israels verheißen und König Saul verworfen. David hatte jedoch den Thron noch nicht bestiegen und litt unter der Verfolgung des eifersüchtigen und geistesgestörten Saul. Bei einer Gelegenheit, bei der David von Saul verfolgt wurde, lagern Saul und seine Männer des Nachts in der Nähe Davids. Abischai und David gelingt es, ins Lager des Königs einzudringen,

[14] *NIV*: „self-control“.

und sie entwenden Sauls Speer und Wasserkrug. Während sie dort sind und die Wächter schlafen, bittet Abischai David darum, Saul zu töten: „Du weißt, dass es Gottes Wille ist, dass du auf den Thron kommst, nutze deine Chance!" Aber David sagt: „Nein!" Er erwidert, dass niemand den Gesalbten des Herrn schlagen und damit recht tun könne. An dieser Stelle erkennt David das göttliche Ziel. Obwohl die Gelegenheit da ist, muss er so handeln, dass es vor allem anderen in den Augen Gottes richtig ist. Er verwirft den Wunsch nach einem schnellen Ende der Verfolgungsjagd und einer leichten Thronbesteigung, denn dies entspricht nicht dem, was Gott will. David weiß, wie wichtig es ist, den Weg zu gehen, der Gott wohlgefällig ist. Was nützt es ihm, wenn er die Verfolgungsjagd zu einem schnellen Ende bringt, er jedoch Gottes Unwillen über sich bringt? Er verwirft schnelle kurzfristige Gewinne für gerechte langfristige Ziele. Er ist eher theozentrisch als egozentrisch. Hierin liegt der Kern der Besonnenheit.

Nun wird im Titusbrief betont, dass heranwachsende junge Männer zur Reife, zur vollen Blüte einer besonnenen christlichen Männlichkeit gelangen sollen. Wie soll das geschehen? Die Anweisungen, die Paulus Titus gibt, schließen drei wesentliche Komponenten ein:

1. „Ermahne sie"

„Desgleichen ermahne die jungen Männer, dass sie besonnen seien." Das Wort für Ermahnung wird oft in Verbindung mit dem Heiligen Geist gebraucht. Er ist es, der zu Hilfe kommt, um uns zu stimulieren und uns zu trösten. Junge Männer lernen durch die Freundschaft älterer Männer in der Gemeinde. Viele junge Männer reifen nicht aus Mangel an einem reifen Christen, der sich für sie interessiert und ihnen zu Hilfe kommt. Oft mangelt es jungen Leuten an Vertrauen. Sie benötigen jemanden, der sie mit Feingefühl korrigieren kann, wenn sie auf dem Holzweg sind, und ihnen Anerkennung entgegenbringt, wenn sie etwas richtig getan haben. Leider werden in unseren Gemeinden junge Männer häufig von älteren Leitern zurückgehalten und erhalten nie eine Gelegenheit, ihre Gaben zu entfalten. Dies kann entmutigen, verbittern und zu Problemen in der Gemeinde führen. Ältere Männer müssen jüngere Männer hegen und pflegen. Mit Besonnenheit und Selbstbeherrschung haben jüngere Männer häufig Probleme in ihrem Leben, die in einem offenen Gespräch mit einem reiferen Mann erörtert werden sollten. Der reifere Christ darf nicht schockiert sein, sondern sollte imstande sein, seine eigenen Erfahrungen weiterzugeben. Er kann zeigen, was er sowohl aus seinen Fehlern als auch aus seinen Erfolgen gelernt hat. Man kann jungen Männer einfühlsam, aber doch in aller Entschiedenheit den rechten Weg zeigen, der sie mit Leib und Seele den Weg der Besonnenheit gehen lässt. Besonnenheit ist in einer gottlosen Welt nie in Mode. Junge Männer benötigen Hilfe, Verständnis und Ermunterung.

2. „Sei ihnen ein Vorbild“

Titus ist jünger als Paulus. Er ist ein jüngerer Mann, der als Christ gewaltige Fortschritte gemacht hat. Solche Männer sind hervorragende Vorbilder, an denen junge Männer ihr Leben ausrichten können. Junge Männer lernen um so schneller, wenn sie sehen, dass das, was gelehrt wird, im Leben von jemand anderem im Alltag ausgelebt wird. Titus soll sich selbst **„zum Vorbild guter Werke“** machen. Christus entsprechende Taten der Liebe fordern andere heraus und färben auf sie ab. Die Geschichte vom Kriegsgefangenenlager am Fluss Kwai, mit der wir das Kapitel begonnen haben, unterstreicht das. Von älteren Christen, die bloß im Sessel sitzen, werden junge Männer nichts lernen können. Ihnen kann nur von Männern geholfen werden, die ihren christlichen Glauben leben, lieben, Gutes tun, sich aufopfern, beten und das Evangelium verkündigen.

Titus soll auch ein Vorbild sein bezüglich seiner Integrität („**Ehrbarkeit**") und seinem Reden („**mit heilsamem und untadeligem Wort**"). Oft kann dummes Geschwätz, besonders unter jungen Männern, zu gefühllosen und verletzenden Bemerkungen ausarten. Titus soll ein Vorbild zum Guten sein.

Sein gutes Vorbild soll so sein, dass „**der Widersacher beschämt werde und nichts Böses habe, das er uns nachsagen kann**". Paulus könnte sich hier auf die falschen Lehrer beziehen, oder auf die in der Gemeinde, die gegen den Gott-wohlgefälligen Lebensstil rebellieren, den Titus in den Gemeinden vorantreiben soll. Auf die eine oder andere Art hat eine vorbildliche Lebenführung eine starke positive Auswirkung auf das Gewissen der Menschen. Dies ist ein weiterer Grund, weshalb junge Christen Besonnenheit lernen sollten, damit sie nicht durch ihr Handeln Schande über das Evangelium bringen. „So etwas hast du getan, und gerade du willst der Christ in der Familie sein!", sagen unsere unbekehrten Familienangehörigen. Wie sehr trifft uns doch eine solche Aussage! Und häufig sind wir sehr betroffen, weil wir wissen, dass sie recht haben und wir sie vielleicht durch unsere Taten daran gehindert haben, Christus anzunehmen. Hier haben wir ein wichtiges Motiv zu lernen, besonnen und selbstbeherrscht zu leben. Denke an die Konsequenz deines Handelns! Blicke über die augenblickliche Selbstbefriedigung hinaus! Erkenne das göttliche Ziel und seine Bedeutung!

3. „Erkläre ihnen das Evangelium"

Wir haben anhand des ersten Verses dieses Briefes gesehen, dass ein Gott-wohlgefälliger Lebensstil vom Evangelium herrührt. Besonnenheit oder Selbstbeherrschung, ein Teil der Frucht des Geistes, ist im Evangelium verwurzelt. In Vers 8 ermahnt Paulus Titus, in seiner Lehre und Rede untadelig zu sein. Seine Rede soll gesund, rein, frei von Irrtum und falscher Lehre sein. Das reine Evangelium hat seinen eigenen Einfluss zum Guten, alle Menschen, einschließlich der jungen Männer, zu reifen Christen zu formen.

Ein häufiger Grund, warum Männer nicht zu reifen Christen heranwachsen und sich immer hinter ihren Masken verstecken, ist entweder, dass sie Christus noch nicht angenommen haben, oder ihn zwar angenommen haben, aber noch nicht ganz verstanden haben, was ihnen das Evangelium sagt.

Viele Männer blicken auf das Christentum und den frommen Lebensstil und folgern: „Ich könnte mich nie daran halten.“ Das ist der Grund, den viele Männer anführen, warum sie nicht zu Christus kommen. Oft ist es ehrlicher gemeint. Sie haben Angst zu versagen. Andere blicken auf die Männer, von denen wir in der Bibel lesen, und sagen: „Ja, aber ich könnte nie so werden.“ In einer Welt, geprägt von Arbeitslosigkeit und einem militanten Feminismus, mangelt es Männern heutzutage oft an Vertrauen. Ihnen ist das Gefühl vermittelt worden, in einer im höchsten Maß konkurrierenden Gesellschaft nutzlos zu sein. „Sieh mich an“, sagen sie zu sich selbst, „ich weiß, wie ich wirklich bin. Ich weiß, wie unendlich schwach ich auf sexuellem Gebiet bin; ich weiß, wie stolz ich bin; ich kenne meine Selbstzweifel. Ich könnte nie wie die heiligen Männer der Bibel sein.“

Aber das Evangelium antwortet: „Sei nicht dumm! Schau in die Bibel hinein. Schau dir jene biblischen Gestalten etwas genauer an. Es waren echte Männer, nicht Heilige aus Gips - und Gott machte was aus ihnen. Er kümmert sich um Männer wie dich.“

Denken wir an David. Wenn man die Anfänge betrachtet, wie seine Geschichte begann (1.Sam 16), dann bekommen wir fast den Eindruck, dass sein Vater Isai nicht allzu hoch von ihm dachte. Als der Prophet Samuel kommt, um das Haus mit seinem Besuch zu beehren, versammelt Isai die ganze Familie, aber lässt David bei den Schafen. Hätte er nicht jemand anders dafür engagieren können, die Schafe an diesem besonderen Tag zu hüten? Sicher hat sich der junge David durch eine derartige Ablehnung verletzt gefühlt! Bist du vielleicht auch ein Mann, der verletzt wurde? Bist du jemand, der sich als Junge missbraucht und abgelehnt gefühlt hat, und vielleicht bist du seither immer sehr empfindlich? David wurde von seinem Vater gedemütigt, und später von seinen älteren Brüdern, als er sich - tapfer wie er war - freiwillig anbot, gegen Goliath zu kämpfen (1.Sam 17). Er wurde von anderen verachtet, aber es war gerade dieser junge Mann, den Gott auserwählte und zum König salbte! Die Welt mag uns verachten, aber Gott erwählt uns.

Denken wir an Simson und wie sehr er von seinen sexuellen Leidenschaften versucht wurde. Denken wir an Gideon voller zwanghafter Ängste. Denken wir an Petrus und seinem angeborenen, törichten Exhibitionismus. Dennoch ergreift Gott solche Männer und gebraucht sie, und sie erkennen Gott trotz ihres Versagens. Gott bedeckt ihre Sünden und gestaltet ihr Leben.

Liebe Männer, Gott kennt euch und eure Schwachheiten besser als ihr, und er liebt euch. Seine Liebe ruft euch zur Buße. Seine Liebe fordert euch auf, euren Stolz zu vergessen. Er fordert euch auf, eure Masken fallen zu lassen, die Vorwände, mit denen ihr versucht, andere Leute zu täuschen. Er fordert euch auf, unter seine Gnade zu kommen. Es ist Gottes Gnade, das Wissen um seine unverdiente Vergebung und Liebe, die einen Mann dazu befähigt, im Frieden mit sich selbst zu sein und Kraft zu finden, ein liebevolles, würdevolles und gütiges Leben zu führen.

John Knox (1514-1572) war ein imponierender Streiter für das biblische Evangelium. Während der Reformation in Schottland im 16. Jahrhundert kämpfte er gegen die Irrtümer des römischen Katholizismus. Nach seiner ersten Predigt im Schloss von St. Andrews sagten die Leute: „Andere Männer sägen die Zweige des Papsttums ab. Dieser Mann legt seine Axt an den Stamm des Baumes.“ Und das stimmte! Er war ein furchtloser Mann, wenn es um das Evangelium ging.

Maria, die Königin von Schottland, bestieg den Thron mit der Absicht, ihren katholischen Glauben Schottland aufzuerlegen. Knox aber widerstand ihr. „Fürchtest du dich nicht vor Maria, der Königin der Schotten, und davor, die Dinge zu sagen, die du hier kundtust?“, wurde Knox von den Menschen gefragt. Angeblich hat John Knox folgendermaßen geantwortet: „Warum sollte ich mich vor einer irdischen Königin fürchten, wenn ich an diesem Morgen zwei Stunden von Angesicht zu Angesicht mit dem König der Könige auf meinen Knien gelegen habe im Gebet und in seinem Wort?“ Dort ist die Kraft, die wir brauchen. Dort ist Besonnenheit und Selbstbeherrschung zu finden. Dort sindder innere und der äußere Mann im Einklang mit Gott.

Wir sind nicht alle dazu berufen, Unruhestifter wie John Knox zu sein, aber das Geheimnis seines Mutes ist das Geheimnis, das christliche Männer, ob alt oder jung, wiederentdecken müssen.

5.

Gott-wohlgefällige Weiblichkeit (2,1-8)

Schriftlesung: Titus 2,1-8

Paulus ordnet Titus an, den Christen in den neugebildeten Gemeinden auf der Insel Kreta zu helfen, die Kluft zwischen ihrem Glaubensbekenntnis und ihrem tatsächlichen Lebenswandel als Christen zu schließen. Der Apostel besteht darauf, dass Christen in dem Lebensstil unterwiesen werden, der mit dem Evangelium übereinstimmt und von der guten Botschaft des ewigen Lebens in Christus herrührt. Er ermahnt Titus: „Du aber sage und verkündige alles, was rechter, gesunder Lehre entspricht" (2,1; Bruns). Und was das heißt, zeigen die nachfolgenden Verse: Unterweisung in der praktischen Gott-wohlgefälligen Lebensweise.

Im letzten Kapitel sahen wir, was dies für Männer heißt. Nun sind die Frauen an der Reihe. Was bedeutet es, eine Frau zu sein, an der Gott seine Freude hat? Folgendes vertraut Paulus seiner rechten Hand an. Parallel zu dem, worin er die Männer unterweisen soll, soll Titus die Frauen in Folgendem unterweisen: **„Desgleichen den alten Frauen, dass sie sich verhalten, wie es sich für Heilige ziemt, nicht verleumderisch, nicht dem Trunk ergeben. Sie sollen Gutes lehren und die**

jungen Frauen anhalten, dass sie ihre Männer lieben, ihre Kinder lieben, besonnen seien, keusch, häuslich, gütig, und sich ihren Männern unterordnen, damit nicht das Wort Gottes verlästert wird“ (Tit 2,3-5).

Betonung der Familie

Was sehr deutlich auffällt - besonders wenn wir diese Verse mit unseren moderne Augen lesen -, ist, wie sehr sich Paulus scheinbar auf Ehe und Familie konzentriert, wenn er über die Frauen spricht - manche würden sagen, er ist davon besessen. Warum ist das so? Aus welchem Grund scheinen Familienangelegenheiten zu dominieren?

Zwei Dinge müssen an dieser Stelle betont werden. *Erstens* ist der Grund dafür, dass die Familie so einen dominanten Platz einnimmt, nicht darauf zurückzuführen, dass Paulus der Meinung ist, alle Frauen müssten heiraten. An anderen Stellen im Neuen Testament, zum Beispiel in 1.Kor 7, lehrt Paulus, dass es sowohl für Männer als auch für Frauen eine absolut gute Lebensweise sein kann, unverheiratet zu bleiben, wenn sie von Gott zur Ehelosigkeit begabt worden sind. Jene Gabe, die Paulus als eine Geistesgabe neben anderen Charismen sieht, schließt die Fähigkeit ein, ein zufriedenes soziales Leben zu führen und als Single ehelos zu bleiben. Es gibt viele Vorteile, unverheiratet zu bleiben, und Paulus ist glücklich, wenn Christen dies Vorteile nutzen. Gemeint sind keine weltlichen Vorteile, ehelos zu bleiben, um keine Verpflichtungen zu haben und sündigen Neigungen freien Lauf lassen zu können. Vielmehr geht es um den geistlichen Gewinn, sich ohne Ablenkung dem Werk des Herrn hingeben zu können. Es gibt Menschen, die diese Gabe haben und so äußerst wirkungsvoll für Christus arbeiten können. Paulus selbst war alleinstehend und somit imstande, seine ganze Kraft der Verbreitung des Evangeliums in einer Weise zu widmen, wie es eine verheiratete Person vielleicht nicht könnte. Wir müssen prinzipiell zwischen den christlichen Motiven, ehelos zu bleiben, und den egozentrischen Motiven unserer subjektiven modernen Welt unterscheiden. Ehelosigkeit als solche ist jedoch absolut gut, und wenn sie richtig verstanden wird, kann sie sehr von Gott gesegnet sein. Der Grund dafür, dass Paulus sich in seinem Brief an Titus so stark auf Ehe und Familie konzentriert, ist also nicht, dass Paulus davon überzeugt ist, dass Ehe ein absolutes Muss für alle Frauen sei. Die Ehe ist für die meisten richtig, aber nicht unbedingt für alle.

Zweitens müssen wir sagen, dass Paulus sicher aufgrund der Situation auf Kreta im Titusbrief so viel Nachdruck auf die Rolle der Frau in Ehe und Familie legt. Bereits in 1,11 haben wir erfahren, dass die falsche Lehre, die auf Kreta großen Zuspruch bekam, die Familie zugrunde richtete. Und es scheint so, als ob gerade die Frauen durch diese Irrlehren in Mitleidenschaft gezogen wurden. Dies wird durch die Tatsache bestätigt, dass in den Versen, die wir in diesem Kapitel betrachten, die älteren Frauen aufgefordert werden, die jüngeren Frauen zu „unterweisen", ihre Familien zu lieben. In griechischen Urtext kann das Wort „unterweisen" bedeuten: „Menschen wieder zur Besinnung bringen". Es ist wahrscheinlich, dass viele jungen Frauen durch die Irrlehren und Übertreibungen der falschen Lehre Ehe und Familie in einem ganz neuen Licht sahen und sie nicht mehr erstrebenswert waren, sodass sich sogar Frauen, die bereits verheiratet waren, plötzlich mit ihrem Los unzufrieden fühlten und sich nach einem Ausweg aus der Ehe sehnten.

In unseren Tagen hat die ultra-feministische Lobby ein ähnlicher Feldzug gegen Ehe und Familie angetreten. In den Vereinigten Staaten machte vor nicht allzu vielen Jahren ein weit verbreiteter Slogan die Runde: „Motherhood - just say ‚NO!'" (Mutterschaft - sag einfach nein dazu!). Es ist leicht, mit abfälligen Worten die Galerie einer egozentrischen Generation zu erweitern, Worte, die Babys als „schreiende Maschinen" und die Ehe als „Plackerei" bezeichnen. Sicherlich ist keine Verkettung von Umständen in dieser gefallenen Welt vollkommen. Sicherlich ist keine Situation fähig, das sündige Ich völlig zu befriedigen. Keinem von uns bleiben Enttäuschungen und Krisen erspart - sie sind unausweichlich. Wir weinen und sympathisieren mit Frauen, die in ihren Ehen wirklich misshandelt worden sind, aber es wäre zu einfach, aus alltäglichen Enttäuschungen und täglichem Leid stichhaltige Beweise für die Viktimisierung und Unterdrückung der Frau durch den Mann zu machen, wenn die Lebenseinstellung der Menschen von einer egozentrischen Sicht der persönlichen Freiheit dominiert wird.

Gegen Ende des Dienstes des Apostels kamen die Gemeinden unter den Einfluss einer falschen Lehre, die subjektive geistliche Erfahrung und esoterisches Wissen betonte und davon sprach, dass sich das persönliche religiöse Bewusstsein immer weiterentwickelt. Wissenschaftler sehen darin eine Anfangsform des Gnostizismus. Falls die falsche Lehre auf Kreta diesen Schwerpunkt zum Inhalt hatte, brauchen wir nicht weit zu schauen, um zu sehen, wie sie zur allmählichen Auflösung der Ehe benutzt werden konnte. Eine Spiritualität, die betont, wie wichtig stundenlanges Meditieren oder vollkommene zeremonielle Reinheit zum persönlichen religiösen Wachstum und für die geistlichen Entwicklung ist, würde sich zwangsläufig gegen die Zeit und Mühe auflehnen, die das Familienleben nun mal mit sich bringt. Es ist interessant, dass Paulus, als er seinen ersten Brief an Timotheus schreibt, von falschen Lehrern spricht, die in ihrem angeblichen Verlangen nach geistlichem Wachstum „verbieten, zu heiraten" (1.Tim 4,3; revElbf). Vielleicht dachten sie, dass die eheliche Beziehung und das Kindergebären irgendwie die Frömmigkeit der Frau verunreinigten. Wenn das so wäre, könnte dies durchaus erklären, was hinter Paulus' rätselhafter Aussage im selben 1. Timotheusbrief steckt, dass christliche Frauen „durch das Kindergebären hindurch gerettet werden, wenn sie bleiben in

Glauben und Liebe und Heiligkeit mit Sittsamkeit" (2,15; revElbf). Paulus dachte natürlich nicht im Geringsten daran, dass die ewige Errettung einer Frau irgendwie mit dem Kindergebären zusammenhängt, sondern sagt vielmehr, dass, eine Geburt eine Frau, die an Christus glaubt, keineswegs verunreinigt oder ihre geistliche Stellung vor Gott herabsetzt. Es ist der Glaube an Jesus, der allein von Bedeutung ist, wie auch immer unsere Situation beschaffen sein mag. Eine Frau wird durch das Kindergebären hindurch gerettet werden. Weil Paulus den antifamiliären Einfluss der falschen Lehrer bekämpfen möchte, siedelt er, wenn es darum geht, christliche Frauen im rechten Lebenswandel zu unterweisen, Ehe und Familie so hoch an. Deshalb bestimmen in erster Linie Ehe und Familie die Prioritätenliste, die Paulus für die Frauen Kretas aufstellt.

Wie bei seinen Anweisungen an die Männer, interessiert sich Paulus sowohl für ältere als auch jüngere Leute. Wir wollen beginnen, indem wir seine Anweisungen für die älteren Frauen betrachten.

Ältere Frauen (2,3)

„Den alten Männern sage ... desgleichen den alten Frauen, dass sie sich verhalten, wie es sich für Heilige ziemt, nicht verleumderisch, nicht dem Trunk ergeben. Sie sollen Gutes lehren" (2,2.3). Er gibt vier Anweisungen, zwei positive und zwei negative.

1. Ein Lebensstil, wie es sich für Christen ziemt

Die Lebensführung der gottesfürchtigen reifen Frau soll **„der Würde des Christenstandes entsprechen"**, sagt Paulus (2,3; GNB[15]). In der antiken Welt gab es viele Tempel, die ganz

[15] *Gute Nachricht Bibel*, revidierte Fassung, Deutsche Bibelgesellschaft, Stuttgart 1997.

unterschiedlichen angeblichen „Göttern“ geweiht waren. In vielen dieser Tempel dienten Priesterinnen. Oft waren sie besonders gekleidet und besonders geschult und belehrt worden, wie sie sich zu verhalten haben, wie sie ihrem Gott dienen und Tempelbesucher zu beraten haben, damit sie den jeweiligen Gott aufsuchen können. Innerhalb der Grenzen des Tempels handelten sie so, wie es sich für eine „heilige“ Stätte ziemte, mit einer sich selbst verurteilenden, unterwürfigen Ehrfurcht vor dem Gott, in dessen Gegenwart sie sich aufhielten.

Dieses Bild greift Paulus hier auf, als er der reifen christlichen Frau gebietet, ehrerbietig zu sein. Sie ist eine Priesterin des wahrhaftigen Gottes, in dem Sinne, dass alle Christen zu einem „königlichen Priestertum“, das Gott angehört, gemacht worden sind (1.Petr 2,9; revElbf). Sie hat den Zugang zu Gott durch Jesus Christus, den Ungläubige nicht haben. Sie ist bekleidet mit dem fehlerlosen Gewand der Gerechtigkeit Christi, die alle unsere Sünden bedeckt. In diesem Gewand ist sie angenehm anzuschauen. Sie ist eine auserwählte Person, ausgesondert für den Dienst Gottes. Und der besondere Gesichtspunkt, den Paulus an dieser Stelle betont, ist, dass eine ehrerbietige und würdevolle Haltung Gott gegenüber sich nicht nur auf irgendein Tempelgebäude beschränkt, wie bei den heidnischen Priesterinnen, sondern auf ihre ganze Lebensführung. Die Ehrfurcht soll ihren gesamten Lebensstil durchdringen. Sie soll **„sich verhalten, wie es sich für Heilige ziemt“**, weil in Christus nunmehr unser ganzes Leben unser vernünftiger Gottesdienst geworden ist, den wir Gott darbringen (Röm 12,1.2). Die christliche „Priesterin“ lebt immer in Gottes Gegenwart und steht immer im Dienst Gottes. Ihr ganzer Leib ist ein Tempel des Heiligen Geistes (1.Kor 6,19). Somit geht die christliche Frau nicht mehr auf den oberflächlichen und sündhaften Wegen einer Welt, die niemandem außer sich selbst gefallen will. Ihr Leben soll der Würde entsprechend gelebt werden, besonderen Zugang zu dem lebendigen und wahren Gott zu haben. Sie soll leben, wie es sich für jemanden geziemt, der andere beraten kann, wie sie Gott in Christus finden können.

2. „Nicht verleumderisch"

Jene Ehrerbietung, nach der Paulus Ausschau hält, wird der Lebensführung der gottlosen Frauen auf Kreta gegenübergestellt. Die hemmungslose, gleichgültige Lebensführung der dortigen Frauen zeigte sich, indem sie andere Menschen verleumdeten. Die christlichen Frauen sollen **„nicht verleumderisch"** sein, sagt Paulus.

Etwas in unserer sündigen Natur hat große Freude daran, von anderen das Schlechteste zu denken und dieses dann auch in Umlauf zu bringen. Manch böswillige Unterstellung scheint so raffiniert und geistreich zu sein, selbst wenn nur wenig oder gar nichts Wahres dran ist, dass sie einfach umhergetratscht wird, wenn man in der gewissen Stimmung ist. Für manche Leute ist dies wie ein Ventil, um sich ein besseres Gefühl über sich selbst zu verschaffen. Wenn wir andere in ein schlechtes Licht rücken können, kann es sein, dass andere besser von uns denken. Es kann sich aber auch einfach um boshafte Freude handeln, um anderen Schwierigkeiten zu bereiten. Oder es kann aus dem Wunsch heraus entstehen, einem Gegenspieler, der uns in unserer Stellung bedroht, Probleme zu verursachen. So brachten die religiösen Führer zur Zeit Jesu falsche, verleumderische Anklagen gegen ihn vor, weil sie sich durch seine Beliebtheit beim Volk bedroht fühlten. „Vermeidet solch verleumderisches Gerede", sagt Paulus christlichen Frauen.

3. Kein übermäßiger Alkoholgenuss

Der Lebensstil gottesfürchtiger Pietät, die einer heiligen christliche Priesterin ansteht, ist ebenfalls unvereinbar mit dem übermäßigen Genuss von Alkohol, der viele Frauen auf Kreta Schaden zufügte. Die christlichen Frauen sollen **„nicht dem Trunk ergeben sein"**.

Nicht selten ist das Leben einer Frau sehr schwer. Frauen tragen häufig tiefe Verletzungen aus der Vergangenheit mit sich herum. Ungezählte Frauen suchen ihren Ausweg in der Flasche. Diese Frauen sprechen davon, dass der Alkohol den emotionalen Schmerz ihres Lebens betäuben und ihnen zumindest für eine gewisse Zeit einen Abstand zwischen ihnen und ihren Leiden schafft. Die exzessive, lockere Lebenseinstellung auf Kreta sah in der Trunkenheit kein Problem. Wie viele Familien sind durch Mütter (oder Väter), die dem Alkohol verfallen waren, zugrunde gerichtet worden? Für den Christen ist das kein Ausweg. Ja, das Leben kann hart sein, aber wir sollen unseren ganzen Trost in dem lebendigen Herrn finden, der uns liebt. In unser modernen Welt müssen wir die Warnung vor Alkoholmissbrauch und -abhängigkeit auch auf Beruhigungsmittel und Drogen ausweiten. Hier spreche ich nicht über eine angemessene, medizinische Anwendung rezeptpflichtiger Medikamente, sondern über die Sucht nach ihnen. Eine süchtige Person hat ihr Leben nicht mehr unter Kontrolle, sondern wird von der gewohnheitsmäßigen Einnahme eines Suchtmittels beherrscht. „Vermeidet eine solche Versklavung“, sagt Paulus den christlichen Frauen.

4. Ein Lehrdienst

Der ehrerbietige Lebensstil einer reifen christlichen Frau soll in einem Lehrdienst ein positives Betätigungsfeld finden. Paulus empfiehlt, älteren christlichen Frauen Mut zu machen, die jüngeren zu belehren und zu unterweisen. Wenn es etwas gibt, was sie sich nicht abgewöhnen können - eine „Sucht“ im Leben der gottesfürchtigen älteren Frauen -, dann soll es die Angewohnheit sein, jüngeren Schwestern in Christus beizustehen und **„Lehrmeisterinnen eines guten Lebenswandels“** zu sein (2,3; GNB).

Sehr wahrscheinlich wurde auf Kreta gelehrt, dass es bei der christlichen Frömmigkeit nur um zeremonielle Reinheit und esoterische Erkenntnis gehe (1,15.16). Die Instruktionen der falschen Lehrer lauteten: „Berühre dies und jenes nicht"; „Beflecke dich nicht hiermit und damit." Nichts wurde erlaubt, was bedeuten würde, dass man sich in weltliche Angelegenheiten des Lebens verwickelte. Wie gesagt, waren es vielleicht Gedanken dieser Art, die christliche Frauen den häuslichen Pflichten und ihrer Familie entfremdeten.

Im Gegensatz dazu ist die wahre Frömmigkeit in das tägliche Leben eingebettet, indem sie Christus in den Alltag mit hineinnimmt. Daher kommt es, dass die reife christliche „Priesterin" durch persönlichen Rat und ihr aktives Vorbild lehren soll, wie man dem Herrn im Alltag dient und wie unter seiner umgestaltenden Hand das Weltliche gesegnet und herrlich wird.

> Den Auftrag, den deine Weisheit mir zugewiesen hat,
> Oh, lass ihn mich fröhlich erfüllen,
> In all meinen Werken deine Gegenwart finden
> Und deinen guten und vollkommenen Willen
> erkennen!
>
> (Charles Wesley)

Die wahre christliche Lehre zeigt, wie das Familienleben zu gestalten ist und wie man in allen Beziehungen rein und gütig miteinander leben kann. Bei der wahren Frömmigkeit geht es darum, in der Welt zu sein, obwohl man nicht von ihr ist. Christliche Reife besteht gerade darin, sich intensiv mit der Welt und ihren Menschen zu beschäftigen und nicht in dem Versuch, sich auf der Suche nach einem persönlichen geistlichen Höhepunkt aus ihr zurückzuziehen.

Es ist zu betonen, dass dieser Dienst der Unterweisung der älteren Frauen an jüngeren Frauen für die moderne Gemeinde lebenswichtig ist. Er ist lebenswichtig, nicht nur, weil die Meinung der modernen Welt dahin tendiert, alle biblischen Unterschiede zwischen Mann und Frau und deren unterschiedlichen Rollen zu ignorieren, sondern auch aus dem einfachen Grund, dass es statistisch gesehen heutzutage in den Gemeinden mehr Frauen als Männer gibt. Obgleich dies nicht, wie wir bereits gesehen haben, bedeuten kann, dass Frauen im Ältestenamt tätig werden, benötigt die Gemeinde doch dringend diesen Lehrdienst gottesfürchtiger, würdevoller und reifer christlicher „Priesterinnen“, die dazu geeignet sind, jüngere Frauen zu lehren und auszubilden. Gemeinden müssen sich diese Tatsache bewusst machen und diesen Dienst fördern.

Dies führt uns notwendigerweise zu der Frage: „Was sollen sie lehren?“ Paulus behandelt dieses Thema, wenn wir unsere Aufmerksamkeit auf die jüngeren christlichen Frauen richten.

Jüngere Frauen (2,4.5)

Nachdem er die Qualitäten beschrieben hat, die er sich bei reifen christlichen Frauen wünscht, wird Titus nun von Paulus erklärt, was sie „Gutes lehren“ sollen, wenn diese Qualitäten vorhanden sind. Sie sollen **„die jungen Frauen anhalten, dass sie ihre Männer lieben, ihre Kinder lieben, besonnen seien, keusch, häuslich, gütig, und sich ihren Männern unterordnen, damit das Wort Gottes nicht verlästert werde!“**

Es werden hier sieben Dinge genannt. Wir könnten sie die sieben Geheimnisse einer erfolgreichen Ehefrau nennen. Ich meine nicht, dass diese Eigenschaften dazu gedacht sind, alles abzudecken. Ich bin sicher, dass sie unter Berücksichtigung der moralisch verdorbenen, schrankenlosen gesellschaftlichen Situation auf Kreta ausgewählt wurden. Aber dennoch werden all diese Eigenschaften gefordert, damit eine Christin im Einklang mit dem Wort Gottes als eine christliche Ehefrau leben kann (2,5).

1. Liebe deinen Mann und deine Kinder!

Paulus hebt hervor, dass die ersten beiden Eigenschaften einer christlichen Ehefrau Liebe zu ihrem Ehemann und Liebe zu ihren Kindern sind. Auf diese Tatsache sollen jüngere Frauen hingewiesen werden. Es handelt sich um zwei separate Aspekte der Liebe. Die Liebe zum Ehemann ist die eine Sache. Die Liebe zu Kindern ist eine andere Sache. Wenn man den einen Bereich der Liebe gut abdecken kann, gleicht dies nicht einen Mangel im anderen Bereich aus. Beide sind für eine Frau mit Familie unabdingbar.

Zu unserer Ermunterung sollte erwähnt werden, dass die Bibel lehrt, dass Liebe etwas ist, was gelernt werden kann. Die jüngeren Frauen sollten darin „unterwiesen" werden. Liebe ist kein Lotteriespiel - „Ich liebe ihn, ich liebe ihn nicht"; und auch kein Glückstreffer - „Entweder du empfindest sie oder du empfindest sie nicht". Das hat die Welt aus ihr macht. Mit Gottes Hilfe kann sie erlernt werden. Das bedeutet, dass Ehen, die in Schwierigkeiten geraten sind, durch die Gnade Gottes wiederhergestellt werden können.

2. Besonnenheit und Selbstbeherrschung

Als drittes Merkmal Gott-wohlgefälliger Weiblichkeit listet Paulus Besonnenheit und Selbstbeherrschung auf. In der subjektiven, moralisch freizügigen Atmosphäre Kretas ist es nicht überraschend, dass die Eigenschaft der Besonnenheit in der Lehre des Paulus über die christliche Lebensführung immer wieder auftaucht. Die Fähigkeit, das göttliche Ziel zu erkennen und seine Bedeutung zu erfassen, sodass der richtige Weg beschritten wird, benötigen Frauen ebenso sehr wie Männer. Besonnenheit oder Selbstbeherrschung ist Teil der Frucht des Heiligen Geistes, die unerlässlich ist, um Versuchungen aller Arten zu widerstehen.

Das Wort, das hier für Besonnenheit gebraucht wird, ist - wie wir schon gesehen haben - ein Wort, das sich insbesondere auf das Gedankenleben eines Menschen bezieht. Es hat dieselben Wurzel wie das Wort, das Paulus gebraucht, wenn er an Timotheus schreibt, dass Gott uns einen Geist der Kraft, der Liebe und der Besonnenheit gab, oder einen gesunden Sinn (2.Tim 1,7). Eine besonnene Lebenseinstellung wird gefordert. Die Gemeinde benötigt besonnene Frauen ebenso sehr wie sie besonnene Männer benötigt. Im Buch der Sprüche wird nicht nur die Weisheit selbst mit einem Schatz verglichen, sondern auch die Frau, die einen edlen Charakter hat: „Haus und Habe vererben die Eltern; aber eine verständige Ehefrau kommt vom Herrn“ (Spr 19,14).

3. Keuschheit

Viertens wird die christliche Frau aufgefordert, keusch zu sein. Man sollte meinen, dass dies die direkte Konsequenz sein würde, wenn eine verheiratete Frau ihren Ehemann liebt. Aber angesichts der Kompliziertheit unserer gefallenen menschlichen Natur fällt es uns nicht immer so leicht, keusch und rein zu sein. Und auch alleinstehende Frauen bedürfen der Erinnerung an die sexuelle Keuschheit. Also kommt Paulus notwendigerweise auf diesen Punkt zu sprechen. Sexuelle Keuschheit ist immer eine Empfehlung des Evangelium für andere Menschen, wenn diese auch über die sexuelle Keuschheit eines Christen spotten mögen. Wenn sich jemand sexuell verfehlt, so ist dies in den Augen der Welt immer ein Skandal. Sexuelle Keuschheit ist ein Bild für die Treue der Gemeinde zu Christus als ihrem Bräutigam. Sexuelle Keuschheit bewahrt einen Menschen vor einem schlechten Gewissen und später davor, sich wie ein gebrauchter Gegenstand zu fühlen. Sexuelle Fehltritte, seien sie vor oder nach der Eheschließung geschehen, tragen immer das Risiko in sich, der Beziehung innerhalb der Ehe Schaden zuzufügen. Die Frage bleibt immer: „Kann ich ihm/ihr wirklich vertrauen?“

4. Effizienz und Güte

Für Paulus war die verheiratete christliche Frau mit häuslichen Aufgaben beschäftigt und gütig. Obwohl die Bibel diesbezüglich keine starre Regel kennt, sondern Flexibilität zulässt, sagt sie doch über die Rollenverteilung innerhalb der Familie - ganz im Allgemeinen -, dass es zum Aufgabenbereich des Ehemanns gehört, für die Versorgung der Familie zusorgen, während die Ehefrau ihren schwerpunktmäßigen Aufgabenbereich in der Familie findet. Es ist die besondere weibliche Fähigkeit, für andere zu sorgen, die ein Haus zu einem Heim macht, mit all der Wärme, die das Wort „Heim" in sich schließt. Dies muss nicht ausschließen, dass eine Ehefrau einer Beschäftigung außerhalb des Hauses nachgeht, aber das bedeutet für eine Frau eine nicht geringe Belastung.

Für Paulus ist der Trick, Tüchtigkeit und Güte auszubalancieren. Es gibt Häuser, die in einem solchen chaotisches Zustand sind, dass keine Gemütlichkeit aufkommen kann. Eine Frau kann aber auch so davon besessen sein, ein makelloses Haus zu haben, dass sie vergisst, dass es Menschen sind, die eigentlich darin leben sollen. Es ist jene Ausgewogenheit zwischen der Arbeit und der Empfindsamkeit einer Frau, die selbst ins ärmlichste Zuhause Freude und eine gewisse Behaglichkeit bringt.

5. Unterordnung den Männern gegenüber

Als Letztes erwartet Paulus, in Übereinstimmung mit dem, was er auch in allen anderen Briefen lehrt, dass gottesfürchtige Frauen **„sich ihren Männern unterordnen"**. Die Ehe ist eine Partnerschaft von Gleichberechtigten und Gleichwertigen, aber die unterschiedlichen Partner nehmen unterschiedliche Rollen ein. Die Ehefrau soll, ihre Intelligenz mit einbringend, der Führung ihres Mannes, der sich ihrer und seiner Verantwortung in aller Demut annehmen soll, unterordnen. Paulus findet sehr deutliche Worte, wahrscheinlich wegen der eigensinnigen und rebellischen Haltung, die von der falschen Lehre auf Kreta hervorgerufen wurde. Er muss diesem schlechten Einfluss entgegenwirken, der die Stabilität der Familien bedroht. Deswegen muss Paulus so direkt sein. Zweifellos erwartet er, dass Titus diese Lehre so ausgewogen vermittelt, wie Paulus es anderswo tut. Er erwartet, dass Titus in diesem Zusammenhang deutlich macht, wie wichtig das Vorbild Christi ist. Der christliche Mann soll seine Frau in aller Christusähnlichkeit führen, und zwar immer zum Guten seiner Braut und nicht aus Eigennutz, sodass seine Führung seiner Frau zu einem Segen und nicht zu einer Last wird. Christus gab sich selbst für seine Braut, die Gemeinde, hin. In einer christlichen Beziehung gibt es eine gegenseitige Unterordnung, weil sowohl der Mann als auch die Frau die Rollen einnehmen, die ihnen von Christus, ihrem Heiland, zugewiesen worden sind (Eph 5,21).

In diesem Abschnitt wurden uns also sieben wichtige Aspekte gezeigt, damit die christliche Frau ihr Leben Gott-gefällig leben kann. Sie mögen in unserer Zeit nicht sehr in Mode sein, aber sie müssen immer noch ernst genommen werden.

Vier Lektionen

Nachdem wir nun diesen Abschnitt des Titusbriefes genau betrachtet haben, sollten wir vier Lektionen beachten. Es handelt sich um drei allgemeine Lektionen, die allen gelten, und um eine Lektion, die sich spezifisch an Frauen richtet.

1. Ein dem Evangelium gemäßer Lebensstil

Alles, was Paulus in diesem Abschnitt über den rechten, Gott-wohlgefälligen Wandel von Männern als auch Frauen sagt, gründet sich im Evangelium. Es stimmt nicht mit der guten

Nachricht von Jesus Christus überein; es ist direkt aus ihr entnommen. Wir erinnern uns, dass Paulus zu Titus sagte: **„Du aber rede, was der gesunden Lehre ziemt“** (2,1; revElbf) - das ist sein Ausgangspunkt.

Obwohl die von heidnischen Vorstellungen geprägte Welt der alten Griechen und Römer oft sehr verdorben war - wie auf Kreta -, kann man natürlich nicht abstreiten, dass damals jedes menschliche Individuum ein Gewissen hatte - genauso wie heute - und somit ein Empfinden dafür, welcher Lebensstil ehrenhaft und wahr ist, selbst wenn man nicht so lebte. Manche Ausleger halten die Lehre über die Rollenverteilung zwischen Mann und Frau, wie sie von Paulus in diesem Kapitel gelehrt wird, für nicht mehr als einen Versuch, das Evangelium für die antike heidnische Welt annehmbar zu machen. Darum ermahnt Paulus Christen, nach den Normen dessen zu leben, was von der damaligen Welt als „ehrbar“ oder „mustergültig“ angesehen wurde. Dies würde aber im Grunde genommen relativieren, was Paulus lehrt. Wenn sich nämlich in der heidnischen Welt die Vorstellungen von dem, was gesellschaftlich korrekt ist, ändern, dann müsste sich auch das christliche Verhalten ändern, um Anerkennung zu finden. Es ist wichtig, zu verstehen, dass Paulus dies natürlich nicht meint. Er schrieb Titus nicht: **„Du aber lehre, was sich nach den gegenwärtigen gesellschaftlichen Vorstellungen von dem, was richtig und falsch ist, ziemt“**, sondern vielmehr **„[...], was der gesunden Lehre ziemt“**. Diese Aussage gründet den Entwurf für einen Gott-wohlgefälligen Lebensstil voll und ganz auf Christus und der zukünftigen Welt und nicht auf den sich ständig ändernden Trends dieser Welt oder auf den fehlbaren Ansichten gefallener Menschen. Nicht die Welt diktiert uns den christlichen Lebensstil, sondern das Evangelium.

Dies wird durch die Art und Weise unterstrichen, wie Paulus sowohl Männer als auch Frauen dazu motiviert, ein gottseliges

Leben zu führen. Die Frauen sollen einen weiblichen gottseligen Lebensstil führen, **„damit nicht das Wort Gottes verlästert werde"** (2,5). Titus soll sich selbst den jüngeren Männern zum Vorbild guter Werke machen und unverfälscht lehren, **„damit der Widersacher beschämt werde und nichts Böses habe, das er uns nachsagen kann"** (2,8) - mit anderen Worten: „damit gesehen werden kann, dass Titus das praktiziert, was er predigt". Es ist Gott, der Mann und Frau schuf. Es ist Gott, der die Ehe einsetzte und die Rollen zwischen den Ehepartnern verteilte. Wenn Christen anders leben, so untergraben sie das Wort Gottes und das Evangelium selbst. In dem Fall liefern sie den Feinden des Evangeliums Munition, weil sie dann zu Recht sagen können: „Sie sagen das eine, aber tun etwas anderes." Darin liegt die große Gefahr, wenn sich zwischen unserem Glaubensbekenntnis und unserem Verhalten eine Kluft auftut.

Für Paulus sind das Evangelium und der christliche Lebensstil ein Teil des Ganzen. Die Frauen werden unterwiesen, ihre eigenen Männer und Kinder zu lieben. Wie sollen wir aber zu lieben lernen, wenn die Umstände, in denen wir leben, alles andere als ideal sind? Die Antwort gibt das Evangelium: Wir sollen von der Liebe Gottes lernen, die er für Sünder hat. Paulus hat betont, dass sowohl Männer als auch Frauen besonnen und selbstbeherrscht sein sollen. Warum sollen wir sensible Menschen sein, die sich selbst unter Kontrolle haben? Weil das Evangelium uns lehrt, dass das Leben zwar echte Freude an Gott und an allen seinen Gaben ist, aber dennoch kein Witz. Wir leben im Licht der Ewigkeit, entweder unter dem Licht des Himmels oder unter dem Schatten der Hölle. Das Evangelium lehrt einen Lebensstil des Dienstes. Männer und Frauen sollen einander in Liebe dienen. Der Mann oder die Frau, die die Familie ganz oben anstellen, werden von der heutigen Welt verachtet. Aber da sich schon Jesus dem Vater im Himmel unterordnete und nun dorthin gegangen ist, um einen Platz für uns zu bereiten, dann ist es eine hohe Berufung, eine Hausfrau zu sein, und nicht etwas Verächtliches. Je mehr wir dem biblischen Evangelium glauben, desto mehr werden wir die Rolle der Ehefrau und Mutter respektieren. Und auf der anderen Seite: Wenn Jesus starb, um seine Braut, die Gemeinde, zu retten, dann ist es nicht töricht, sondern höchst ehrenwert, ein Ehemann zu sein, der aus Liebe das Wohl seiner Frau und seiner Familie höher bewertet als sein eigenes Wohlbefinden.

Die erste Lektion ist also, dass - wenngleich Raum für eine gewisse Flexibilität gegeben ist - der Entwurf für eine Gott-wohlgefällige Männlichkeit und Weiblichkeit, die wir hier im Titusbrief finden, mit der „gesunden Lehre" des Evangeliums eng verknüpft ist.

2. Jugendkultur

Die zweite Lektion, über die wir in diesen ersten acht Versen dieses zweiten Kapitels nachdenken müssen, betrifft die augenblickliche Ausrichtung unserer westlichen Kultur. Seit den 50er Jahren hat eine Revolution stattgefunden. Die Jugend dominiert. Unsere Gesellschaft vergöttert Jugendhaftigkeit. Dies ist in einer Welt wie der unseren unausweichlich, weil sie in ihrem Denken nur von diesem Leben ausgeht. Jung zu sein bedeutet, gesund und aktiv und ohne Verpflichtungen zu sein. Es ist die Zeit unseres Lebens, wo wir körperlich am attraktivsten sind und wo all unsere Entscheidungen und Möglichkeiten für das Leben noch vor uns liegen. Jung zu sein bedeutet, wertvoll zu sein; alt zu sein bedeutet, wertlos zu sein. So kommt es, dass in unserer Zeit alte und ältere Menschen häufig nicht mehr als toleriert werden, wenn sie nicht mehr und mehr aus dem Leben ausgegrenzt werden. Auch die heutige Gemeinde ist diesem Beispiel gefolgt, indem sie die Jugend vergötterte.

Die Anweisungen, die Paulus an Titus gibt, geben ein ganz anderes Bild. Ältere Leute sind Menschen, die geschätzt werden sollen. Sie können ein wirklicher geistliche Schatz für die Gemeinde sein. Natürlich muss eine Gemeinde sich um ihre jungen Leute kümmern und sie ermutigen; aber das geschieht, wie Paulus sagt, am besten, wenn man sie dazu ermutigt, sich denen anzuvertrauen, die schon etwas länger als sie auf dem Glaubensweg sind.

Titus soll die alten Frauen unterweisen, **„damit sie die jungen Frauen unterweisen“** (2,3.4; revElbf). Ähnlich steht es mit den Männern. Die logische Grundlage hinter dem, was Paulus sagt, ist die Perspektive des Evangeliums. Dieses Leben ist nicht alles. Wir sind in Christus unterwegs in den Himmel. In der Nachfolge Jesu nehmen wir nicht den Lebensstil einer sich verändernden und sich verlebenden Zeit an, sondern den der Ewigkeit. Darum machte es eben auch Sinn, dass die, die schon länger in der Nachfolge Christi stehen, diejenigen unterweisen, die vergleichsweise jung auf dem Weg des Lebens sind. Es macht deshalb Sinn, weil wir, ob wir nun alt oder jung sind, alle dasselbe Ziel vor Augen haben. Und unser Ziel ist nicht vergängliches Glück. Für unser Glück sind wir nicht abhängig von den „Fashions“ dieser Welt, die unsere Herzen gefangen nehmen wollen und entsprechend unseres Alters auch sehr unterschiedlich aussehen können. Unser Ziel ist eine himmlische Freude und ein Leben, das ewig ist. Ältere Christen, die geistlich reif sind, haben uns viel zu sagen. Dies erfordert, dass junge Christen offen sind, sich belehren zu lassen; außerdem müssen ältere Christen ein liebevolles Interesse an jungen Leuten haben und Verständnis für sie und ihre Welt aufbringen, um ihnen wirklich helfen zu können.

3. Frauen ohne Kompromisse

In den Versen, die wir in diesem Kapitel ausführlich betrachtet haben, hat sich Paulus auf die Rolle der Ehefrau in Haus und Familie konzentriert. Frauen, die heiraten, sagt Paulus Folgendes: „Geht keine Kompromisse ein; macht eure Familie und euer Zuhause zu eurer Priorität; stürzt euch gleichsam hinein; gebt ihnen alles, was ihr habt.“

Für eine Gesellschaft wie die unsrige, die der Vorstellung an die persönliche Entscheidungsfreiheit huldigt, ist eine solche Hingabe problematisch. Wenn die persönliche Entscheidungsfreiheit unser höchstes Gut ist, dann werden wir unweigerlich einen Lebensentwurf wählen, der sich so viel Entscheidungsfreiheit wie möglich offenhält. Wir sind wieder beim Bild vom Marktplatz, auf dem wir als Kunden bummeln gehen, uns die vielen schönen Stände anschauen und uns überlegen, für was wir uns entscheiden wollen. Was passiert, wenn wir zu den Menschen gehören, die ihre persönliche Entscheidungsfreiheit über alles stellen, das heißt, wenn diese Einstellung zu unserer dominierenden Lebenseinstellung wird? Nun, wir würden dann immer darauf bedacht sein, uns unsere Optionen so offen wie möglich zu halten. Und das würde zu einer Generation von Menschen führen, die sich vor Verbindlichkeit drückt, denn Verbindlichkeit bedeutet, dass man sich für eine Möglichkeit unter Ausschluss aller anderen entscheidet. Paulus sagt gewissermaßen: „So sollt ihr nicht sein. Wenn ihr euch einmal für die Ehe entschieden habt, dann gibt es kein Zurück mehr. Stellt euch mit eurer ganzen Person in ihren Dienst."

Was heißt das praktisch. Paulus sagt nicht, dass verheiratete Frauen nicht außer Haus arbeiten dürfen. Das ist sogar völlig in Ordnung. Doch wenn ein Job zu einer Bedrohung wird, weil die Pflichten als Mutter und Hausfrau vernachlässigt werden, ist es besser, auf das zusätzlich verdiente Geld zu verzichten. Wenn du dich für Ehe und Familie entschieden hast, dann haben sie absolute Priorität. Gib der Ehe und Familie deine ganze Energie als eine christliche Ehefrau und Mutter.

Denke einmal über folgendes Zitate nach: „Es ist schwierig, mit einer Frau verheiratet zu sein, die mit ihrem Erfolg verheiratet war und folglich nicht mit mir." Das sagte der Schauspieler Elliott Gould in der *Radio Times*, als er über seine achtjährige Ehe mit der Schauspielerin und Sängerin Barbara Streisand sprach.

Die Schauspielerin Katherine Hepburn sagte in einem Interview: „Ich bin nicht sicher, ob Frauen erfolgreich einer Karriere nachgehen und gleichzeitig Mutter sein können. Das Problem von Frauen von heute ist, dass sie alles wollen. Aber niemand kann alles haben. Kinder waren nie eine Belastung für mich. Und ich war auch keine Belastung für Kinder, indem ich sie zur Welt gebracht und mit meiner Karriere weitergemacht hätte."

Eine andere Schauspielerin namens Joanne Woodward hat dieses gesagt: „Meine Karriere hat wegen der Kinder gelitten, und meine Kinder haben wegen meiner Karriere gelitten. Ich musste mich zweiteilen und war nicht in der Lage, auf einer der beiden Bühnen meiner Aufgabe voll nachzukommen. Ich kenne keinen Menschen, der beides mit Erfolg tut, und ich kenne eine Menge Mütter, die im Arbeitsleben stehen."

Golda Meir, die große ehemalige Premierministerin Israels, bekannte, dass sie nagende Zweifel über den Preis hegte, den ihre Kinder für ihre Karriere hätten bezahlen müssen. Sie sagte: „Man kann sich an alles gewöhnen, wenn man muss, sogar an ein ständiges Schuldgefühl."

Paulus hat also folgende Botschaft an Frauen, die sich für die hohe Berufung als Ehefrau, Mutter und Hausfrau entschieden haben: Geht keine Kompromisse ein, sondern widmet euch völlig eurer Familie.

4. Selbstverleugnung

Die letzte Lektion gilt wieder uns allen. Offensichtlich ist es nicht leicht, eine Ehefrau und eine Mutter zu sein. Es erfordert Selbstverleugnung. Dasselbe gilt auch für Ehemänner, wenn sie ihre Verantwortung ernst nehmen, ihre Familie nach dem christlichen Entwurf zu bauen. Selbstverleugnung ist für den gesamten christlichen Lebensentwurf unerlässlich, wenn wir versuchen, andere in den unterschiedlichen Beziehungen des Lebens zu lieben und ihnen zu dienen - ob wir nun verheiratet oder alleinstehend sind, ist dabei ohne Bedeutung. Einer egozentrischen, hedonistischen Gesellschaft ist der Gedanke an Selbstverleugnung verhasst. Tatsächlich jedoch ist Selbstverleugnung segensreich. Jesus sprach: „Wenn das Weizenkorn nicht in die Erde fällt und erstirbt, bleibt es allein; wenn es aber erstirbt, bringt es viel Frucht. Wer sein Leben lieb hat, der wird's verlieren; und wer sein Leben auf dieser Welt hasst, der wird's erhalten zum ewigen Leben" (Joh 12,24.25). Ein derartiger Lebensentwurf macht nur wegen des Evangeliums Sinn. Es lehrt, dass dies im Einklang mit der gesunden Lehre ist. Die, die sich selbst verleugnen und bereit sind, ihr Leben im Dienst für Christus und andere zu verlieren (sei es buchstäblich im Märtyrertod oder metaphorisch im aufopfernden Dienst), machen Gewinn in ihrem Charakter, in ihrem Leben und durch ihre Beeinflussung anderer für Christus. Wie viele bekannte christliche Pioniere der Vergangenheit hatten ihre Bekehrung frommen christlichen Müttern zu verdanken! Man denke an Timotheus (2.Tim 1,5; 3,15), an Augustinus von Hippo und an die Wesleys. Die, die sich selbst sterben, erzielen eine wunderbare Ernte.

Aber solche, die versuchen, ihr Leben zu retten, sind am Ende enttäuscht und allein gelassen, wie die Frau, auf deren Grabstein folgende Inschrift zu lesen war:

> Hier liegen die Gebeine von Nancy Jones.
> Ihr Leben kannte keine Schrecken:
> Sie lebte als eine alte Jungfer,
> Sie starb als eine alte Jungfer,
> Keine Schläge, keine Stürme, keine Irrtümer.

Es ist keine Frage des Alters, des Geschlechts oder des Familienstandes, ob man eine alte „Jungfer" ist, prüde und zimperlich. Viele ältere, unverheiratete Frauen sind wahre Heldinnen in Christus, voller guter Werke und eifrig im Dienst. Nein. Hier geht es nicht um Alter oder Geschlecht, sondern um die Perspektive für unser Leben. Vielmehr ist es eine Sache der

Einstellung. Einige der schlimmsten „alten Jungfern“, denen ich begegnet bin, waren junge Männer! Es ging ihnen nur darum, sich selbst zu schützen, nie waren sie bereit, sich selbst ausschließlich zum Wohle anderer aufzuopfern. Ihnen ging es in erster Linie darum, sich um sich selbst zu kümmern, anstatt nach den Interessen anderer Ausschau zu halten. Das, was wahren christlichen Glauben so einzigartig macht, ist, dass es bei ihm darum geht, dass wir unser Leben im gläubigen Dienst für Gott und Bedürftige „verschwenden“ und selbst mehr und mehr umgestaltet und befreit werden.

Man wäre geneigt zu denken, dass man, wenn man den Prozess des Sterbens verfolgt, selbst sterben würde, doch in Jesus stirbt man nicht. Wie Jesus werden wir herausfinden, dass es genau umgekehrt ist. Er, der freiwillig für uns in den Tod am Kreuz ging, ist auferstanden und lebt ewig. So verhält es sich mit dem ewigen Leben. Wenn wir uns selbst sterben, leben wir.

Leider ist aber auch das Gegenteil wahr. Jene Singles, die alleinstehend sind, weil sie sich nur um ihre selbstsüchtigen Ambitionen gekümmert haben und dabei immer ihren eigenen persönlichen Freiraum im Leben schützen wollten, enden häufig als einsame Menschen. Und die Männer, die ich kenne, die auf ihre Rechte pochen und niemals ihren Frauen „nachgeben“, weil sie versuchen, ihre männlichen Egos zu schützen, gehören zu denen, die tief unten über ihre Männlichkeit und ihren Selbstwert verunsichert sind. Und die Frauen, die „sich für sich selbst behalten wollen“, finden selten Freude daran. Frauen, die der Körperpflege große Aufmerksamkeit widmen und Stunden damit verbringen, ihr Erscheinungsbild zu verbessern, oder mit ihrer Gesundheit oder ihrem Diätplan, sind meist verunsichert und ängstlich. Das Leben im Überfluss entgeht ihnen allen.

Christus hat uns den Schlüssel gegeben, um für das Leben frei zu werden, und zwar durch einen Glauben an ihn, der ihm nachfolgt.

Wenn wir uns selbst verlieren, finden wir uns selbst. Wenn wir uns selbst verleugnen, finden wir wahre Befriedigung. Durch das tägliche Sterben finden wir das Leben. Alles andere ist Selbstmord.

6.

Christliche Arbeitsmoral (2,9.10)

Schriftlesung: Titus 2,9.10

Der Titusbrief ist ein Buch, das die Kluft schließen möchte zwischen dem, was Christen behaupten zu glauben, und dem, wie sie ganz praktisch ihr Leben leben. Dem neuesten Stand der gesellschaftlichen und technischen Entwicklung entsprechend trifft es sicher zu, dass diese Diskrepanz nirgendwo offensichtlicher ist als am Arbeitsplatz. Leider verhalten sich Christen in der Gemeinde häufig tatsächlich ganz anders als an der Arbeit. Die geistliche Atmosphäre der Gemeinde und die säkulare Atmosphäre am Arbeitsplatz führen bei Christen von heute zu einer gespaltenen christlichen Persönlichkeit.

Sicher ohne es zu wollen, hat Ray Kroc, der Begründer von MacDonald's, diese ziemlich heuchlerische Haltung in einem Interview auf den Punkt gebracht, das er gegen Ende seines Lebens der *New York Times* gab. Er sagte Folgendes: „Ich spreche vom Glauben an MacDonald's so, als handle es sich dabei um eine Religion. Ich glaube an Gott, an die Familie und an MacDonald's - und im Büro gilt genau die entgegengesetzte Anordnung." Und in der modernen Arbeitswelt unterliegen Christen Zwängen, die genau das von ihnen fordern. Sie werden in jeder Hinsicht ermutigt, ihre moralischen Grundsätze und ihren Glauben an Gott im pragmatischen Jagen nach Profit und Effizienz für die Firma zu vergessen. So kommt es, dass sich die erwähnte Kluft auftut.

Als Paulus an Titus schreibt, ist er sehr besorgt darüber, wie auf der Insel Kreta falsche Lehre ganze „Häuser" (1,11) in Mitleidenschaft zieht. In der Zeit des Neuen Testaments waren Sklaven Teil vieler Haushalte. darum spricht Paulus an dieser Stelle auch die Frage an, wie Titus diese Bediensteten belehren soll, die so sehr ein Bestandteil der zeitgenössischen Kultur waren: **„Den Sklaven sage, dass sie sich ihren Herren in allen Dingen unterordnen, ihnen gefällig seien, nicht widersprechen, nichts veruntreuen, sondern sich in allem als gut und treu erweisen, damit sie der Lehre Gottes, unseres Heilands, Ehre machen in allen Stücken."**

Offensichtlich leben wir in einer etwas anderen Kultur als der Kretas im ersten Jahrhundert. Aber während Paulus fragt, mit welcher Einstellung ein christlicher Sklaven seine Arbeit verrichten soll, können wir bleibende Grundsätze entdecken, von denen wir für unser Leben in der heutigen Gesellschaft lernen sollten.

Ein Einwand

Bevor wir jedoch dazu kommen, möchte ich eine Frage beantworten, die uns vielleicht beim Nachdenken gekommen ist. In Tit 2 beschreibt Paulus das Verhalten, das er von verschiedenen Gruppen innerhalb der Gemeinden und Hausgemeinden fordert - von den jungen und alten Männern, von Frauen sowie von den Sklaven. Wie wir im vorigen Kapitel gesehen haben, wird manchmal behauptet, dass das, was an dieser Stelle gelehrt wird, nur widerspiegelt, wie man in der Gesellschaft zur Zeit des Paulus solche Fragestellungen anging. Diesem kulturellen Ansatz folgend, wird dann argumentiert, dass der Apostel nur darum bitte, sich den geltenden Normen und Praktiken jener Zeit anzupassen, damit dem Evangelium kein Schaden zugefügt werde, weil es in den Augen ehrbarer Heiden vielleicht zu radikal erscheine. Man versucht, diesem Argument Nachdruck zu verleihen, indem man darauf hinweist, dass der Versuch, aus der Rollenverteilung zwischen Mann und Frau eine biblische Norm zu machen und sie nicht als eine rein kulturelle Angelegenheit zu betrachten, damit enden muss, dass auch die Sklaverei als eine biblische Norm bezeichnet werden muss.

Wenn wir aber nicht darauf bestehen, dass wir heute aufgrund von Tit 2,9.10 Sklaverei betreiben dürfen, dann sollten wir auch nicht vom Rest des zweiten Kapitels des Titusbriefes auf eine Rollenverteilung zwischen Mann und Frau, Ehemann und Ehefrau, bestehen. Kurz gesagt, es wird argumentiert, dass die Existenz der Sklaverei (und die Unterordnung der Sklaven unter ihre Herren) und die unterschiedlichen Rollen von Mann und Frau miteinander stehen oder fallen. Wie kann man argumentieren, dass der eine Teil eine absolute biblische Norm ist, der andere aber nicht? Es handelt sich durchaus um eine zulässige Frage, aber sie gründet sich auf eine falsche Voraussetzung. Paulus spricht an dieser Stelle Männer, Frauen und Sklaven gemeinsam an, nicht, weil sie theologisch in genau der gleichen Weise in Beziehung zum Evangelium stehen, sondern einfach, weil sie in der damaligen Zeit Teil eines „Hauses“ waren. Aber wir wollen uns den Einwand näher ansehen. Die Bibel, und unser Abschnitt im Titusbrief insbesondere, liefert uns sehr klare Antworten. Wir werden uns sowohl die allgemeine Antwort als auch die konkrete Antwort aus diesem Abschnitt anschauen.

1. Eine allgemeine Antwort

Prinzipiell liegt die Antwort der Bibel als Ganzes natürlich in der Tatsache, dass die Ehe - und die Beziehungsstruktur in der

Ehe - direkt auf die „sehr gute“ Schöpfung Gottes zurückgeht. Von Anfang an sollte Adam Haupt sein über Eva und sie liebevoll führen, und zwar insofern, als er für sie beide in einer Weise verantwortlich war, wie sie es nicht war.

Das ist auch der Grund dafür, warum in der ganzen Schrift die Verantwortung für den Fall der Menschheit eindeutig Adam zukommt und nicht Eva, obwohl doch Eva zuerst von der verbotenen Frucht aß: „Deshalb, wie durch einen Menschen die Sünde in die Welt gekommen ist“ (Röm 5,12); „denn wie sie in Adam alle sterben, so werden sie in Christus alle lebendig gemacht werden“ (1.Kor 15,22). Die Stellung des Mannes als Haupt der Frau, die auch die Stellung Christi als Haupt über die Gemeinde widerspiegelt, geht also direkt auf die Schöpfung zurück.

Im Gegensatz dazu war die Sklaverei kein Teil der „sehr guten“ Schöpfung, sondern sie ist eine Folge des Sündenfalls. Es ist sogar so, dass die Auswirkungen des Sündenfalles im Sinne der Sklaverei beschrieben werden. Die Menschheit wurde in die Knechtschaft der Sünde und des Todes gebracht (Röm 6,17).

So müssen wir zum Schluss kommen, dass Ehe und Sklaverei sehr unterschiedlich zu bewerten sind und nicht parallel zueinander stehen. Daher kann Paulus sogar anderswo im Neuen Testament, obwohl er immer sehr darauf bedacht ist, die eheliche Beziehung zu verteidigen und zu unterstützen, dazu ermutigen, dass Sklaven, wenn sie eine echte Gelegenheit haben, frei zu kommen, diese auch ergreifen sollten, obwohl sie ansonsten versuchen sollten, mit ihrem Schicksal zufrieden zu sein (1.Kor 7,21). Für Paulus war es also klar, dass diese Dingen nicht miteinander standen oder fielen - und uns sollte es auch klar sein.

2. Die konkrete Antwort in diesem Abschnitt

Speziell in Tit 2 ist es interessant, die Verschiedenartigkeit der Sprache zu beachten, mit der Paulus beide Lebenssituationen behandelt. Obgleich das Motiv dafür, ein guter Ehepartner oder ein vertrauenswürdiger Sklave zu sein, das Evangelium ist (2,1), macht Paulus einen definitiven Unterschied, warum man in beiden Fällen eine liebende Unterordnung praktizieren soll.

Die Unterordnung der Ehefrau unter ihren Mann wird folgendermaßen begründet: „damit nicht das Wort Gottes verlästert werde“ (2,5). Auf die Hilfsbereitschaft der Sklaven wird Nachdruck gelegt, **„damit sie der Lehre Gottes, unseres Heilands, Ehre machen in allen Stücken“** (2,10). An erster Stelle steht, dass das Evangelium vor negativer Kritik geschützt werden soll. An zweiter Stelle steht, dass über das Evangelium positiv gesprochen wird.

Wenn eine christliche Frau den Gedanken der Ehrerbietung und der Unterordnung unter ihren Ehemann abschüttelt, so ist das nicht im Einklang mit dem Evangelium, denn die eheliche Beziehung war ein Teil der guten Schöpfung Gottes, und die christliche Gemeinde ist allein durch die Tatsache errettet worden, dass Christus unser Bräutigam ist und als unser Haupt die Verantwortung für uns übernahm und die Sünde an unserer Statt sühnte. Wenn man den Gedanken und die Praxis der Führung in der Ehe über den Haufen wirft, wirkt sich das auf den zentralen Kern des Evangelium aus und öffnet so den Weg dafür, dass das Wort Gottes verlästert wird.

Im Gegensatz dazu soll ein Sklave seinem Herrn gegenüber hilfsbereit sein, weil er sich nichts sehnlichster wünscht, als dass er dem Evangelium Ehre macht. Der in den meisten deutschen Bibelübersetzungen mit **„Ehre machen“** übersetzte Begriff bedeutet eigentlich „attraktiv“ und stammt von einem Wort ab, von dem wir unser Wort „kosmetisch“ abgeleitet haben. Während Respektlosigkeit seinem Herrn gegenüber -

oder jedem anderen Menschen gegenüber - das Evangelium in Verruf bringen würde (1.Tim 6,1), fällt die positive Hilfsbereitschaft, die ein Sklave seinem Herrn entgegenbringt, in „die Kategorie der zweiten Meile", die er mitgeht. Bedenkt man die kulturelle und gesellschaftliche Stellung eines Sklaven, dann wäre die bereitwillige Unterordnung und der positive Wunsch, seinem Herrn zu gefallen, in den Augen des Herrn eine „Kosmetik", eine gesteigerte Empfehlung für das Evangelium. „Wenn diese gute Botschaft von Jesus diesen Menschen sogar in ihrer unglücklichen Lage als Sklaven Selbstachtung und Hoffnung gibt, dann muss es tatsächlich etwas an sich haben, was unbedingt der Mühe wert ist."

Das heißt, auch wenn das Evangelium die innere Einstellung von Frau und Sklave prägt, tut es dies auf sehr unterschiedliche Art und Weise, legt unterschiedliche Motive zugrunde. Man kann folglich nicht sagen, dass die Sklaverei und die Verteidigung der Rollenverteilung zwischen Mann und Frau miteinander stehen oder fallen. Die Sklaverei ist eine kulturelle Angelegenheit, und wir sind froh, dass Menschen wie William Wilberforce massiv für ihre Abschaffung eintraten. Zwischen der Rolle des Mannes und der Frau als zwei gleichwertige Partner zu unterscheiden, ist jedoch für den biblischen Glauben grundlegend.

Nachdem wir uns mit dem Einwand beschäftigt haben, wenden wir uns nun der eigentlichen Betrachtung unserer Verse zu. Was können wir lernen, wenn Paulus die Situation der christlichen Sklaven im ersten Jahrhundert anspricht? Wie kann die Kluft zwischen Glaube und Verhalten am Arbeitsplatz am Ende des 20. Jahrhunderts geschlossen werden? Den Abschnitt kann man sehr schön unter zwei Überschriften stellen - das Ziel und die Einstellung am Arbeitsplatz.

Das Ziel am Arbeitsplatz

Dieses eine Mal beginnen wir am Ende. Das Ziel beim Dienst der Sklaven, sagt Paulus, ist, dass **„sie der Lehre Gottes, unseres Heilands, Ehre machen in allen Stücken“**.

In Vers 9 lehrt Paulus: **„Den Sklaven sage** - lehre -, **dass sie sich ihren Herren in allen Dingen unterordnen.“** Das Wort, das hier für die Unterordnung der Sklaven gebraucht wird, ist ein gewichtigeres und stärkeres Wort als das, was Paulus im Allgemeinen verwendet, wenn er sich mit diesem Thema beschäftigt, wie zum Beispiel in Eph 6 oder Kol 3. Es könnte noch einmal die Folgen der falschen Lehre auf Kreta widerspiegeln. Das Wort könnte durchaus die Tatsache widerhallen, dass die falsche Lehre „ganze Häuser“ in Chaos stürzte (1,11), weil als Folge dieser falschen Lehre christliche Sklaven mit ihrem Schicksal unzufrieden wurden und provoziert wurden, eine aggressivere Haltung einzunehmen, wenn nicht sogar sich gegen ihre Herren aufzulehnen. Bedenken wir, dass, obwohl manche Sklavenbesitzer grausam und ungerecht waren, es auch gütige Herren gab, die ihre Sklaven fast wie Familienmitglieder behandelten. Ein Aufstand lag gleichsam in der Luft. Paulus aber sagt definitiv: „Nein!“ Er macht deutlich, dass dies nicht der Weg ist, der Christus gemäß ist. Vielmehr sollte es das Ziel und Motiv eines jeden Sklaven, der Christ ist, sein, sich so zu betragen, dass **„sie der Lehre Gottes, unseres Heilands [dem Evangelium] Ehre machen in allen Stücken“**.

Heutzutage ist unsere Situation ganz offensichtlich eine ganz andere. Sicher können wir in unserem westlichen Kulturkreis die Arbeitsverhältnisse nicht mit der Sklaverei von damals vergleichen. Die Beziehung zwischen Arbeitgeber und Arbeitnehmer beruht auf einer anderen Ausgangsbasis, mit einem Arbeitsvertrag und gesetzlichen Verpflichtungen auf beiden Seiten. Die Ablösung einer Gesellschaft, die die

Sklaverei befürwortete, durch eine gerechtere, in der vertragliche Vereinbarungen gelten, ist in vieler Hinsicht auf die Vorherrschaft christlicher Werte in der damaligen Gesellschaft zurückzuführen.

Obwohl sich unsere Situation am Anfang des 21. Jahrhunderts deutlich von der der Sklaven des ersten Jahrhunderts unterscheiden mag, sollte doch sicher unser Ziel am Arbeitsplatz dasselbe bleiben - ein attraktives Zeugnis zu sein für das Evangelium, unseres Heilands.

Ich möchte dies noch ein wenig deutlicher ausdrücken. Unser Ziel am Arbeitsplatz muss es nicht nur sein, dem Chef zu gefallen oder ein Zeugnis für andere zu sein, in der Hoffnung, Menschen für Christus zu gewinnen. Wir sollten ein größeres Ziel haben. Nichts ist nötiger, als dass der Arbeitsplatz wieder für Christus gewonnen wird. Die große Vision der Christen muss es sein, den Ethos der Wirtschaftswelt zu verändern.

Warum fällt es uns so schwer, ein Zeugnis am Arbeitsplatz zu sein? Warum wird unser Christsein (wenn wir den Mut haben, unseren Kollegen unseren Glauben zu bekennen) am Arbeitsplatz so oft ignoriert? Der Grund ist, dass der Arbeitsplatz zu Beginn des 21. Jahrhunderts von einer völlig weltlichen Einstellung geprägt ist. Man betrachtet die christliche Ethik als nutzlos, wenn nicht gar gefährlich, wenn es im harten Wettbewerb von Handel und Industrie um geschäftlichen Erfolg geht. Für die Marktwirtschaft ist Gott irrelevant.

Wir müssen uns daran erinnern, dass dies früher nicht der Fall war. Unser westliches kapitalistisches System ist tief verwurzelt in der Reformation. Lang und breit haben Historiker die so genannte protestantische Arbeitsethik diskutiert, die sich mit der Auferstehung des biblischen Christentums unter Luther und Calvin entwickelte. Unsere Glaubensväter betrachteten den Arbeitsplatz als ein Mandat, das Gott der Menschheit gegeben hatte, sich die Schöpfung untertan zu machen und sich um sie kümmern, um ihr Potential zur Ehre Gottes und zum Wohl der Menschheit zu erforschen und zu bewirtschaften. Dies war einst die treibende Kraft sowohl hinter der Wirtschaft als auch der Technologie. In gewisser Hinsicht könnte der Arbeitsplatz mit Recht als ein Ort des Gottesdienstes betrachtet werden, wo die Fähigkeiten, die Kraft und die Erfindungsgabe der Menschen im Dienst Christi eingesetzt werden. „Was ihr auch tut, arbeitet von Herzen als dem Herrn und nicht den Menschen, [denn] ... ihr dient dem Herrn Christus“ (Kol 3,23.24).

Historisch gesehen verschwand mit den liberalen Angriffen auf die Bibel und dem Aufkommen einer evolutionären Weltanschauung das Ziel der Arbeit und des Aufbaus einer Gesellschaft zur Ehre Gottes. Stattdessen wurde es durch den säkularisierten Mythos vom „Fortschritt“ ersetzt. Im ersten Teil des letzten Jahrhunderts waren sozialistische Ideen vorherrschend. Die, die dafür eintraten, sich für die Schaffung von Gerechtigkeit und Gleichheit am Arbeitsplatz einzusetzen, fragten nicht nach Gott. Das Ziel war ein technologisches Utopia, mit Wohlstand und gleichen Chancen für alle. Diese Vision gründet auf der falschen Annahme, dass die Menschen in ihrem Wesen gut sind und daher eben auch willig, zu teilen, aber sie ist gescheitert. Ihre offensichtlichste Niederlage waren die grausamen Auswirkungen des Kommunismus und der katastrophale Zusammenbruch in Osteuropa. Die Absicht, über den Arbeitsplatz eine utopische zukünftige Gesellschaft aufzubauen, motivierte die Menschen nicht. Es brachte keine Gerechtigkeit und Freude hervor. Sie ist gescheitert.

Nachdem der sozialistische Traum verschwunden ist, wird er nun durch den Mythos des individualistischen Materialismus ersetzt. Die Vision am Arbeitsplatz besteht nun aus nichts mehr, als der Anhäufung von Gütern für das Ich und für die nächsten und liebsten Angehörigen. Dies bedeutet, dass der Arbeitsmarkt zu einem Dschungel geworden ist, wo die Regel heißt: Ein jeder kämpfe für sich selbst. Obwohl dies die gängige Philosophie ist, mit der man am Arbeitsplatz operiert, und die weite Anerkennung findet, weil sie ja dem sündigen Egoismus des Menschen Vorschub leistet, wird auch sie sich letztlich als zerstörerisch erweisen. Niemand ist eine Insel! Wir leben in einer Gesellschaft. Doch wenn „das Prinzip Ego" unsere Wirtschaft und unsere kulturelle Grundeinstellung dominiert, so steht dies zwangsläufig im Widerspruch zur Gesellschaft.

Der einflussreiche Ökonom Adam Smith argumentierte im 18. Jahrhundert, dass es der Gesellschaft nicht schaden würde, wenn man die Reichen darin bestärken würde, immer reicher zu werden, denn wenn sie reicher würden, müssten sie zwangsläufig immer mehr Hausangestellte beschäftigen und mehr Dienstleistungen kaufen, so dass mehr arme Menschen Arbeitsstellen bekämen und nicht hungern müssten. Wie von einer „unsichtbaren Hand" würden die Reichen dazu geführt, ohne es zu wissen, um so den Interessen der Gesellschaft zu dienen.

Doch in unserer fortschrittlichen Wirtschaft ist dieses Argument nicht mehr tragbar. Wir sind in ein technologisches Zeitalter eingetreten, in dem Menschen durch Maschinen, Computer und Geräte aller Art ersetzt werden, und die Notwendigkeit, Menschen in Industriebetrieben zu beschäftigen, aufs Drastischste abnimmt. Auch sind aufgrund unseres ökonomischen Fortschritts die Erwartungen einfacher Leute von heute unendlich höher als die der einfachen Leute des 18. Jahrhunderts, als es ihr Ziel war, beschäftigt zu sein, einfach, um nicht hungern zu müssen. Einfache Leute halten jetzt nach Möglichkeiten Ausschau, im Leben mehr zu erreichen als das Existenzminimum, und auch sie wollen Erfüllung. Sie wollen ihre Entscheidungsfreiheit nützen und sich ein eigenes Leben aufbauen, was ein Beruf ohne Aufstiegschancen oder das Leben vom Stempelgeld nicht ermöglichen können.

Das Ziel immer größerer Geschäfte und wirtschaftlicher Effizienz ist gegenüber den Bedürfnissen der Gesellschaft gleichgültig. Es hat keine Schwierigkeiten damit, wenn eine sehr große Anzahl von Menschen arbeitslos wird. Diese Leute werden verständlicherweise eine ruhelose Unterklasse bilden, die sich von der Gesellschaft ausgeschlossen fühlt und daher keine Bedenken hat, wenn sie sich gesellschaftsschädigend verhalten. Wir sehen dies bereits im Verhalten junger Leute, die meinen, dass die Gesellschaft ihnen keine Zukunft mehr bietet. Verbrechensstatistiken stehen in Beziehung zu Arbeitslosenstatistiken.

Wie wir gesagt haben, leben wir in einer Gesellschaft, in der die persönliche Entscheidungsfreiheit vergöttert wird. Das Geld bringt die Freiheit, sich für das zu entscheiden, was man möchte. Individualistischer Materialismus ist der größte Animateur unserer Zeit. Weil dies der Fall ist, konzentriert sich die Regierung darauf, Steuern einzunehmen und so wenig wie möglich für staatliche Dienste auszugeben. Aber es sind gerade solche staatlichen Dienste, die in vielerlei Hinsicht den Zusammenhalt unserer Gesellschaft garantieren. Wenn eine Gesellschaft kein Interesse daran hat, sich um ihre unterschiedlichen Mitglieder zu kümmern, oder nur das absolute Minimum für ihre Versorgung ausgibt, dann wird es nicht lang dauern, bis viele Menschen sich entscheiden werden, aus der Gesellschaft auszusteigen und anders zu leben. Jene andere Lebensweise könnte sich durchaus außerhalb der Gesetze des Landes bewegen und für die Stabilität der Gesellschaft folgenschwer sein.

Unsere Gesellschaft kann nur auf eine solide Grundlage gestellt werden, wenn sich die gesellschaftlichen Ziele und die Arbeitsmoral radikal ändern. Die vorherrschenden Visionen der letzten Jahrhunderte basieren auf einer falschen Einschätzung des menschlichen Wesens. Der sozialistische Traum der Arbeit für eine gerechte Gesellschaft schätzte die

Kameradschaft sündiger Menschen verkehrt ein. Aus diesem Grund ist er undurchführbar. Und auch der Traum des individualistischen Materialismus verrechnet sich bei dem Gedanken, dass man eine stabile Gesellschaft errichten könne, wenn man dem persönlichen Egoismus freien Lauf lasse. Das ist nicht möglich. Es führt zur Zersetzung der Gesellschaft. Es ist nötig, die christliche Vision wieder zu entdecken. Das Christentum ist im Blick auf die Sündhaftigkeit des Menschen äußerst realistisch, aber es hat die Antwort in „Gott, unserem Heiland“. Er ist der Gott, der fähig ist, sowohl den Einzelnen als auch die Gesellschaftsstrukturen zu erlösen, in die der Einzelne hineingestellt ist.

Als Christen müssen wir einmal mehr der **„Lehre Gottes, unseres Heilands, Ehre machen in allen Stücken“**. Wir müssen die Vision für unsere Gesellschaft wiederfinden, und von grundlegender Bedeutung wird es sein, den Arbeitsplatz für den Herrn zurückzugewinnen. Unser Ziel muss es sein, Menschen zu zeigen, dass Christus nicht nur an Sonntagen von Bedeutung ist, sondern während der ganzen Woche. Wir müssen zeigen, dass die Anwendung christlicher Prinzipien der Ehrlichkeit und des Dienstes am Arbeitsplatz auf lange Sicht für die Gesellschaft am besten ist, am besten für die Firma und ihr Personal, am besten für den Einzelnen. Das sollte unser Ziel sein. (Wir sind jetzt vielleicht ein wenig zu weit von unserem Text im Titusbrief abgewichen, aber sicher nicht von der Gesinnung, die aus diesen Versen spricht.)

Nun weiß ich sehr wohl, dass dies eine gewaltige Zielsetzung ist. Aber mir scheint es, dass es sich dabei um einen ganz wichtigen Lebensbereich geht, wenn wir unsere Gesellschaft wirklich verändern wollen. Solange der christliche Lebensstil nicht mit zur Arbeit genommen wird, kann der christliche Glaube von unserer Gesellschaft leicht als Privatreligion abgetan werden, die keine wirkliche Relevanz für das wirkliche Leben hat. Es ist von ganz entscheidender

Bedeutung, Christus mit an die Arbeit zu nehmen, weil in so vieler Hinsicht Wirtschaft und Handel (eher als offenkundig gottlose Philosophien) die Triebkräfte der Säkularisierung sind, die wir in unserer modernen Welt beklagen.[16]

Über diese grundsätzlichen Gedanken hinaus behandelt Paulus auch die Frage, wie man sich am Arbeitsplatz verhalten soll. Dies wird in Vers 9 und am Anfang von Vers 10 hervorgehoben.

Die Einstellung am Arbeitsplatz (2,9.10)

„Den Sklaven sage, dass sie sich ihren Herren in allen Dingen unterordnen, ihnen gefällig seien, nicht widersprechen, nichts veruntreuen, sondern sich in allem als gut und treu erweisen ..."

Sklaverei zur Zeit des Neuen Testaments konnte ein schreckliches Schicksal bedeuten. Aber häufig waren Sklavenbesitzer vernünftige Leute, und in mancher Hinsicht kann man die Sklaverei auch als das Gegenstück des ersten Jahrhunderts zu einem Wohlfahrtssystem betrachten, das den Reichen nützte und den unglücklichen Armen Arbeit und Unterhalt bot. Der christliche Sklave, so sagt Paulus, soll sich seinem Herrn unterordnen, und das so tun, dass er dadurch Christus empfiehlt. Was bedeutete dies in der Praxis? Paulus gibt vier Gebote, mit zwei positiven und zwei negativen Seiten.

1. „Ihren Herren gefällig sein" (2,9)

Dies würde zuallererst bedeuten, dass sie seine Anweisungen zufrieden stellend ausführen und ihr Bestes für ihn tun sollten.

---

[16] Siehe den Anhang für eine ausführlichere Diskussion darüber, wie sich dies in der Praxis auswirken könnte.

Dies hätte natürlich zur Folge, dass sie sich anstrengen und hart arbeiten mussten. Sklaven waren schon motiviert, gut zu arbeiten, wenn ihnen versprochen wurde, dass sie vielleicht auf diese Weise ihre Freiheit erlangen könnten. Aber der Christ musste, wie wir sehen werden, ein anderes Motiv haben, obwohl er eine sich ihm bietende Gelegenheit, frei zu kommen, nicht ausschlagen sollte.

2. „Nicht widersprechen" (2,9)

Im Allgemeinen waren Sklaven ihrem Herrn gegenüber wahrscheinlich unfolgsam und mürrisch. Vom menschlichen Standpunkt aus betrachtet ist es nur zu verständlich, wenn sich ein Sklave rebellisch verhält. Häufig drückte sich diese Aufsässigkeit in sarkastischen Bemerkungen aus, die leise geäußert wurden. Doch der christliche Sklave sollte die Anweisungen seines Herrn nicht hinterfragen, außer in einer Situation, wo er dazu aufgefordert wurde, sich gegen Gottes Gebote zu verhalten (Apg 5,29). Und selbst in diesem Fall soll der Christ ehrerbietig mit seinem Herrn sprechen.

Diese Anweisungen sind auch für uns und unsere „moderne" Arbeitswelt aktuell. Wie leicht ist es von „Denen da oben" und „Uns" zu sprechen und sich als Arbeitnehmer am Tratsch über und an der Kritik an unserem Arbeitgeber gütlich zu tun! Ein Christ sollte sich bei der Arbeit ganz anders verhalten.

3. „Nichts veruntreuen" (2,10)

Das achte Gebot des Dekalogs - der Zehn Gebote - gilt am Arbeitsplatz ebenso sehr wie überall sonst. Viele Sklaven in der antiken Welt waren mit den geschäftlichen Interessen ihrer Herren betraut und hatten viele mannigfaltige Gelegenheiten zu stehlen. Heute wie damals muss der Christ diesen Versuchungen widerstehen. Es war Judas, der so geldgierig war, dass er den Herrn Jesus bestahl. Wir betrügen unseren Herrn, wenn wir zum Dieb werden. Wenn wir persönlichen Mangel haben, sollen wir ins Gebet gehen und nicht das entwenden, was uns rechtmäßig nicht gehört.

4. „Sich in allem als gut und treu erweisen“ (2,10)

Josef ist uns an diesem Punkt ein großartiges Vorbild. Das Alte Testament beschreibt ihn als einen Sklaven, der nicht nur erstaunlich kompetent war, sondern auch absolut vertrauenswürdig. Während er für Potifar arbeitete, empfahl er sich seinem Herrn so sehr, dass dieser ihm alles überließ: „Darum ließ er alles unter Josefs Händen, was er hatte, und kümmerte sich, da er ihn hatte, um nichts außer um das, was er aß und trank“ (1.Mose 39,6). Ob es sich um finanzielle Angelegenheiten handelte oder um ein neues Projekt, dass realisiert werden sollte, in allem konnte Potifar Josef voll vertrauen. Josefs Vorbild sollten alle christlichen Arbeiter nacheifern. Auf diesem Weg bringen wir Gottes Segen an unseren Arbeitsplatz.

Der arbeitende Christ sollte ein fleißiger, angenehmer, freundlicher, ehrlicher, bereitwilliger Mensch sein. Auf diese Weise können Freunde für das Evangelium gewonnen werden. Wenn wir so handeln, kann die Kluft am Arbeitsplatz geschlossen werden.

Wo können wir die Motivation, die Kraft und die Hilfe finden, um so zu handeln? Sicherlich in Vers 10: durch einen lebendigen Glauben an Gott, **„unseren Heiland“**. Paulus möchte, dass wir eine Verbindung herstellen. Durch den Glauben an Christus sind wir für die Probleme bei der Arbeit gerüstet. Wenn wir glauben, dass er uns liebt, sind wir in der Lage, uns auf die Hilfe seines Heiligen Geistes zu verlassen, der uns zu stärken vermag. Durch den Glauben an Christus, unseren Heiland, der von den Toten auferstanden ist, können wir sehen, dass trotz unserer irdischen Umstände, die, ähnlich wie bei den Sklaven im ersten Jahrhundert, anders aussehen mögen, als wir sie gerne hätten, es eine ewige Zukunft für uns gibt - und deshalb haben wir Hoffnung. Wenn wir glauben, dass Christus für uns ein Sklave wurde und für unsere Sünden ans Kreuz ging, obwohl wir eine solche Liebe nicht verdienten und er nicht diesen Tod, haben wir ein inspirierendes Rollenmodell, dem wir in unseren Schwierigkeiten folgen. Durch den Glauben an Christus haben wir einen Freund, der in dieser Welt gelebt hat, als Zimmermann bei der Arbeit geschwitzt hat, um seine Kunden termingerecht zu beliefern, und der daher in der Lage ist, sowohl in den Strapazen als auch in den Siegen bei der Arbeit völliges Mitgefühl mit uns zu haben.

Ich will dich einmal ganz direkt fragen, wenn du Christ bist und dich glücklich schätzen darfst, in einem Arbeitsverhältnis zu stehen: Welchen Ruf hast du an deinem Arbeitsplatz? Machst du dem christlichen Glauben bei den Kollegen alle Ehre - durch dein Leben, durch deinen Eifer und dein Zeugnis? Sicher wird es Zeiten geben, wo wir bei der Arbeit nicht beliebt sein werden, weil unser Gott nicht beliebt ist - manchmal ist das unvermeidbar. Aber wie steht es mit deiner Integrität und deinem Einsatz bei deiner Arbeit? Wenn du keinen guten Ruf hast, dann musst du Buße tun vor Gott, unserem Heiland.

Vor nicht allzu langer Zeit habe ich zufällig eine Broschüre in die Hand bekommen, die eine kleine Firma für ihre Mitarbeiter produziert hat. Sie erschien mit dem Titel: *Make everyone a VIP* (Mach jeden zu einer sehr wichtigen Person). Es fiel mir auf, dass sehr vieles von dem, was dort zu lesen war, der christlichen Arbeitsmoral sehr nahe kam und die Firma offensichtlich Nutzen daraus ziehen konnte, dass ihr Personal sich nach diesen Richtlinien verhielt. Ich will einige Stellen daraus zitieren:

> Allzu oft vergessen wir, Mitarbeiter und Angestellte daran zu erinnern, dass sie wichtig sind. Das ist bedauerlich, denn es zu tun, bedeutet, dass sie sich besser fühlen als Person aber auch hinsichtlich ihrer Arbeit. Hier ein paar Tipps, die

> wir im Gedächtnis halten sollten: [...] Stehen Sie mit dem rechten Fuß auf. Wenn Sie Menschen begegnen, so zeigen Sie ihnen durch Ihre Begrüßung, dass Sie ein wirkliches Interesse an ihnen haben. Stehen Sie für sie auf. Suchen Sie Augenkontakt mit ihnen [...] Nachdem Sie ein Treffen mit jemandem gehabt haben, sollten Sie ihm eine handschriftliche Notiz überreichem, um ihm auf diese Weise zu sagen, dass Sie sich über die Begegnung und die Zusammenarbeit gefreut haben [...] Wenn Sie mit jemandem sprechen, so hören Sie dessen Antworten zu. Überprüfen Sie sich selbst. Hören Sie auf den Klang Ihrer Stimme. Ist sie hilfsbereit? Stellen Sie sich vor, dass jeder einen Button mit folgender Aufschrift trägt: „Geben Sie mir das Gefühl, wichtig zu sein."

Einige der Vorschläge mögen zwar ein wenig übertrieben sein, aber wir können alle den gesunden Menschenverstand sehen, der hinter diesen Aussagen steckt. So vieles davon ist christlich geprägt. Es fordert uns auf, in der Begegnung mit anderen Menschen bei der Arbeit höflich, großzügig und freundlich zu sein anstatt hart und aggressiv, wie es so oft in Büros und Fabriken zugeht. Das ist die Chance eines Christen, Menschen zu überraschen, indem er andere aufbaut anstatt sie zu Boden zu schlagen. Du magst zwar feststellen, dass du ausgelacht wirst, wenn du dich so verhältst; aber du bist nicht dumm, wenn du den christlichen Weg gehst, und du kannst Kraft finden, um Rückschläge in Christus hinzunehmen. Der Einsatz für einen angenehmeren, ermutigenderen Arbeitsplatz kann die Leistung einer Arbeitsgruppe steigern. Diese positive, offene, freundliche, ehrliche Güte wird Christus empfehlen. Wenn wir den Geist dessen erfassen, was Paulus für die Sklaven im ersten Jahrhundert darlegt, erhalten wir eine klare Sicht davon, wie wir am Arbeitsplatz Gott-wohlgefällig leben können.

Die Aufgabe, mit der Christen von heute bei der Rückeroberung des Arbeitsplatzes für Christus konfrontiert sind, ist gewaltig. Aber sie muss getan werden.

Bevor wir diese Verse an die Sklaven der damaligen Zeit verlassen, sollten wir uns an eine andere Situation erinnern, die aussichtlos erschien, in der Gott aber Christen gebrauchte, um sie zu verändern. William Wilberforce (1759-1833) und seine Freunde standen gegen den Sklavenhandel ihrer Zeit auf und zogen dagegen zu Felde. Im Jahr 1784 zog Wilberforce als Abgeordneter für die Grafschaft Yorkshire in das englische Parlament ein. Seit seinem vierzehnten Lebensjahr verabscheute er die Sklaverei, aber es war seine Bekehrung zu Christus, die ihm die Kraft und Ausdauer verlieh, den Feldzug gegen die Sklaverei zu führen. Von 1784 an brachte er wiederholt parlamentarische Beschlüsse gegen den britischen Sklavenhandel auf den Weg. Es war ein Feldzug, der viel Widerstand erfuhr. Seine Ansichten waren vielen prominenten Leuten ein Dorn im Auge. Es gab einflussreiche Kreise, die Wilberforce bekämpften. Das Ende des Sklavenhandels wäre ein ungünstiger Wirtschaftsfaktor gewesen.

Nichtsdestoweniger trachtete Wilberforce danach, das zu tun, was richtig war, und das war die Hauptsache. Bis zur Abschaffung des Sklavenhandels dauerte es fast zwanzig Jahre. Die offizielle Abschaffung wurde 1807 verabschiedet. Er fuhr dann fort, indem er weiter auf ein europäisches Abkommen zum Verbot des Sklavenhandels drängte.

Er setzte seinen Charme, sein Taktgefühl, seine Redekunst ein. Er betete und protestierte. Er hat uns ein großes Beispiel davon hinterlassen, wie die Riesen der Ungerechtigkeit und der Gottlosigkeit im Handel besiegt werden können und Christus in der Geschäftswelt siegreich sein kann.

7.

Die Motivation, ganz für Christus zu leben (2,11-15)

Schriftlesung: Titus 2,11-15

Echtes christliches Leben erfordert eine gewisse Heiligkeit und Selbstverleugnung, verbunden mit einer sensiblen, großzügigen Einstellung anderen gegenüber. Bei diesen Eigenschaften handelt es sich nicht um theoretische Ideale; sie sollen in der realen Leben gelebt werden. Paulus hat etwas von dem beschrieben, was diese Eigenschaften in der Praxis bedeuten, als er in den ersten zehn Versen von Tit 2 den Gott-wohlgefälligen Lebenswandel für Männer und Frauen und ihre Geltung auch für die Sklaven seiner Zeit darlegte.

Das Problem in den neu entstandenen Gemeinden auf Kreta war, dass die Christen gerade dieser Anforderung nicht entsprachen. Es bestand eine Diskrepanz zwischen der Wahrheit des Evangeliums, die sie bekannten, und ihrem praktischen Leben. Dieses Mißverhältnis wurde zum einen durch eine alles bestimmende Selbstsucht und einen Subjektivismus verursacht, der dem Nationalcharakter der Kreter voll entgegenkam, und zum anderen durch verschiedene falsche Lehrmeinungen, die darauf abzielten, die egozentrische Lebenshaltung noch zu verstärken.

Am Anfang des dritten Jahrtausends nach Christus leben wir in dem, was „die Kultur des Narzissus" genannt worden ist. In der griechischen Sage war Narzissus, der Sohn des Flussgottes, unglaublich gut aussehend und wurde leidenschaftlich von der Nymphe Echo geliebt. Er verschmähte jedoch ihre Liebe, nachdem er durch sich selbst und sein eigenes Spiegelbild, das im Wasser sichtbar war, betört worden war. Die Folge war, dass sowohl er als auch Echo in der Enttäuschung über ihre unerfüllte Liebe verschmachteten - sie in ihrer Liebe zu ihm und er in seiner Liebe zu seinem eigenen Spiegelbild, das verschwand, sobald er es berührte.

Narzissus ist ein passendes Symbol für den Götzendienst, den unser Kulturbereich momentan betreibt. Die vorherrschende Religion unserer westlichen Gesellschaft ist die Verehrung des Ichs. Und unsere Gesellschaft ist wie Narzissus im Gefängnis erfolgloser Frustration eingeschlossen. Eine ichbezogene Generation ist nicht mehr zufrieden, wenn sie bekommt, was sie möchte - und es wird nie genug sein.

Die Wahrheit des Evangeliums von Jesus Christus ist dazu bestimmt, Menschen aus jenem Gefängnis in die freudige Selbstvergessenheit der Liebe und Gnade Gottes zu führen. Aber warum sollten Christen ein liebendes, zeugnishaftes, sich selbst verleugnendes, Gott-wohlgefälliges Leben führen? Das ist eine Frage, die wir bereits ein- oder zweimal berührt haben, aber Paulus beschäftigt sich in den Versen 11-15 direkt mit ihr.

Warum sollen christliche Männer enthaltsam und geduldig sein? Warum sollen christliche Ehefrauen gütig sein und sich ihren eigenen Männern unterordnen? Warum sollen christliche Sklaven ihren Herren zeigen, dass man ihnen völlig vertrauen kann? Hier ist der Grund: **„Denn es ist erschienen die heilsame Gnade Gottes allen Menschen, und nimmt uns in die Zucht, dass wir absagen dem ungöttlichen Wesen und den weltlichen Begierden und besonnen, gerecht und fromm in dieser Welt leben und warten auf die selige Hoffnung und Erscheinung der**

Herrlichkeit des großen Gottes und unseres Heilandes Jesus Christus, der sich selbst für uns gegeben hat, damit er uns erlöste („loskaufte“, revElbf) **von aller Gesetzlosigkeit und reinigte sich selbst ein Volk zum Eigentum, das eifrig wäre zu guten Werken. Das sage und ermahne und weise zurecht mit ganzem Ernst. Niemand soll dich verachten.“**

Beachten Sie das Wort **„Denn“** am Anfang der Verse. Paulus begründet den christlichen Lebensstil und zeigt, wie logisch er ist. Die Motivation, ein Gott-wohlgefälliges Leben zu leben, finden wir in der Gnade Gottes. In diesen Versen betrachtet Paulus die Gnade Gottes als eine vergangene Tatsache von gegenwärtiger Bedeutung. Gottes Gnade ist uns erschienen, und Gottes Gnade erzieht uns und motiviert uns.

Gottes Gnade erschienen (2,11)

Der Ausdruck **„Gnade“** kann Schönheit oder Eleganz bedeuten. Wenn er im Blick auf Gott gebraucht wird, bezieht er sich insbesondere auf seinen schönen Charakter, der sich an der Großzügigkeit denen gegenüber erfreut, die es nicht verdient haben. In Kapitel 3,4 äußert Paulus einen parallelen Gedanken, wenn er Folgendes sagt: „Als aber die Güte und Menschenliebe unseres Heiland-Gottes erschien“ (revElbf). Gnade ist die Güte und Liebe Gottes.

An dieser Stelle möchte ich eine Illustration über die Gnade einfließen lassen, die ich einmal bei einem anderen Autor gefunden habe und die ich für hilfreich halte:

> Ein armer Bauer ging zu einem Treffen mit seinem Bankdirektor. Er sagte zu dem Bankdirektor: „Ich habe eine gute Nachricht und eine schlechte Nachricht. Welche möchten Sie zuerst hören?“ Der Bankier erwiderte, dass er besser zuerst die schlechte Nachricht vom Tisch haben wollte. „Nun ja“, sagte der Bauer, „ich hatte ein wirklich schlechtes

Jahr, dass ich Ihnen die Hypothek, die ich Ihnen auf mein Haus schulde, nicht bezahlen kann." Der Bankdirektor blickte verärgert auf. „Es geht noch weiter", sagte der Bauer. „Ich hatte so eine dermaßen schlechte Ernte, dass ich auch auch nicht in der Lage bin, das Geld zurückzuzahlen, das ich von Ihnen borgte, um einen neuen Maschinenpark zu kaufen." „Das ist schlimm", antwortete der Bankier. „Ich fürchte, dass es noch weitergeht", sagte der Bauer. „Letztes Jahr hatte ich auch Geld von Ihnen geborgt, um Saatgut und Düngemittel und andere Dinge zu kaufen, und mir ist es so schlecht ergangen, dass ich Ihnen nicht einmal das zurückbezahlen kann." „Das ist schrecklich!", antwortete der Bankdirektor. „Sie sollten mir jetzt besser die gute Nachricht mitteilen." „Nun, die gute Nachricht ist", sagte der Bauer, „dass ich immer noch beabsichtige, Geschäfte mit Ihnen zu machen."

Wenn wir nun die Subjekte in dieser Geschichte umdrehen, artikuliert sie eigentlich, wie profund die Theologie der Gnade Gottes ist. Gnade Gottes ist, dass er, obwohl wir aufgrund unserer Sünde geistlich völlig bankrott sind, immer noch Geschäfte mit uns machen will. Gott hat ein Herz für uns, voller Mitleid und freiwilliger Barmherzigkeit, und dies trotz alledem, dass wir so versagt haben und in seinen Augen moralisch abscheulich aussehen. Er liebt die Menschheit immer noch und möchte bei allen unseren Bedürfnissen für uns sorgen.

Natürlich hat die Gnade Gottes eine lange Geschichte. Der Apostel Paulus konnte als Jude die Gnade Gottes wie einen roten Faden durch die gesamte alttestamentliche Geschichte verfolgen, angefangen bei der Schöpfung der Welt, und sehen, wie Gott immer wieder mit einem mürrischen und unwürdigen Volk Mitleid gehabt hatte. Das Alte Testament berichtet insbesondere, wie Gott das Volk Israel aus der Knechtschaft in Ägypten befreite und wie Gott sie in einem Akt reiner Gnade in eine Bundesbeziehung mit sich selbst brachte. Kurz vor seinem

Tod erläutert Mose dem Volk Israel diese Beziehung im Buch Deuteronomium - das Fünfte Buch Mose. Er erklärte, dass Gott sie nicht auserwählt hat, weil sie ein großes oder ein moralisch höherstehendes Volk oder eine wirtschaftlich ertragreiche Gemeinschaft gewesen wären (5.Mose 7,7.8; 8,17.18; 9,4-6). Sie waren nichts dergleichen. Tatsächlich war Israel eine Nation, die das Verderben verdient hatte - viele Male aufs Neue. Aber dennoch erwählte Gott sie, rettete sie und liebte sie. Er sandte ihnen Propheten, um sie zu führen. Er sandte Richter, um sie zu erretten und Könige, um sie zu hüten. Er züchtigte sie, wenn sie auf Abwege gerieten. Er ermutigte sie, wenn sie ihm nachfolgten. Gottes Gnade hat eine lange Geschichte.

Doch in Vers 11 spricht Paulus davon, dass die Gnade Gottes erschienen ist, sichtbar geworden ist oder Gestalt angenommen hat: **„Denn es ist erschienen die heilsame Gnade Gottes allen Menschen.“**

Paulus sagt, dass Gottes gnädiges Handeln mit Israel einem Schatten gleicht, denn es wird verglichen mit der Fülle der Gnade, die mit dem Kommen des Herrn Jesus Christus erschienen ist. Im Alten Testament handelte Gott gleichsam aus einiger Entfernung mit seinem Volk. Er sandte Männer als seine Boten. Er gab ihnen Könige, Priester und Propheten. Er liebte sie - aber aus himmlischer Entfernung. Nun aber ist Gott, unser Heiland, in der Person Jesu Christi selbst zu uns gekommen (2,10). Und nun, da er selbst gekommen ist, ist die Fülle seiner Gnade in dem Heil geoffenbart worden, das er gebracht hat. Viele Male hatte Gott im Alten Testament sein Volk errettet. Doch jene Rettungen sind nur maßstabsgetreue Modelle der wahren Errettung, die in Christus gekommen ist. Er rettete Abraham und Sara von ihrer Unfruchtbarkeit und reproduktiven Leblosigkeit, aber in Christus hat er uns vom Tode selbst befreit. Er befreite die Israeliten aus der Sklaverei des ägyptischen Pharaos, doch in Christus hat er uns aus der Sklaverei der

Sünde befreit und der Gewalt Satans und uns zu Gott gebracht. Er brachte Israel in ein neues Land, das vor Milch und Honig überfloss, doch in Christus bringt er uns in eine ewige Welt, in einen neuen Himmel und eine neue Erde, in denen Gerechtigkeit wohnen wird. Die Errettung, welche die alttestamentlichen Geschichten für uns nur abbilden können, ist für uns in der Fleischwerdung, dem Tod und der Auferstehung des Herrn Jesus Christus zu einer wunderbaren Realität geworden. Ein neues Zeitalter ist über die Welt eingebrochen. Gott hat seiner Gnade vollen Ausdruck verliehen und direkt eingegriffen, um ein ewiges Heil zu bringen. Seine Gnade ist erschienen!

Was noch herrlicher ist: Seine Gnade ist nicht beschränkt auf einen Teil der Menschheit. Sie ist **„erschienen [...] allen Menschen“** (2,11). Sie ist eine historische Tatsache, die allen zugänglich ist. Christus lebte und starb und ist wieder auferstanden. Sie wird in der ganzen weiten Welt gepredigt und verkündigt und angeboten. Jedem wird sie im Herrn Jesus Christus dargereicht, und sie steht allen zur Verfügung. Was über das Leben Jesu in den Evangelien berichtet wird, unterstreicht diese Tatsache zur Genüge. Denken wir an die Aussätzigen, Ausgestoßene der Gesellschaft. Denken wir an den Besessenen, der in Höhlen lebte und aus Angst jeden Menschen mied. Denken wir an den habgierigen, kleinen Betrüger und Zöllner namens Zachäus, den jeder verachtete. Jesus aber machte einen Umweg, um diese Menschen zu finden und sie anzunehmen und ihnen Heil zu bringen. Die Gnade Gottes streckt sich nach allen aus. Sie streckt sich nach Maria, der Hure, und der Jungfrau Maria aus. Sie streckt sich nach dem Fischer Petrus und dem Pharisäer Paulus aus. Wer wir auch sein mögen, Gott liebt uns und hat seinen Sohn gesandt, auf dass jeder, der an ihn glaubt, nicht verloren gehe, sondern das ewige Leben habe.

Paulus kann sich das Heil nicht losgelöst von der Gnade Gottes denken. Es ist die Gnade Gottes, die Heil bringt, nicht unsere Leistungen oder unser Verdienst. Sie ist ganz unverdient und bedingungslos, wenn wir zu Christus kommen. Genau aus diesem Grund ist es ein Heil, das allen Sündern umsonst angeboten werden kann, weil es ohne Einschränkung ist - es ist Heil aus Gnaden. Dies kann nicht genug betont werden. Das Heilsangebot ist real. Gott ist kein Betrüger. Er ist der Gott, der nicht lügt (1,2). **„Denn es ist erschienen die heilsame Gnade Gottes allen Menschen“** - dies ist die Botschaft, die das Gefängnis des Subjektivismus und des Ichs aufschließt, wie Paulus als Nächstes weiter erklärt.

Gottes Gnade erzieht (2,12-14)

Die vergangene Tatsache der Gnade hat einen sich in der Gegenwart fortsetzenden Einfluss: Sie **„nimmt uns in die Zucht, dass wir absagen dem ungöttlichen Wesen und den weltlichen Begierden und besonnen, gerecht und fromm in dieser Welt leben.“** Die Gnade Gottes wird hier beinahe als ein Schulmeister personifiziert, der die Aufgabe hat, uns in der Kunst des Lebens zu erziehen. Die Redewendung **„in Zucht nehmen“** oder „unterweisen“ (revElbf) deutet auf eine umfassende Ausbildung an. „Unser Lehrer“ fängt mit einer doppelten Verleugnung an. Wir sollen einsehen, warum wir sowohl das ungöttliche Wesen - den praktischen Atheismus - als auch die weltlichen Begierden - die selbstsüchtigen Wünsche, die ausschließlich in diesem gegenwärtigen Leben verwurzelt sind - verleugnen sollen. Dann macht „unser Lehrer“ zweitens deutlich, warum wir ein besonnenes, gerechtes und frommes Leben führen sollen. Dieses Trio von Tugenden deckt alle Beziehungen unseres Lebens ab. Besonnenheit deutet auf unsere Beziehung zu uns selbst und auf unser Verhalten hin. Gerechtigkeit oder Aufrichtigkeit bezieht sich auf eine liebevolle Ehrlichkeit in unserem Umgang mit anderen Menschen. Frömmigkeit bezieht sich auf einen demütigen, ehrfurchtsvollen und gehorsamen Wandel mit Gott, der im Zentrum unseres Lebens steht. Die Gnade Gottes ist unser Schulmeister, der uns in dieser Kunst des Lebens erzieht und unterweist. Wie genau tut dies Gnade Gottes in Christus? Drei Wege der geistlichen Erziehung werden in den Versen 12-14 genannt:

1. Unsere Köpfe (2,12)

Zuallererst verändert die Gnade, wie wir denken. Sie bildet unseren Verstand fort, indem sie uns den Grund verdeutlicht, warum wir ein frommes Leben führen sollen.

Gnade lehrt uns, die Sünde zu verabscheuen. Das Kreuz Christi war notwendig, damit Gott mit unserer Sünde fertig werden konnte. Das Kreuz lehrt uns, dass Sünde keine Kleinigkeit ist. Der Herr Jesus ist Gottes ewiger Sohn. Gott ist heilig und seine Abneigung gegen die Sünde ist so groß, dass Sünder, die keine Vergebung erfahren haben, zur Hölle fahren müssen; und Sünder erfahren nur Vergebung, wenn der Preis für die Sünde bezahlt wurde. Und jener Preis konnte nichts Geringeres sein als der stellvertretende Tod von Gottes eigenem, sündlosem Sohn. Das Kreuz ist der großartigste Beweis von Gottes gerechter und unerbittlicher Abneigung gegen die Sünde, und deshalb dürfen wir uns nicht selbst betrügen, indem wir meinen, dass es nichts ausmachen würde, wenn wir weiter sündigen. Gott möchte, dass wir einen totalen Krieg gegen die Sünde in unserem persönlichen Leben führen. Die Gnade Gottes im Kreuz Christi lehrt uns die Notwendigkeit einer heiligen Lebensführung.

Eine wirkliche Bedrohungen für das Leben der Gemeinde Jesu zu allen Zeiten war und ist die Irrlehre des Antinomismus. Diese Lehre hat die irrige Vorstellung, dass, weil Christus für die Sünde gesühnt hat, es ohne Belang ist, ob wir als Christen eine lockere Einstellung zur Sünde haben oder uns als Christen nicht in die Zucht nehmen, weil Christus ja für alles bezahlt hat. Doch obwohl Christi Sühnung für die Sünde zu unseren

Gunsten völlig und vollständig ist, wäre es ein Trugschluss, eine derartige Konsequenz aus dem Kreuzesgeschehen zu ziehen.

Stellen Sie sich einen Vater und einen Sohn vor, gefangen in einer entlegenen Höhle, deren einziger Ausgang mit hochexplosiven Tretminen vermint worden ist. Sie sind verloren. Der Vater prüft, ob die Minen entschärft werden können, aber muss feststellen, dass dies unmöglich ist. Sie sind gefangen. Die Zeit vergeht, aber es gibt keinen Ausweg. Der sichere Hungertod wartet auf sie, wenn nichts geschieht. Schließlich beschließt der Vater, nachdem er seinem geliebten Sohn unter Tränen die Lage erklärt hat, dass der einzige Weg, das Leben seines Sohnes zu retten, darin besteht, selbst hinzugehen und sich auf die Tretminen zu werfen, damit sein Sohn frei kommt. Wenn der Vater das tut, um seinen Sohn zu retten, und sein Sohn dem sicheren Tod entrinnt und die Freiheit und das Leben davonträgt, wie würde der Sohn für den Rest seines Lebens über Tretminen denken? Ist es vorstellbar, dass er sie bewundern würde? Würde er eine davon sozusagen als Souvenir auf seinem Kaminsims aufbewahren? Sicher nicht! Er würde die scheußliche Waffe hassen, die den Vater, den er liebte, tötete.

Ebenso ist es bei uns: Obwohl wir frei sind, ist die Sünde der Sprengstoff, der nicht entschärft werden kann, und Jesus ist der Eine, der sich selbst gnädig aufopferte, um uns zu befreien. Die Gnade Gottes im Evangelium unterweist uns, die Sünde zu hassen. Sie unterweist uns, die weltlichen Begierden zu verleugnen.

Gnade ist die logische Grundlage für die Liebe. Wenn der Atheismus wahr und das Universum einfach durch willkürliche, unpersönliche Evolution entstanden ist, dann ist alles Leben nur ein zufälliges Geschehen, und die Liebe hat gegenüber jedem anderen Lebensentwurf keinen letztlich höheren Anspruch an uns. In der Tat würde dann die Einstellung des Überlebens der Tüchtigsten und das Motto

„Jeder ist sich selbst der Nächste“ scheinbar am meisten Sinn machen und sicherlich nicht das aufopferungsvolle Leben zum Wohle anderer. Doch die Tatsache, dass Gottes Gnade in Christus erschienen ist, verändert alles. Es bedeutet, dass Gott da ist und dass Gott sich um Menschen kümmert. Er kümmerte sich so sehr um sie, dass er in der Person Jesus kam und sein Leben für uns ablegte. Das Kreuz beweist, dass Gott Liebe ist - wahre Liebe, die sich selbst opfert und sich für andere hingibt, sogar für die Unschönen und Unwürdigen. Weil das der Fall ist, macht es für uns Sinn, als Gegenstück ein Leben der Liebe zu führen. Warum? Weil Gott so ist, und wir, wenn wir ein Leben in der Liebe führen, im Einklang mit der höchsten Realität stehen, mit Gott selbst. Wenn wir dagegen selbstsüchtig leben, sind wir im Streit mit der höchsten Realität. Wir wissen tief in unserem Innern, dass Liebe der richtige Lebensstil ist, aber der Atheismus liefert keine Basis für wahre Liebe. Tatsächlich liefert keine andere Religion diese Basis, denn allein das Christentum erzählt uns von einem Gott, der uns wirklich liebt, der kam, um unter uns zu leben und litt, um uns zu retten. Die Gnade Gottes erzieht uns also und gibt uns die logische Grundlage für die Liebe anstelle der Selbstsucht. Sie unterweist uns, die Gottlosigkeit zu verleugnen und eine Lebensweise anzunehmen, mit der wir Christus immer ähnlicher werden.

Aber eine vollständige Erziehung fürs Leben schließt mehr ein als die Unterweisung unseres Verstandes. Die menschliche Persönlichkeit setzt sich aus mehr zusammen, als nur aus unserem Denken.

2. Unsere Hoffnungen (2,13)

Gottes Gnade bildet unsere Hoffnung, denn in Christus leben wir in einem neuen Kontext. Wir werden in die Zucht genommen, **„dass wir [...] fromm in dieser Welt leben und warten auf die selige Hoffnung und Erscheinung der Herrlichkeit des großen Gottes und unseres Heilandes Jesus Christus.“**

Wie wir bereits erinnert worden sind, beruht unser Glaube auf der Hoffnung auf das ewige Leben. Ein Christ ist jemand, der wartet. Besonnenheit, die aller Frömmigkeit zugrunde liegt, bedeutet, dass man alle unmittelbare, zeitliche Befriedigung im Lichte eines entfernteren, aber größeren Zieles hinten anstellt. Ungläubige sagen zu sich selbst, dass dieses Leben alles sei und geben sich folglich ihrer speziellen Form des Hedonismus hin. „Das Leben ist zu kurz, um auch noch gut sein zu wollen“ ist ihre Philosophie. Das war auch die Philosophie der aggressiven Sinnlichkeit, der auch die unbekehrten Menschen auf Kreta in der Zeit des Paulus anhingen.

Aber ein Christ ist jemand, der wartet. Er sieht die Gegenwart im Lichte einer besseren Zukunft. Er verschmäht die so genannten sündigen Freuden in dieser gegenwärtigen, vorübergehenden Welt, um Christus nachzufolgen und so an den weitaus größeren und ewigen Freuden der zukünftigen Welt teilzuhaben. John Hooper war ein gottesfürchtiger Bischof der Kirche von England, der für seinen biblischen Protestantismus im Februar 1555, unter der Herrschaft Maria Tudors, den Märtyrertod starb. Er wurde in seine Diözese Gloucester zurückgebracht, um auf dem Scheiterhaufen verbrannt zu werden. Als er sich der Stadt näherte, versuchte ein Freund, der sich sehr um den Bischof sorgte, ihn zur Besinnung zu bringen, indem er ihn ermutigte, sein Leben zu retten, indem er seinem Glauben abschwört. Er bat den Bischof dringend, sich daran zu erinnern, dass das Leben süß und der Tod bitter sei. Hierauf gab der ehrenwerte John Hooper jedoch die denkwürdige Antwort, dass das ewige Leben süßer und der ewige Tod bitterer sei, und so ging er hin und besiegelte seine Hingabe an Christus durch sein Martyrium.

Der Christ ist jemand, der über dieses Leben hinausschaut und letztlich auf **„die selige Hoffnung und Erscheinung der Herrlichkeit des großen Gottes und unseres Heilandes Jesus Christus“** blickt.

Die **„selige Hoffnung"** meint die Aussicht auf eine sichere Zukunft voller Segen. Die **„Erscheinung der Herrlichkeit des großen Gottes"** deutet auf die sichtbare Wiederkunft Christi hin. Der Christ lebt zwischen den Zeiten. In Christus ist nicht nur die Gnade Gottes erschienen, sondern auch die Herrlichkeit Gottes wird bei der Wiederkunft Christi erscheinen. Gottes Herrlichkeit ist eine Herrlichkeit, welche diejenigen verwandelt, die sie sehen. Wir werden daran erinnert, dass das Angesicht von Mose leuchtete, als es ihm erlaubt wurde, etwas von Gottes Herrlichkeit auf dem Berge zu sehen (2.Mose 34,29). Anderswo im Neuen Testament erinnert uns Paulus an die Tatsache, dass wir umgestaltet werden. Er schreibt: „Wir alle aber schauen mit aufgedecktem Angesicht die Herrlichkeit des Herrn an und werden so verwandelt in dasselbe Bild von Herrlichkeit zu Herrlichkeit, wie es vom Herrn, dem Geist, geschieht" (2.Kor 3,18; revElbf). Die selige Hoffnung des Christen ist, dass, wenn Christus bei seinem zweiten Kommen wiederkommt, seine Herrlichkeit unverhüllt sein wird und ein Quantensprung der Umgestaltung und des ewigen Segens für sein Volk und für das ganze Universum stattfinden wird. Dann wird Christus, der die Erstlingsfrucht der Auferstehungsernte ist, den gegenwärtigen, nichtigen Leib der gläubigen Christen umgestalten, „dass er gleich werde seinem verherrlichten Leibe" (Phil 3,21). Die Toten werden zum ewigen Leben auferweckt werden. Diese endgültige, sichtbare Offenbarung der Herrlichkeit Gottes wird eine in ihrem Umfang kosmische Verwandlung mit sich bringen und die Freiheit der Gläubigen von aller Sünde und die Befreiung der gesamten nichtmenschlichen Schöpfung von der Vergänglichkeit und vom Verderben zur Folge haben (Röm 8,19-21).

Hier zeigt sich, wie die Gnade unsere Hoffnungen erzieht und uns bereit macht, die Sünde zu meiden und Christus aufgrund der Aussicht auf Gottes Herrlichkeit, die vor uns liegt, nachzufolgen. Beachten wir, dass Paulus bekräftigt, dass

Christus Gott ist. Wir erwarten die **„Erscheinung der Herrlichkeit unseres großen Gottes und Heilandes Jesus Christus“** (revElbf[17]). Das Kommen der Herrlichkeit Gottes ist das Kommen Christi. Gott kann nicht von seiner Herrlichkeit getrennt werden; Gott und seine Herrlichkeit sind eins; er teilt sie mit keinem anderen. Was mit der Erscheinung der Gnade Gottes begann, die Errettung und ein neuer Lebensentwurf, wird in der Erscheinung der Herrlichkeit Gottes bei der Wiederkunft Christi zur Vollendung gebracht.

Wir lernen hier, dass die Gegenwart Christi eine umgestaltende Gegenwart ist, deren Höhepunkt bei seiner Wiederkunft erreicht werden wird. Doch wir können schon jetzt durch seinen Geist etwas von der umgestaltenden Gegenwart Christi für unser Leben erfahren. Ein Ereignis, das dies unterstreicht, sind die Nachwirkungen des terroristischen Angriffs auf die St. James's Church in Kapstadt, Südafrika, im Jahre 1993, der in die internationalen Schlagzeilen kam. Folgendes schrieb Frank Retief, der Pastor jener Gemeinde, über diese Ereignisse:

> Eines Abends platzte eine Gruppe bewaffneter Männer in unsere Kirche hinein. Sie schossen wahllos ihre Salven in die versammelte Gemeinde und warfen Handgranaten auf überfüllte Bänke. Dabei handelte es sich um ein Teil einer Terrorkampagne, die von bestimmten Gruppen im Vorfeld der ersten demokratischen Wahlen in Südafrika geführt wurde. Elf Menschen waren tot und mehr als fünfzig wurden verletzt, manche von ihnen verstümmelt bis an ihr Lebensende.
>
> In den Nachwehen dieser scheußlichen Tat erlebten wir als Gemeinde die Wahrheit des Herrn Jesus Christus, unseres Hirten. Inmitten der Schmerzen, des Schocks und der Leiden erfuhren wir wirklich seinen Frieden. Wenn auch

[17] Identisch mit der *NIV*, die der Autor benutzt.

> unser Kummer sehr tief war, erkannten wir, dass wir nichts zu korrigieren brauchten, was wir hinsichtlich seiner Person geglaubt hatten. Wir erkannten, dass wir selbst eines der großen Privilegien des Christseins erfahren hatten - wir erlebten seine Gegenwart in einer beinahe fühlbaren Weise, selbst wenn der Weg für uns sehr dunkel war. Und genau das ist es, was auch Sie erwarten können.[18]

In gewisser Hinsicht kann also diese Hoffnung, obgleich sie in der Zukunft liegt, bis zu einem bestimmten Ausmaß schon jetzt erfahren werden. Es gibt einen Frieden, den der Geist Christi bringen kann und der uns davon erlösen wird, falsch zu reagieren, selbst wenn wir leidvoll provoziert werden. Er gibt uns einen Vorgeschmack der zukünftigen Herrlichkeit, der uns Enthaltsamkeit inmitten augenblicklicher Versuchungen verleiht. Die Gnade Gottes ermutigt uns, über dieses Leben hinauszublicken, und befähigt uns, etwas von Christi Gegenwart schon jetzt zu erfahren. So bildet sie unsere Hoffnung heran und unterweist uns im rechten Wandel in der Gottesfurcht.

3. Unsere Herzen (2,14)

Ein ordentliches Fundament für den christlichen Charakter spricht aber nicht nur unseren Verstand und unsere Hoffnungen an, sondern auch unsere Gefühle und Empfindungen. Unsere Herzen werden berührt, wenn Paulus erklärt, dass es Jesus Christus ist, der **„sich selbst für uns gegeben hat, damit er uns erlöste von aller Ungerechtigkeit** („Gesetzlosigkeit", revElbf) **und reinigt sich selbst ein Volk zum Eigentum, das eifrig wäre zu guten Werken."**

Beachten wir die Absicht hinter dem, was Christus für uns tat. Was er tat, soll uns von der Ungerechtigkeit erlösen und uns zu seinem eigenen Volk machen, ein Volk, gekennzeichnet

[18] Frank Retief, *From Tragedy to Triumph*, Word Book , 1994; deutsche Ausgabe: Warum? Schweigt Gott?, CLV.

durch die Tatsache, dass wir eifrig danach trachten, uns durch gute Werke hervorzutun. Dies ist Christi Absicht, und nicht so zu leben bedeutet demzufolge, nicht im Einklang mit Christus zu leben. Einmal mehr sehen wir, wie Gottes Gnade uns zu einem Gott-wohlgefälligen Lebensstil erzieht.

Paulus gebraucht hier zwei Metaphern, um zu erklären, was Christus für sein Volk getan hat. Er gab sich selbst, damit er uns „erlösen“ („loskaufen“) und uns „reinigen“ kann.

Die erste Metapher erinnerte Leser aus dem ersten Jahrhundert wie Titus an den Sklavenmarkt. Jemanden zu erlösen oder loszukaufen bedeutete, eine Summe für die Freilassung des Sklaven zu bezahlen oder die Person in den eigenen Dienst zu stellen. Egal, welche der beiden Bedeutungen genommen wird, beide passen zu dem, was Christus durch seinen Tod für den Gläubigen getan hat. Mit seinem Blut bezahlte er für unsere Sünden und befreite uns so von der Herrschaft und den Folgen der Sünde und hat uns in seinen eigenen Dienst gestellt, der wahre Freiheit bedeutet.

Die zweite Metapher ist die der Waschung und Reinigung. Durch das Kreuz hat Christus seinen Geist in das Leben und die Herzen seines Volkes übertragen. Uns ist neues Leben geschenkt worden. In Tit 3,5 spricht Paulus von der „Waschung der Wiedergeburt“ (revElbf). In Eph 5,26 spricht er von der „Waschung mit Wasser durch das Wort“ (unrevElbf[19]). Es besteht kein Zweifel, dass Paulus, als er von der Wiedergeburt und dem Wort spricht, eine innere Reinigung unserer Herzen im Sinn hat, die von dem Werk Christi herrührt. Die Gnade Gottes wirkt sich also auf unser inneres Leben aus. Und ganz bestimmt ist darin eine neue Liebe und Zuneigung zu Jesus Christus eingeschlossen, die unsere frühere Inbesitznahme durch das Ich und die Sünde vertreibt und uns einen Eifer gibt, ihm aus Dankbarkeit für alles, was er für uns getan hat, gefallen zu wollen.

[19] *Elberfelder Bibel*, unrevidierter Text, Brockhaus, Wuppertal.

Paulus teilt uns mit, dass Jesus „sich selbst für uns gegeben hat", oder an unserer Stelle. Im Jahre 1987 starben zwei Besatzungsmitglieder der Royal Air Force, als ihre F 111 bei einem Manöver in Neusüdwales, Australien, abstürzte. Es scheint so, als ob das Flugzeug in der Stadt Tenterfield abgestürzt wäre, denn wenn der Pilot und der Aeronautiker den Schleudersitz sofort betätigt hätten, als sie in Schwierigkeiten waren, wäre das Flugzeug in der Stadt abgestürzt und viele Menschen wären so getötet worden. Doch die Flieger verzögerten ihre Betätigung des Schleudersitzes, um das Flugzeug noch in die Wüste steuern zu können. Der Redakteur der örtlichen Zeitung sagte: „In unserer Stadt hat jeder das Gefühl, dass wir unser Leben jenen zwei Fliegern verdanken. Es wäre kein Problem für sie gewesen, den Schleudersitz früher zu betätigen."[20] Die Gott- und Gesetzlosigkeit hatte uns ergriffen, und Gottes Zorn steuerte auf uns zu und wäre wegen unserer Sünde auf uns hereingebrochen. Aber Christus übernahm die Steuerung und steuerte das Flugzeug des Gerichtes Gottes von uns weg, gab uns Leben, und erlitt selbst an unserer Stelle die Folgen unserer Sünde. Er tat es, um uns von der Gottlosigkeit loszukaufen und uns zu seinem Eigentum zu machen. Wir sollen das auf uns wirken lassen. Er starb für uns. Wenn dies auf uns einwirken kann, berührt es unsere Herzen. Seine Liebe zu uns veranlasst uns, ihn zu lieben. Gottes Gnade erzieht unsere Herzen; sie berührt unsere Gefühle.

Dies ist immens wichtig für einen authentischen, Gott-wohlgefälligen Lebensstil. Wir haben schon darauf hingewiesen, dass die eine große Bedrohung für das Leben der Gemeinde im Laufe der Geschichte moralische Freizügigkeit und Antinomismus gewesen ist. Die andere große Bedrohung kommt aus der entgegengesetzten Richtung, der Gesetzlichkeit. Eine wirkliche Gefahr, denn der gesetzliche

---

[20] Graham Twelftree, *Drive Home the Point,* Monarch Publications, 1994.

Mensch führt äußerlich ein ehrbares Leben und hält alle Regeln ein, aber es ist alles eine leere Fassade. Gott richtete sich an die gesetzlichen Menschen, als er durch den Propheten Jesaja sprach und sagte: „Weil dieses Volk mit seinem Munde sich naht und mit seinen Lippen mich ehrt, und sein Herz fern von mir hält“ (Jes 29,13).

Ohne aufrichtige Liebe zu Gott ist der gesetzliche Mensch jemand, der seine Befriedigung aus seiner Leistung zieht - darum vergleicht er sich auch immer mit anderen - anstatt aus der Tatsache, dass Gott ihn liebt. Dies war bei den Pharisäern zur Zeit Jesu der Fall, die ihre äußerliche Religion groß zur Schau stellten und es liebten, von den Menschen gelobt zu werden. Sie waren äußerlich streng und förmlich hinsichtlich ihrer Regeln und Satzungen, aber innerlich waren ihre Herzen hart und gefühllos sowohl gegen Menschen als auch gegen Gott. Letztlich besteht das Kennzeichen der Gesetzlichkeit darin, dass sie die Gnade Gottes nie begriffen hat. In einem gesetzlichen Lebensstil geht es im Grunde darum, dass wir unserer eigenen religiösen Aktivität eher vertrauen als der Barmherzigkeit Gottes. Sie gründet sich auf unsere Fähigkeit, Leistungen zu vollbringen, anstatt auf Gottes Fähigkeit, barmherzig zu sein. Weil das der Fall ist, ist sie mit sich selbst beschäftigt und in gewisser Hinsicht egozentrisch. Sie wird es nie schaffen, Menschen in der Selbstlosigkeit der Liebe und im wahren Dienst anzuleiten. Gottes Gnade ist ganz darauf ausgerichtet, uns nicht nur vor moralischer Freizügigkeit zu schützen, sondern auch vor der Erstarrung in der Gesetzlichkeit. Die Gnade Gottes ruft laut und deutlich, dass Gott uns über alle Maßen liebt. Dies entfacht unsere Gefühle für ihn. Wir lieben ihn, weil er uns zuerst geliebt hat. Er hat einen Platz für Sünder in seinem Herzen und wir sollen ihm unsererseits von Herzen antworten. Gott ist ein Gott der Gnade. Unsere Annahme bei ihm ist nicht davon abhängig, wie „gut“ wir gewesen sind oder wie „geistlich“ wir uns fühlen. Alles führt zu seiner freien Gnade. Wir sollen uns nicht auf unsere eigenen Bemühungen stützen, und wir sollen auch nicht der antinomistischen Zügellosigkeit verfallen. Vielmehr sollen wir ein Leben der dankbaren Liebe führen.

Wir werden Gottes Gesetz ehren, denn Christus starb, um an unserer Stelle den Anforderungen des Gesetzes für unsere Sünden Genüge zu tun. Aber wir werden keine inhaltsleeren, gesetzlichen Menschen sein, denn Christus starb für uns, weil er uns liebte. Wir werden uns Gottes Geboten mit einem liebenden Herzen nähern, nicht mit einem gesetzlichen. Gottes Gnade erzieht uns, dass wir ein ausschweifendes oder gesetzliches Leben ablegen und den Weg zu Gottes selbstloser Liebe und zu seinem Dienst finden. Das Evangelium von der Gnade Gottes wendet sich also an unseren Verstand, unsere Hoffnung und unser Herz. Unser ganzes inwendiges Leben wird dazu ausgebildet, Christus nachzufolgen. Dies ist die Motivation für einen Gott-wohlgefälligen Lebenswandel.

Was geredet werden soll (2,15)

Es ist klar, dass Vers 15 das Ende eines Abschnitts im Brief des Paulus markiert. Der Eröffnungsvers des Kapitels war so etwas wie die Öffnung einer literarischen Klammer, und mit Vers 15 wird diese Klammer entsprechend geschlossen. Paulus hatte Titus erklärt: „Du aber rede, wie sich's ziemt nach der heilsamen Lehre" (2,1). Er hat die Evangeliums-gemäßen Erwartungen an das Verhalten von alten und jungen Männern und Frauen sowie Sklaven formuliert. Außerdem hat er erklärt, wie das Evangelium uns dazu motiviert, jenen dem Evangelium gemäßen Lebensstil zu führen, der unseren Verstand und unsere Herzen berührt. Nun rundet Paulus das, was er erklärt hat, ab und unterstreicht es, indem er noch einmal sagt: **„Das sage und ermahne und weise zurecht mit ganzem Ernst."**

Die Dinge, von denen Paulus schreibt, müssen gelehrt und ausgesprochen werden. Nun erklärt er Titus weiter, wie er diese Dinge lehren soll. Doch das werden wir uns dann erst im nächsten Kapitel näher ansehen.

Das Wichtigste ist, dass wir uns bewusst machen, dass es funktioniert: Die Lehre des biblischen Evangeliums verwandelt das Leben von Menschen, indem es sie von der Sünde und von der Ichbezogenheit weg zu einem Gott-wohlgefälligen Leben führt.

Die Geschichte der *Meuterei auf der Bounty* ist oft erzählt worden, doch erinnern wir uns daran, dass die gesamte Geschichte ein herrliches Zeugnis von der umgestaltenden Kraft des Evangeliums ist.

Im Jahre 1787 hatte Kapitän Bligh Tahiti, ein Inselparadies im Pazifik, verlassen und segelte mit seiner Besatzung heim nach England. Doch eines Morgens wachte er auf und sieht sich mit einer Meuterei konfrontiert. Die Besatzung hatte nicht viel, worauf sie sich in England freuen konnte, und sie war von der Sünde und der Muße der Pazifikinseln verzaubert worden. Die Offiziere wurden in einem kleinen Rettungsboot Wind und Wellen preisgegeben, während der Rest der Besatzung unter Fletcher Christian zurück nach Tahiti segelte. Dort überredeten sie einige der Frauen, mit ihnen zu kommen. Sie brachen wieder von der Insel auf. Sie hatten keine Pläne, kamen jedoch schließlich auf der unbekannten Insel Pitcairn an. Diese Insel erschien wie ein weiteres irdisches Paradies. Sie nahmen alles, was sie konnten, vom Schiff, setzten es in Brand und versenkten es, so dass kein vorbeikommendes Schiff herausfinden konnte, dass sie dort waren. Dann ließen sie ihren Leidenschaften freien Lauf. Sie waren frei, alles zu tun, was sie wünschten. Aber weil das menschliche Herz sündig ist, verwandelten sie die Insel innerhalb von zehn Jahren in eine Hölle. Sie begannen aus den Pflanzen, die dort wuchsen, Alkohol zu gewinnen. Die Männer verbrachten Tage, sogar Wochen, in volltrunkenem

Zustand. Bald brachen Kämpfe und ein schreckliches Morden unter ihnen aus. Sie verhielten sich immer mehr wie Tiere. Ein Mann wurde verrückt und sprang von einer Klippe. Gottlosigkeit regierte.

Schließlich waren nur noch zwei von den Meuterern übrig geblieben. Ein Mann hieß Edward Young und der andere Alexander Smith. Edward Young war ziemlich alt und wurde krank. Doch diese beiden Männer wollten ihr gottloses Verhalten nicht aufgeben, und so griffen die Frauen und Kinder eines Nachts zu den Waffen und verbarrikadierten sich in einem abgeschirmten Teil der Insel. Sie wollten nichts mehr von diesen Männern wissen.

Eines Tages fand Young die alte Schiffsbibel der *Bounty*. Smith konnte nicht lesen, und - so befremdent dies auch klingt - begann Young in ihren nüchternen Augenblicken, Smith das Lesen aus der Bibel beizubringen. Sie begannen zu lernen, indem sie die Bibel vom 1. Buch Mose an durchlasen. Sie sahen, dass Gott heilig ist und dass sie Sünder waren. Sie waren irgendwie ergriffen. Ihre Lektüre der Bibel begann, sich auf sie auszuwirken. Sie erkannten, dass ihr Leben Gott ein Ärgernis war, und begannen, sich zu verändern. Die Lektüre dauerte einige Zeit. Die Kinder auf der Insel bemerkten die Veränderung zuerst. Nicht allzu lange danach starb Young. Smith jedoch las weiter (inzwischen hatte er gelernt, die Bibel für sich selbst zu lesen), und er kam zum Neuen Testament. Etwas Bemerkenswertes geschah mit ihm, als er von Jesus las. Folgendes schrieb er über seine Erfahrung: „Ich hatte jahrelang wie ein Maulwurf gearbeitet, und plötzlich war es so, als ob die Türen weit aufgingen und ich das Licht sah. Ich begegnete Gott, die Last meiner Sünde wurde weggewälzt, und ich fand neues Leben.“

Von jenem Augenblick an veränderte sich alles auf der Insel Pitcairn. Smith begann, die Heilige Schrift den Frauen und Kindern vorzulesen. Interessanterweise kam achtzehn Jahre nach der ursprünglichen Meuterei (1805) ein Schiff aus Boston an der Insel Pitcairn vorbei. Der Kapitän ging an Land. Dort fand er eine Gemeinschaft von Menschen, die fromm waren. Sie hatten eine Liebe und einen Frieden an sich, die der Kapitän nie zuvor gesehen hatte. Als er nach Boston zurückkam, berichtete er, dass er auf allen seinen Reisen noch nie Menschen begegnet war, die so gütig und gnädig waren.

Es funktionierte! Die Gnade Gottes hatte sie unterwiesen. Sie hatte sie von der Gottlosigkeit erlöst und sie zu einem Volk seines Eigentums gemacht, das eifrig war in guten Werken. Die Wahrheit hatte zu einem Gott-wohlgefälligen Lebensstil geführt. Was das Evangelium dort tun konnte, vermag es durch Gottes Gnade überall zu bewirken.

8.

Eine andere Art von Freiheit (2,15-3,2)

Schriftlesung: Titus 2,15-3,2

„Sie sind totale Idioten, nicht wahr? Sie sind völlig ungebildet und haben keinen Bezug zur Realität. Sie machen mich so ärgerlich! Sie sollten rausgeschmissen werden. Sie haben ungefähr so viel Feingefühl wie ein Mann, der eine Schweinspastete bei einer Beerdigung isst! Aufgeblasene und falsche kleine Napoleons mit einem Gehirn von der Größe einer Erbse! Sie sind intolerant, höchst unprofessionell, völlig inkompetent!"

Über wen wird hier gesprochen? Es ist natürlich eine Parodie, ich denke aber, eine ziemlich wahrheitsgemäße Parodie, wie viele Menschen anderen Menschen gegenüber, deren Arbeit nicht den Erwartungsvorstellungen entspricht, reagieren, nur weil sie ihnen gegenüber in einer gewissen Machtposition sind. Einer derart aggressiven, beleidigenden Einstellung begegnet man heute oft. Manchmal läuft sie unter dem Pseudonym der Durchsetzungsfähigkeit und des Slogans: „Ich trete für meine Rechte ein", doch häufig steckt noch viel mehr Gehässigkeit und Verleumdung dahinter.

Wir beginnen hier, weil unsere Verse in diesem Abschnitt, obgleich sie oberflächlich eine ganze Vielfalt von Themen berühren, eigentlich die Reaktion des Christen auf andere Menschen behandeln, insbesondere gegenüber denen an der Macht. Paulus schreibt an Titus: **„Das sage und ermahne und weise zurecht mit ganzem Ernst. Niemand soll dich verachten. Erinnere sie daran, dass sie der Gewalt der Obrigkeit untertan und gehorsam seien, zu allem guten Werk bereit, niemanden verleumden, nicht streiten, gütig seien, alle Sanftmut beweisen gegen alle Menschen.“**

„Autorität“ ist in unserer modernen Welt ein unbeliebtes Wort geworden. Autorität wird als Antithese zur persönlichen Freiheit des Einzelnen gesehen. Sie hält uns davon ab, alles das zu tun, was wir tun wollen. Sie steht uns im Weg. Sie war auch auf Kreta des ersten Jahrhunderts, wohin Titus gesandt worden war, um die Gemeinden, die dort unlängst gegründet worden waren, neu auszurichten, ein unbeliebtes Wort. Wie wir nun bei mehreren Anlässen festgestellt haben, war der Nationalcharakter der Kreter leider zu dem eines verschlagenen, untätigen Rohlings, ein von sich selbst eingebildeter Flegel (1,12). Ein derart selbstsüchtiger Charakter (selbst wenn er unter einer anmutigen äußeren Maske verborgen ist) wird nie deutlicher bloßgestellt als dann, wenn er mit der legitimen Obrigkeit in Konflikt gerät. Er möchte seinen eigenen Kopf durchsetzen, und wenn ihm das nicht gelingt, wird er ausfallend und bitter und manchmal gewalttätig.

Tragischerweise sehen wir, dass zivile Gewalt in unserer Welt immer mehr zunimmt. Wie oft geschieht es in diesen Tagen, dass Proteste verschiedenster Interessengruppen und ähnlichen Organisationen, die ihren Standpunkt vertreten, aggressiv und beleidigend werden. Und häufig enden sie in Gewalt gegen die Polizei, die sich bemüht, die Ordnung aufrechtzuerhalten. Sorgen um die persönliche Freiheit scheinen heutzutage mit einer feindseligen Grundhaltung einherzugehen.

Leider hatten sich einige der neu bekehrten Menschen auf Kreta wenig geändert, seitdem sie Christen geworden waren. Bis jetzt hing ihnen ihre Denkweise aus der Zeit vor ihrer Bekehrung in vielen Lebensbereichen immer noch an, und eine aggressive Haltung der Obrigkeit gegenüber war ein solcher Bereich. Als Paulus nun Titus erklärt, was er diesen Leuten in den Gemeinden lehren soll, ist er sich dessen bewusst, dass Titus wahrscheinlich Widerspruch erfahren und seine eigene Autorität von solchen Personen in Zweifel gezogen werden wird. Aus diesem Grund kommt dieses Thema über die Obrigkeit und der Einstellung des Christen ihr gegenüber auf Paulus' Tagesordnung.

Das Problem ist nicht bloß eine Randerscheinung. Es ist nicht einfach etwas mit Seltenheitswert. Es handelt sich um ein Problem nicht ernstzunehmender pastoraler Implikationen für unsere heutigen Gemeinden. Bei vielen Christen ist Bitterkeit oder Zorn, egal welche Formen sie annehmen mögen, das größte Hindernis für ihre geistliche Wirksamkeit. In Paulus' Brief an die Epheser folgt die Aufforderung: „Alle Bitterkeit und Zorn und Geschrei und Lästerung sei fern von euch samt aller Bosheit" unmittelbar auf die Aufforderung, nicht den Heiligen Geist zu betrüben (Eph 4,30.31). Eine negative Einstellung betrübt den Heiligen Geist und hemmt so unsere geistliche Entwicklung. Sehr oft lässt sich diese Bitterkeit in einem Menschen auf seine innere Haltung einem anderen Menschen gegenüber zurückführen, der ihnen gegenüber wirkliche und anzuerkennende Autorität besitzt, sie aber verärgert hat. Dabei kann es sich um einen Gemeindeleiter, ein Elternteil, einen Krankenhausarzt, einen Lehrer in der Schule, einen Vorgesetzten bei der Arbeit oder sogar die Staatsregierung handeln. Wir können auch der politischen Regierung gegenüber die Grenzen legitimen Missfallens verlassen und uns in unserem Unmut und unserer Unzufriedenheit über die von uns empfundenen Ungerechtigkeiten aufregen. Diese Haltung wird uns geistlichen Schaden zufügen, wenn wir nicht vorsichtig sind.

Der Herr fordert uns zur Liebe auf, sogar zu denen, mit denen wir nicht übereinstimmen.

Manche Christen wurden vielleicht früher einmal von Gemeindeleitern gekränkt. Wie sich die Gemeindeleiter verhalten haben mögen, mag nun weise und angemessen gewesen sein oder nicht. Diesen Erfahrungen wird jedoch erlaubt, sich im Herzen breitzumachen, und es entsteht eine allgemeine Abneigung gegen die, die mit der Leitung der Gemeinde anvertraut wurden, so dass diese Christen sich seither keiner Gemeinde mehr angeschlossen haben, nur um nicht unter die Autorität irgendeiner „Aufsicht“ zu kommen, wie gottesfürchtig diese auch sein mag. Häufig wandern solche Christen dann von Gemeinde zu Gemeinde, siedeln sich nirgends an und leisten nie ihren Teil in der Familie Gottes. Dies führt der Gemeinde und dem Einzelnen Schaden zu. Wenn wir Bitterkeit und Zorn hegen, werden wir zu Menschen, die ein Problem mit ihrer Lebenseinstellung haben - und wir werden eher sauer und bitter dreinschauen als die schönen Menschen zu sein, die Gott gerne sehen möchte.

Anhand dieser Verse werden wir uns das Thema, wie wir uns Autoritäten gegenüber verhalten sollen, unter zwei Überschriften ansehen.

Eine Einstellung, die zu verwerfen ist (2,15)

„Das sage und ermahne und weise zurecht mit ganzem Ernst. Niemand soll dich verachten.“ Die Art von Autorität, die hier im Blick ist, ist die geistliche Autorität eines christlichen Lehrers. Seine Autorität liegt nicht in ihm selbst, sondern in der Tatsache, dass er von Gott berufen und begabt worden ist, das Wort des Herrn zu lehren. Als Paulus' Vertreter teilte Titus die Autorität des Apostels. Entsprechend kommt der Dienst des christlichen Lehrers, der berufen und begabt ist, die Heilige

Schrift zu lehren, mit der Autorität des Wortes Gottes, dann nämlich, wenn er treu zum Wort Gottes steht. Seine Lehre ist kein Aneinanderreihen von Hinweisen und Vorschlägen, die er für nützlich hält, sondern das Wort des Herrn an die Menschen. Das macht seine Autorität aus. Was verwerflich ist, ist, wenn ein Lehrer des Wortes verachtet wird.

Einen christlichen Lehrer kann man auf jede mögliche Art und Weise verachten. Mose wurde von den Israeliten verachtet, weil der Weg, auf dem er sie führte, für sie unangenehm und hart war. Die Leute von Nazareth verachteten den Herr Jesus, weil seine Lehre ihre rassischen Vorurteile zerstörte und sie ihn so gut kannten (Lk 4,23-29). Die Intellektuellen auf dem Areopag in Athen verachteten die Verkündigung Christi durch Paulus, weil sie meinten, dass diese für sie zu simplizistisch sei. Die charismatischen „Superapostel", die versuchten, in der Gemeinde in Korinth ansässig zu werden, verachteten Paulus, weil sie meinten, dass ihre Wunderkräfte sie gegenüber dem unbedeutenden, kleinen Juden, der immer krank oder in Schwierigkeiten der einen oder anderen Art zu sein schien, überlegen machten (2.Kor). Paulus wusste, dass manche Gemeindeleute Timotheus und seinen Dienst unter dem Vorwand verachten würden, dass er jünger sei als sie. Vielleicht war seine Jugend eine Beleidigung für ihre Selbstüberheblichkeit, oder sie zeigte ihnen, den älteren, ihren eigenen Mangel an geistlichem Wachstum (1.Tim 4,12).

Die Geringschätzung eines christlichen Leiters hat auch sehr unterschiedliche Abstufungen. Man kann mit Verachtung auf ihn herabblicken, als ob er wertlos wäre: „Warum geht er nicht einer normalen Arbeit nach?" Oder es bedeutet einfach, wie das Wort, das hier in Tit 2,15 gebraucht wird, ihn nicht zu beachten. Manche Christen verachten ihre Lehrer einfach dadurch, dass sie immer irgendeinen Grund dafür haben, um das herumzukommen, was sie gesagt haben: „Es ist nur seine Auslegung, seine Meinung, wir brauchen sie also gar nicht zu beachten."

Aber was auch immer der Auslöser oder das Maß der Verachtung sein mag, die zugrundeliegende Ursache ist immer dieselbe: „Ihm zuzuhören ist unter meiner Würde." Dabei handelt es sich um Hochmut. Und Hochmut ist ein geistlicher Mörder, weil er der Charakterzug des Teufels ist (1.Tim 3,6); und Gott widersteht den Hochmütigen, den Demütigen aber gibt er Gnade (1.Petr 5,5).

Was äußerst interessant zu betrachten ist, ist die Tatsache, dass, wenn jemand überhaupt genügend Gründe gehabt hätte, geistliche Führer zu verachten und auf sie herabzublicken, es der Herr Jesus war. Schließlich ist er der Sohn Gottes, und er war von einem religiösen System umgeben, das verdorben war, dessen beste Zeit vorüber war und im Begriff stand, abgelöst zu werden. Aber nirgendwo lesen wir, dass er religiöse Führer verachtete. Er widerstand ihrer Heuchelei, wo auch immer er ihr begegnete, aber er verachtete nicht das, was sie vertraten. Er gebot den Aussätzigen, die er gereinigt hatte, hinzugehen und sich dem Priester zu zeigen, wie es das Gesetz sagte. Petrus gegenüber deutet er an, dass er derjenige war, für den der Tempel in Jerusalem gebaut wurde, und dennoch befand er es für gut, die Tempelsteuer zu entrichten. Wir wissen, dass es Jesu Gewohnheit war, am Sabbat in die Synagoge zu gehen. Wir finden hier keine Verachtung legitimer religiöser Autorität, sondern vielmehr eine wunderbare Demut im Sohn Gottes.

Es gibt natürlich Dinge, die christliche Führer tun sollten, um Menschen dabei zu helfen, die richtige Haltung ihnen gegenüber einzunehmen. Hier spreche ich nicht von einer falschen und gekünstelten Zurschaustellung von Autorität. Ich kann mich an einen Freund erinnern, der in den 1960er Jahren eine Bibelschule besuchte und mir sagte, dass ihm in der Schule gesagt worden sei, dass er immer einen Anzug tragen müsse. Wann auch immer ihn jemand aus seiner Herde treffe - sei es in der Gemeinde oder zu Hause beim Frühstücken -, müsse er einen Anzug tragen, denn dies würde ihm immer Autorität vermitteln. Nun, das ist eine falsche Autorität. Die Autorität des christlichen Führers kann nicht wie ein Bühnenkostüm angezogen werden. Sie muss eine auf Integrität gebaute Autorität sein.

In unserem Vers gibt der Apostel Paulus uns Anhaltspunkte dafür, wie wir Menschen dabei helfen können, einen angemessenen Respekt für christliche Leiter zu entwickeln. Leiter helfen Menschen, sie nicht zu verachten, wenn vier Dinge zutreffen.

1. Sie sollen die Lehre der Apostel lehren

Als Apostel Christi fordert Paulus Titus auf: **„Das sage und ermahne und weise zurecht mit ganzem Ernst.“** Weil die einzige Autorität, die Lehrer haben, vom Wort Gottes und der Kraft des Geistes kommt, müssen sie auch dem Apostel gestatten, ihr Lehrprogramm festzulegen. Sie sollen nicht ihre eigenen Ideen, sondern die Schrift lehren, indem sie sich völlig bewusst sind, dass sie, wenn sie dies tun, die ganze Autorität Gottes hinter sich haben, denn Jesus sagte: „Himmel und Erde werden vergehen; aber meine Worte vergehen nicht“ (Lk 21,33).

2. Sie sollen in einer Weise lehren, die Menschen ermutigt

Es gibt sicher auch Christen, die gegen Gottes Wort rebellieren, aber viele Christen befolgen Gottes Wort nicht, weil sie sich dagegen auflehnen, sondern weil sie entmutigt und schwach sind. Bei diesen Geschwistern wird ein christlicher Lehrer seine Autorität verlieren, wenn er nie etwas anderes tut, als ihre Gewissen mit Donnerschlägen von der Kanzel zu peinigen. Sie werden meinen, dass der Lehrer gefühllos und unempfindlich sei und kein Verständnis für ihre Situation habe. Ein Pastor muss solchen Gemeindeleuten zeigen, dass er sie liebt, wenn er ihnen das Wort Gottes bringt. So ist auch die Heilige Schrift voll von Gottes Liebe und von Verheißungen und von der

Zusage „Fürchte dich nicht“. Christen werden einen Mann respektieren und auf ihn hören, wenn sie merken, dass er wirklich mit ihnen mitfühlt und versucht, ein neues Herz in sie zu legen.

3. Sie sollen tapfer genug sein, um zu tadeln, wenn es nötig ist

Wie wir schon zuvor festgestellt haben, ist es die große Versuchung für den christlichen Lehrer, Menschen gefallen zu wollen. Er muss empfindsam für die Bedürfnisse anderer Menschen sein, aber er darf sich nie in die Falle begeben, vor ihnen Angst zu haben. Manche Leute gehorchen nicht, weil sie schwach sind, andere jedoch gehorchen nicht, weil sie einfach aufsässig sind. Die einzige Möglichkeit, wie man solchen Leuten Gutes tun kann, besteht darin, ihnen gegenüber eine strenge Warnung und einen ernsten Tadel auszusprechen. „Die Schläge des Freundes meinen es gut“, sagt das Buch der Sprüche (27,6), und der einzige Weg, wie man ihnen seine Liebe wirklich zeigen kann, ist, wenn man ihnen ins Gesicht zusagt, was falsch ist. Ein Gemeindeleiter kann seine Glaubwürdigkeit verlieren, wenn er zu ängstlich ist, um so etwas zu tun. Er muss es mit einem sanftmütigen Geist und aus einer Motivation der Liebe heraus tun, aber er muss es tun.

4. Sie sollen aufrichtig und moralisch integer sein

Paulus hat dies bereits in Kapitel 2,7.8 des Titusbriefes unterstrichen. Aufrichtigkeit will meinen, dass der Lehrer nicht nur anderen Gottes Wort lehrt, sondern es auch auf sein eigenes Leben anwendet. Moralische Integrität meint einen Eifer, wenn es darum geht, sicherzustellen, dass er Gottes Wort richtig verstanden hat, und auch eine Demut, es einzugestehen, wenn er etwas ganz falsch verstanden hat.

Wenn so gelehrt wird, wird es der Gemeinde helfen, ihre Lehrer nicht zu verachten. In einer Zeit, wo es en vogue ist, die geringzuschätzen, die Autorität einnehmen, werden sie

Menschen dazu befähigen, ihre Leiter zu respektieren und, was noch wichtiger ist, das Wort Gottes zu respektieren. Wenn ich diesen Abschnitt beschließe, möchte ich dir, lieber Christ, eine Frage stellen. Was ist deine Einstellung den Leitern deiner Gemeinde gegenüber? Du sollst sie nicht vergöttern. Aber du sollst sie respektieren. Ist deine Haltung dir und ihnen nützlich? Betest du für deine Gemeindeleiter? Beachte, was Paulus in diesen Versen gesagt hat. Denke darüber nach.

Paulus wendet sich nun weiteren positive Anweisungen zu, wie eine christliche Einstellung einer legitimen Obrigkeit gegenüber aussieht.

Eine Einstellung, die kultiviert werden sollte (3,1.2)

Nachdem er das Thema der Autorität in der Gemeinde zur Sprache gebracht hat, schreitet Paulus nun zu einer anderen Art von Autorität: **„Erinnere sie daran, dass sie der Gewalt der Obrigkeit untertan und gehorsam seien, zu allem guten Werk bereit, niemanden verleumden, nicht streiten, gütig seien, alle Sanftmut beweisen gegen alle Menschen."** Die Art von Autorität, um die es hier in erster Linie geht, ist die staatliche Autorität und sind die Rechtsordnungen eines Landes.

Wie wir gesehen haben, waren die Kreter sowohl für ihre Roheit und Aggressivität als auch für ihren Egoismus berüchtigt. Einst war die Insel ein Hafen für Piraten gewesen. Wir können also davon ausgehen, dass man nicht hoch über Recht und Ordnung dachte und man sich nur widerwillig dem Gesetz unterordnete. Und jetzt, wo Paulus auf unserer Einstellung gegenüber der Regierung und den staatlichen Behörden eingeht, liegt ihm sehr viel daran, dass Titus die Christen auf Kreta belehrt, keine Unruhestifter zu sein, noch solche, die zivilen Aufstand predigen. Sie sollen vielmehr eine andere

Lebenshaltung einnehmen: **„Erinnere sie daran, dass sie der Gewalt der Obrigkeit untertan und gehorsam seien.“** Sie müssen ihre alten Einstellungen hinter sich lassen.

Einmal mehr ist von Nutzen, sich die Beziehung des Herrn Jesus Christus zur Staatsmacht seiner Zeit anzuschauen. Wir sollten uns daran erinnern, dass Jesus kein politischer Revolutionär war. Er hatte, soweit es diese Welt betraf, keine politischen Ambitionen. Nachdem er das Wunder der Speisung der 5000 vollbracht hatte, waren die Leute drauf und dran, ihn gewaltsam zum König zu machen (Joh 6,15). Er hatte die Kraft Gottes und die allgemeine Unterstützung der Massen. Die Tür stand ihm weit offen, die Regierungsgeschäfte zu übernehmen. Doch das Johannesevangelium sagt uns, dass Jesus stattdessen wegging und sich verbarg. Christus ging es darum, innerhalb der Einschränkungen des bestehenden politischen Systems, selbst wenn es korrupt war, zu wirken; er wollte keinen Staatsstreich anführen. Er machte von seinem Recht Gebrauch, die an den Schalthebeln der Macht zu kritisieren, glaubte jedoch, dass Gottes Wort mächtiger als das Schwert sei. Sein Reich ist nicht von dieser Welt. Er sprach dem Kaiser nicht das Recht ab, seine Steuern einzufordern (Mk 12,14-17). Er lehrte seine Jünger, das Gepäck der Soldaten der römischen Besatzungsmacht eine zweite Meile zu tragen (Mt 5,41). Er nahm seine eigene Lehre der Feindesliebe ernst und betete für seine Verfolger. Daher schreibt Paulus an Titus, dass er die Kreter daran erinnern müsse, **„dass sie der Gewalt der Obrigkeit untertan seien“.**

Christen sollen sich nicht komplett vom gesellschaftlichen oder staatlichen Leben abschotten, sondern sollen als loyale Bürger daran teilnehmen, wo es irgend möglich ist. Auf diese Weise sollen sie **„gehorsam“** sein. Nicht allein das, sondern sie sollen danach Ausschau halten, **„zu allem guten Werk bereit“** zu sein, und so jede Gelegenheit wahrnehmen, um ein Segen für die Gesellschaft zu sein.

Diese Haltung der willigen Unterordnung unter eine Regierung und deren staatlichen Behörden zum Wohl der Gesellschaft gründet sich auf einer dienenden Haltung der ganzen Menschheit gegenüber. So kommt in Vers 2 auch die Verantwortung des Christen allen Menschen gegenüber ins Blickfeld. Die Christen sollen belehrt werden, sodass sie **„niemanden verleumden, nicht streiten, gütig seien, alle Sanftmut beweisen gegen alle Menschen“**. Das hat nichts mit dem Konfrontationkurs zu tun, den die heutige selbstübersteigerte Ichbezogenheit geht.

Aber genauso wenig handelt es sich dabei um ein „Fußmatten-Christentum“ oder die Haltung, sich einfach von allen Leuten übervorteilen zu lassen. Es handelt sich bei dem, was Paulus sagt, nicht um eine passive Haltung der Macht gegenüber, sondern um eine aktive. Aber sie ist mit Liebe aktiv, nicht mit Aggression. Der Christ soll daran interessiert sein, positiv das Gute dem Bösen gegenüberzustellen. Wir sollen keine Verleumder sein. Es ist sehr leicht, übel zu reden, indem man zweideutige Verdächtigungen über Beamte oder die aktuelle Regierung zum Ausdruck bringt, ohne Beweise zu haben. Dies ist manchmal das Brot und die Butter der säkularen Medien in unserer Zeit. Aber einem Christen steht dies nicht an. Wir sollen damit beschäftigt sein, das Positive und Gute für andere zu suchen, ob sie nun an der Macht sind oder nicht.

Paulus wünscht, dass Christen nicht streiten, sondern **„gütig“** und friedfertig seien, das heißt, wir sollen Menschen sein, die es bewusst ablehnen, in schwierigen Umständen gewaltsam vorzugehen, um so Beziehungen zu erhalten. Wir sollen gütig und rücksichtsvoll sein. Rücksicht ist jene weise Voraussicht, die persönliche Anliegen zurückstellt, um den Anliegen anderer Raum zu lassen. Paulus wünscht, dass Christen sanftmütig (oder milde) seien. Jene Sanftmut ist eine wohlerwogene Einschätzung von uns selbst und unserer Stellung vor dem allmächtigen Gott, der uns aus Gnaden errettet hat, und die uns dann dazu befähigt, anderen zu dienen und zu ihrem Wohl zu wirken. So ähneln wir immer mehr Christus. Dies ist ein schöner Charakterzug.

Ein völlig abgerundeter christlicher Charakter unterscheidet sich also sehr von der hässlichen, aggressiven, beleidigenden Haltung, die in unserer Zeit in Mode gekommen ist. Er legt seine Rechte zum Wohl anderer nieder. Er ist demütig, nicht hochmütig. Er sucht nicht die Konfrontation, sondern den Frieden, wo es auch immer möglich ist.

Eine andere Art von Freiheit

Wir wundern uns vielleicht und fragen uns, was diesem anderen Verhalten zugrundeliegt. Was spornt zu dieser Christus ähnlichen, demütigen Einstellung der Regierung, den staatlichen Behörden und anderen Menschen gegenüber an? Insbesondere müssen wir fragen, was sie zu einer glaubwürdigen Alternative für uns macht, im Gegensatz zu der Ablehnung und Aggression, die sich in großen Teilen unserer Gesellschaft gegenüber dem Staat breitgemacht hat.

Eine umfangreiche Antwort finden wir in dem, was in Kapitel 3,3-8 des Titusbriefes steht, dem Abschnitt, dem wir im nächsten Kapitel unsere Aufmerksamkeit widmen werden. Aber eine prägnante Antwort auf diese Fragen findet sich sicher in der Andersartigkeit christlicher Freiheit, eine Freiheit, die die Welt nicht kennt.

Für eine gottlose Welt stellen Obrigkeit und „andere Menschen“ eine Bedrohung für ihre Freiheit dar. Sie sind eine Gefahr für die Überzeugung, dass Freiheit gleichbedeutend ist mit „alles tun zu dürfen, was ich will“. Wir können unser Auto wegen der Politessen nicht überall da parken, wo wir es gern möchten. Wir können unsere Musik wegen der Nachbarn nicht bei voller Lautstärke abspielen. Unser Pflichten anderen

Menschen in unseren Familien gegenüber wirken sich auf unsere Freizeit aus. Darum empfindet die heutige Gesellschaft Autorität und Verantwortung als etwas Lästiges; deshalb ist der „Rebell" in unser populären Kultur ein Held. Aber dies ist nicht der Weg, den Paulus uns skizziert. Es ist nicht der Weg, den ein Christ einschlagen kann, wenn er wirklich verstanden hat, was wir in Christus haben. In Christus gewinnt Freiheit eine völlig andere Bedeutung und Folgerichtigkeit - und das macht wirkliche Freiheit aus.

Echte Freiheit, so sagte Jesus, kommt aus der Erkenntnis der Wahrheit und dem Gehorsam ihr gegenüber (Joh 8,31.32). Wahrheit ist, dass diese Welt Gottes Welt ist und nicht unsere. Wir sind nicht Gott; wir sind Gottes Geschöpfe, dazu erschaffen, ihn zu verherrlichen und uns seiner zu erfreuen, seit wir durch Jesus Christus erlöst worden sind. Daher kommt wahre Freiheit dann, wenn wir Gott - nicht unser Ich - in den Mittelpunkt unseres Lebens stellen, denn dann beginnen wir, der Rolle zu entsprechen, für die wir eigentlich bestimmt worden sind. Wenn die Welt für ihre „Freiheit" kämpft, dann muss sie ständig um ihre Kontrolle über den Weltverlauf kämpfen, um dann das tun zu können, was ihr beliebt. Dies ist letztlich eine unmögliche Aufgabe. Im Gegensatz dazu ist christliche Freiheit eine innere Freiheit des vom Heiligen Geist erfüllten Herzens, die über alle Umstände erhaben ist. Es ist die Freiheit der entschiedenen Hingabe an den Gott, der uns liebt. Es ist somit die Freiheit derer, die sich nicht immer von neuem ängstlich fragen, wem gegenüber sie die Treue halten sollten oder wohin sie gehen. Es ist die Freiheit, von Gott abhängig zu sein und nicht mehr von unseren eigenen, zur Neige gehenden und begrenzten Hilfsmitteln, um mit dem Leben fertig zu werden. Es heißt, die Kraft Gottes in unserem Leben zu kennen, die er uns anbietet, damit wir seine Wege gehen können. Das Wichtigste: Es ist die Freiheit der Erkenntnis, dass wir Vergebung empfangen haben, dass wir selbst Kinder Gottes sind, dass wir wegen Gottes freier Gnade das ewige Leben besitzen. Mit einem Wort: Es ist die Freiheit, alles zu vermögen durch Christus, „der mich mächtig macht" (Phil 4,13). Daher kommt es, dass ein Christ zur gleichen Zeit ein Diener und ein Freier sein kann.

Ich erinnere mich, dass ich vor ein paar Jahren mit meiner Frau Ann nach London fuhr, um mir das erfolgreiche Theaterstück *Les Miserables* (Die Elenden) anzusehen, das auf Victor Hugos großem Roman desselben Namens basiert. Die Handlung bewegte mich sehr, weil sie in vieler Hinsicht vom Evangelium Christi sprach. Vor dem Hintergrund Frankreichs im vorletzten Jahrhundert erzählt es die Geschichte von Jean Valjean. Er hat eine neunzehnjährige Gefängnisstrafe mit harter Arbeit abgesessen, weil er einen Laib Brot gestohlen hatte, und als er dann aus dem Gefängnis entlassen wird, ist er ein verhärteter, gewalttätiger Mann, der jegliche Autorität hasst. Er ist aus dem Gefängnis entlassen worden, aber er ist immer noch nicht frei. Er muss eine Ausweiskarte bei sich tragen, die ihn als einen ehemaligen Strafgefangenen kennzeichnet, und auf seinen Reisen will kein Gastwirt einen gefährlichen Schwerverbrecher wie ihn bei sich übernachten lassen. Er wandert tagelang, bis ihn schließlich ein freundlicher Bischof aufnimmt.

Doch als das Haus schläft, steht Valjean auf, stiehlt die Silberteller des Bischofs und macht sich davon. Am nächsten Morgen klopfen drei Polizisten an die Tür des Bischofs. Sie haben Jean Valjean bei der Flucht mit dem gestohlenen Silber ertappt, und die Ordnungsmacht ist bereit, ihn für den Rest seines Lebens in Ketten zu legen. Jean hat es nicht geschafft, der Freiheit gerecht zu werden, die er erlangt hatte. Der Bischof tut jedoch das genaue Gegenteil dessen, was die Polizei oder Jean erwartet hatten. Er begrüßt Jean wie einen alten Freund. „Ich bin hocherfreut, dich zu sehen", sagt er. „Hast du vergessen, dass ich dir auch die Kerzenleuchter gab? Sie sind gut 200 Francs wert. Hast du sie vergessen?" Jeans

Augen erweitern sich voller Unglauben. Der Bischof antwortet der Polizei, dass das Silber ein Geschenk an Jean sei, was sie zufriedenstellt, so dass sie schließlich wieder gehen. Die Freundlichkeit des Bischofs ändert sich nicht, als sie allein sind. Er gibt Jean das Silber und sagt: „Vergiss nicht, dass du mir versprochen hast, das Geld so zu verwenden, dass du einen ehrlichen Mann aus dir machst."

Am nächsten Tag, als Jean vom Haus des Bischofs aus weiterreist, brechen seine Knie unter ihm zusammen. Es ist so, als ob er von einer unsichtbaren Macht und der Last eines schlechten Gewissen überwältigt ist. Er fällt erschöpft zu Boden. „Was für ein Schuft bin ich doch!", schreit er. Dann wird er von seinen Gefühlen übermannt, er bricht in Tränen der Reue, der Schuld und Scham aus. Doch dann verändern sich jene Tränen zu Tränen einer ganz gebrochenen Liebe, als ein wunderbares Empfinden für Gottes Liebe und das Bewusstsein, volle Vergebung erfahren zu haben, über ihn kommt. Es ist wie ein außergewöhnliches Licht, das sein Leben völlig verwandelt. Die Bitterkeit seiner Seele ist geschmolzen, und nun ist er wirklich ein freier Mann! Er ist frei, um zu lieben, bereit, allen Gutes zu tun. Die Handlung entfaltet sich, als ein rachsüchtiger Detektiv, der Valjean nicht leiden kann, ihn für die nächsten zwanzig Jahre verfolgt, indem er versucht, etwas gegen ihn zu beweisen. Aber er kann ihm nichts nachweisen, den Valjean ist ein veränderter Mensch.

Valjean ist durch die Erkenntnis voller Vergebung verwandelt worden. Dieselbe Vergebung in all ihrer Fülle ist unser, wenn wir in Buße und im Glauben an den Herrn Jesus kommen, der für Sünder starb. Dieselbe Freiheit ist in all ihrer Fülle auch für uns da.

9.

Die Grundlage für ein Gott-wohlgefälliges Leben (3,3-8)

Schriftlesung: Titus 3,3-8

Meine Frau und ich führen ziemlich häufig Eheseminare für frisch verlobte christliche Pärchen durch, wenn sie sich dazu entscheiden, den Bund fürs Leben schließen. Vor nicht allzu langer Zeit, als wir mit einem dieser Pärchen die verschiedenen Punkte durchgingen, wurde dem jungen Mann plötzlich so richtig bewusst, was das Neue Testament gerade von einem guten Ehemann fordert, nämlich ein liebendes, Christus ähnliches Haupt seiner Familie zu sein. Seine Reaktion war: „Ich weiß ehrlich nicht, ob ich dem gewachsen bin. Der Maßstab ist zu hoch." Es war eine aufrichtige Antwort, und ich bin sicher, dass viele von uns das gleiche Gefühl gehabt hatten, als wir von der Heiligen Schrift in dem ein oder anderen Bereich unseres Lebens herausgefordert wurden.

Jesus fordert uns auf, heilig zu sein, uns selbst zu verleugnen, sogar unsere Feinde zu lieben, ganz zu schweigen von unseren Frauen. Er möchte, dass Christen anders sind. Wie wir bereits in Kapitel 4 festgehalten haben, sind es manchmal solche Ansprüche, die Menschen davon zurückhalten, sich Christus hinzugeben. „Ich weiß, dass das, was gesagt wird, richtig ist", denken sie, „aber ich könnte diese Dinge nie einhalten. Ich würde nur ein Heuchler sein. Deshalb lohnt es sich auch gar nicht, es zu versuchen."

Ich denke, dass Paulus von den Christen auf Kreta, zu deren Hilfe er Titus gesandt hatte, eine ähnliche Reaktion auf die Anforderungen eines Gott-wohlgefälligen Lebensstils erwartete. Zum Beispiel hatte er, wie wir im letzten Kapitel sahen, geschrieben, dass die Christen „der Gewalt der Obrigkeit untertan und gehorsam seien, zu allem guten Werk bereit, niemanden verleumden, nicht streiten, gütig seien, alle Sanftmut beweisen gegen alle Menschen" (3,1.2). „Es ist zu schwer", mochten sie sagen. Daher ist es Paulus' Anliegen in den Versen, die wir nun betrachten werden, den Christen mitzuteilen, warum sie anders sein können. Er erklärt ihnen die Grundlage, auf der ein Gott-wohlgefälliges Leben möglich ist.

Die Motive für eine Gott-wohlgefälliges Lebensweise hat er bereits in 2,11-14 behandelt, aber hier erklärt er, auf welches Fundament es sich gründet und welche Hilfsmittel ein Gott-wohlgefälliges Leben ermöglichen. Er hat sich mit dem „Warum" beschäftigt, doch hier zeigt er uns das „Wie". Er sagt uns, dass die Kluft zwischen dem, was wir praktizieren und dem, was wir predigen, keine unmöglich zu überbrückende Kluft ist. Es gibt eine solide Grundlage für ein authentisches Christentum.

Die beiden notwendigen Bestandteile sind eine echte Errettung (3,3-7) und unsere authentische Reaktion darauf (3,8).

Eine echte Errettung (3,3-7)

Hier haben wir die Grundlage für ein gottseliges Leben: **„Denn auch wir waren früher unverständig, ungehorsam, gingen in die Irre, waren mancherlei Begierden und Gelüsten**

dienstbar und lebten in Bosheit und Neid und waren verhasst und hassten uns untereinander. Als aber erschien die Freundlichkeit[21] **und Menschenliebe Gottes, unseres Heilandes, machte er uns selig - nicht um der Werke der Gerechtigkeit willen, die wir getan hatten, sondern nach seiner Barmherzigkeit - durch das Bad der Wiedergeburt**[22] **und Erneuerung im Heiligen Geist, den er über uns reichlich ausgegossen hat durch Jesus Christus, unseren Heiland, damit wir, durch dessen Gnade gerecht geworden, Erben des ewigen Lebens würden nach unsrer Hoffnung**[23]**.“**

Der Grund, warum es möglich ist, anders zu leben, ist, dass sich eine fundamentale Veränderung oder ein Wechsel in der Weltgeschichte stattgefunden hat. **„Denn auch wir waren früher...“** (3,3) führt zu **„Als aber...“** (3,4). Paulus spricht nicht so sehr von unserer persönlichen Veränderung durch die Bekehrung zu Christus, sondern vielmehr von dem neuen Zeitalter, das durch die Fleischwerdung, den Tod, die Auferstehung und Himmelfahrt des Herrn Jesus eingeleitet worden ist, in dem nun Gott diese Welt ganz anders regiert. Christi Kommen hat alles verändert.

Manchmal ergeben sich in der Geschichte Veränderungen, die das, was einst unmöglich war, möglich machen. Sir Frank Whittle erfand in den ersten Jahrzehnten des letzten Jahrhunderts das Düsentriebwerk. Zum ersten Mal wurden Dinge möglich, die zuvor nicht möglich waren, wie beispielsweise der Überschallflug. Mit der Erfindung von mit Flüssigbenzin betriebenen Raketen ist es möglich geworden, das zu tun, was zuvor unmöglich war - einen Menschen auf den Mond zu schießen. Und in ähnlicher Weise hat das Kommen Jesu einen neuen Lebensentwurf für ganz normale Männer und Frauen, Jungen und Mädchen ermöglicht.

---

[21] *RevElbf:* „Güte“.

[22] *RevElbf:* „durch die Waschung der Wiedergeburt“.

[23] *RevElbf*: „damit wir, gerechtfertigt durch seine Gnade, Erben nach der Hoffnung des ewigen Lebens wurden“.

Wir können uns das, was durch Jesus geschehen ist, so vorstellen: Gott hat durch ihn eine Brücke zwischen zwei Lebensentwürfen gebaut. Die beiden Lebensentwürfe finden wir in unseren Versen. Der alte Lebensentwurf wird in Vers 3 beschrieben: **„Denn auch wir waren früher unverständig, ungehorsam, gingen in die Irre…“** Den neuen Lebensentwurf finden wir in Vers 7: **„Damit wir, durch dessen Gnade gerecht geworden, Erben des ewigen Lebens würden nach unsrer Hoffnung.“** Die dazwischenliegenden Verse sagen uns etwas über die Brücke von der einen auf die andere Seite. Diese Brücke ist eine echte Errettung.

1. Das alte Leben (3,3)

„Denn auch wir waren früher unverständig, ungehorsam, gingen in die Irre, waren mancherlei Begierden und Gelüsten dienstbar und lebten in Bosheit und Neid und waren verhasst und hassten uns untereinander.“ So sieht die Welt ohne Christus aus. Das fasst die Geschichte der Menschheit ohne den Geist Gottes zusammen. So sind wir alle, wenn wir uns selbst überlassen sind.

Unser Verstand ist „unverständig“ und lässt sich leicht in die Irre führen, weil wir die Dinge überhaupt nur von unserem eigenen, egozentrischen Standpunkt aus sehen. Also sind wir „ungehorsam“. Erinnern wir uns zum Beispiel daran, wie wir die Forderung des Paulus, den Obrigkeiten Gehorsam entgegenzubringen, der aggressiven und verleumderischen Haltung gegenübergestellt haben, die häufig der Autorität gegenüber vorherrscht. Insbesondere ist unser Verstand, weil unverständig, ungehorsam und begehrt gegen Gottes Gebote auf und macht sich vor, dass dies nichts ausmachen würde und es keine Konsequenzen nach sich zöge.

Unser Wille ist von **„mancherlei Begierden und Gelüsten“** versklavt (3,3). Es gibt Gewohnheiten und Versuchungen in unserem Leben, aus denen wir nicht ausbrechen können, selbst wenn uns unser Gewissen sagt, dass sie verkehrt sind. Sie halten uns gebunden.

Es wird die Geschichte erzählt, dass im vierzehnten Jahrhundert in Belgien ein sehr fetter Mann in einem Gefängnis ohne Schloss und ohne Tür eingesperrt war. Von den Gefängnismauern umgeben, war er zu groß, um sich durch den offenen Eingang zu zwängen. Alles, was sein Gefängnisaufseher tun konnte, war, ihm eine köstliche, dickmachende Verpflegung zusammenzustellen, die zu essen er nicht widerstehen konnte. Anstatt abzunehmen, so dass er hätte fliehen können, wurde er immer fetter. Er war ein Gefangener seines eigenen Appetits. Wir sind genauso; wir sind süchtig nach dem Ich und dem Vergnügen (sogar nach dem eigenartigen Vergnügen, Groll zu hegen), und lehnen es ab, das aufzugeben.

Unsere Beziehungen gründen sich unter einem äußeren Anstrich von Ehrbarkeit auf Bosheit und Neid. Die Gesellschaft ist zu einem Ort geworden, wo „eine Krähe der anderen ein Auge aushackt". Paulus beschreibt diesen Tatbestand so: Wir „waren verhasst und hassten uns untereinander". Denken wir nur an die Oberflächlichkeit zwischenmenschlicher Beziehungen an unserem Arbeitsplatz. Denken wir an die hinter dem Rücken geäußerten Bemerkungen, die plötzlich zu hören sind, wenn jemand befördert wird, während andere übergangen werden. Paulus liegt in seiner Beurteilung der gottlosen Gesellschaft nicht verkehrt.

Wir können die Macht des Atoms kontrollieren, aber wir können nicht Leidenschaft und Neid und böse Zungen kontrollieren. Wir können ein kleines Baby außerhalb des Mutterleibes mittels einer hochtechnisierten Medizin am Leben erhalten, aber wir können nicht Gottes Gebote halten. Dies ist das alte Leben. Wir sehen es überall um uns her.

Aber es ist möglich, anders zu sein, denn Gott hat eine Brücke zu einem neuen Leben in Jesus Christus gebaut.

2. Die Brücke (3,4-6)

Die Brücke zum neuen Leben ist ganz und gar Gottes Bauwerk. Paulus sagt uns, dass es Gottes Güte war, die ihn zu diesem Bauwerk veranlasste und Gottes Methode zur Veränderung unseres Lebens hervorbrachte.

Gottes Güte errettet uns. Was tat Gott, als er mit der menschlichen Selbstsucht und Sünde konfrontiert war? **„Als aber erschien die Freundlichkeit** [„Güte“ (revElbf)] **und die Menschenliebe Gottes, unseres Heiland, machte er uns selig.“** Er errettete uns. Er sandte seinen eingeborenen Sohn, den Herrn Jesus Christus, die Verkörperung und die Quelle der Güte und Liebe Gottes zu uns, um unsere Sünden wegzunehmen und sie auf Golgatha zu richten.

In einem vorherigen Kapitel erzählte ich die Geschichte zweier Piloten der Royal Air Force, die ihr Flugzeug, das im Begriff war abzustürzen, von der Stadt Tenterfield in Neusüdwales wegsteuerten, und dadurch die Chance, noch rechtzeitig den Schleudersitz zu betätigen, verspielten und so ihr eigenes Leben verloren. Für uns ein wirklich anschauliches Bild, um die Errettung von unseren Sünden durch Gott zu verstehen. Die Stadt rettete sich nicht selbst. Nicht einer der Stadtbewohner rettete die Stadt. Die Piloten, und nur die Piloten allein, retteten die Stadt. In gleicher Weise trugen uns unsere Sünden unserem Ziel, der ewigen Hölle, immer näher, aber Gott intervenierte. Es war Gottes Schritt und Gottes Güte. Jesus kam und errettete uns; eigenhändig, ohne jede Hilfe unsererseits, rechnete er ein für alle Mal mit unserer Sünde und ihren Konsequenzen ab und stellte unser Leben auf eine völlig neue Grundlage. Durch seinen Sühnetod an unserer Stelle ist für alle unsere Sünden, die vergangenen, gegenwärtigen und zukünftigen, bezahlt worden. Wir sind gerecht vor Gott. Wir haben volle Vergebung empfangen.

Auf *Gottes Motiv* für unsere Errettung wird als Nächstes verwiesen. Was war Gottes Grund dafür, uns zu erretten?

Paulus sagt uns in Vers 5: Er errettete uns „ – **nicht um der Werke der Gerechtigkeit willen, die wir getan hatten, sondern nach seiner Barmherzigkeit“.** Wir wurden nicht errettet, weil wir es verdient hätten. Vielmehr war Gottes Motiv für diese Tat reine Liebe, reine Menschenfreundlichkeit, reine Barmherzigkeit. Diese Barmherzigkeit Gottes ist gleichbedeutend mit seiner treuen Bundesgnade. Sie ist allein von seiner unerschütterlichen Treue abhängig, und von nichts anderem. Sie ist der Ursprung unserer Errettung in Christus.

Manchmal begegnen wir Menschen, die ungefähr Folgendes sagen: „Oh, ich würde gerne Vergebung empfangen, aber ich verdiene sie nicht. Ich bin nicht gut genug.“ Obwohl wir alle verstehen, was gemeint ist, ist es eigentlich völlig begriffsstutzig, so zu reden. Es klingt so, als ob man sagen würde: „Ich bin zu schmutzig, um ein Bad zu nehmen“, oder „Ich bin zu verschwitzt, um mich unter die Dusche zu stellen“. Unsere Sünden, unser mangelnder Verdienst, sind ja gerade die Dinge, für die Christus starb, um sie aus dem Weg zu schaffen. Wie können sie also Hindernisse für die Vergebung sein? Natürlich verdienen Sünder wie wir die Vergebung nicht, aber gerade darum geht es ja bei der Vergebung, im Gegensatz zu einem Handel oder einem Abkommen. Es geht bei ihr um *unverdiente* Barmherzigkeit. **„Werke der Gerechtigkeit [...] die wir getan hatten“**, sind nicht nur nicht gut genug, sie werden nicht einmal auf die Waage gelegt.

Gerade an dieser Stelle ist das Evangelium eine so gute Nachricht für Sünder. Es ist genau auf uns maßgeschneidert. Unser Gewissen sagt uns, dass wir in Wahrheit nichts haben, womit wir uns Gott empfehlen könnten. Aber die gute Nachricht Christi ist, dass wir nichts benötigen. Es ist diese freie Gnade, die die verhärteten Herzen der Sünder weich werden lässt.

Gefangen im Netz der Sünde, sind wir Sünder nicht allein Ausführende, sondern auch Opfer sündiger Handlungen. So viele Menschen führen ein verletztes und Mitleid erregendes Leben, und ihre Sünden sind teilweise eine blinde und törichte Suche nach Liebe und Trost im Leben. Denken wir an die Frau, die Jesus am Jakobsbrunnen traf, die mit fünf Männern verheiratet gewesen war und zu der Zeit, als Jesus mit ihr redete, mit einem anderen Mann zusammenlebte. Wir können uns vorstellen, wie sie von einem Mann zum nächsten ging mit dem Gedanken, dass vielleicht dieser eine sie wirklich lieben und schätzen werde. Sünder sind verlorene Seelen auf der Suche nach Liebe. Wie herrlich ist doch das Evangelium, weil es von der mächtigen und freien Liebe Gottes spricht, die uns in Christus gegeben ist, obwohl wir ihrer so unwürdig sind! Wie wunderbar ist Gottes Gnade!

Aber wie sieht *Gottes Methode* zur Veränderung unseres Lebens aus? Sie bildet das dritte Element der wunderbaren Auslegung der Errettung, die Paulus uns hier gibt. Vergebung zu haben, ist eine Sache, aber wie kann unser Leben verändert werden? Dies ist der springende Punkt, um den es im Titusbrief geht und den Paulus in diesen Versen zu klären versucht. Wie können wir nicht nur von der Schuld und den Folgen der Sünde, sondern auch von der Macht der Sünde über uns errettet werden? Paulus erklärt uns hier Folgendes: Er errettete uns **„durch das Bad der Wiedergeburt und Erneuerung im Heiligen Geist, den er über uns reichlich ausgegossen hat durch Jesus Christus, unseren Heiland“** (3,5.6). Seine Methode zu unserer Veränderung ist die Gabe seines Heiligen Geistes. Durch seinen Geist beginnt er ein Werk der Erneuerung in uns, das direkt bis in die Wurzeln unserer Persönlichkeit reicht. Paulus gebraucht für die Wirksamkeit des Geistes drei Ausdrücke.

Der Christ ist *gewaschen* worden. Dies ist Paulus' Gesamtbeschreibung dessen, was mit dem inneren Leben eines Christen geschehen ist. Die Waschung, auf die hier Bezug genommen wird, ist eine innere Waschung, weil sie eine Waschung und Erneuerung durch den Heiligen Geist ist (nicht durch Wasser, wie in der Taufe). Es scheint, dass Paulus bei seinen Worten die alttestamentliche Verheißung im Sinn hat, dass, wie Hesekiel verheißt, Gott seinen Geist schicken würde. Gott verhieß seinem widerspenstigen Volk, indem er die Symbolik der zeremoniellen Waschung gebrauchte: „Und ich will reines Wasser über euch sprengen, dass ihr rein werdet; von aller eurer Unreinheit und von allen euren Götzen will ich euch reinigen. Und ich will euch ein neues Herz und einen neuen Geist in euch geben und will das steinerne Herz aus eurem Fleisch wegnehmen und euch ein fleischernes Herz geben. Ich will meinen Geist in euch geben und will solche Leute aus euch machen, die in meinen Geboten wandeln und meine Rechte halten und danach tun“ (Hes 36,25-27). Diese alttestamentliche Voraussage der Segnung des Geistes, die der Messias im Neuen Bund bringen würde, beschreibt nun die Erfahrung und das Vorrecht des Christen. Die drei Gedanken von der Besprengung, eines neuen Herzens und eines neuen Geistes scheinen gut mit den drei Ausdrücken Waschung, Wiedergeburt und Erneuerung, die Paulus im Titusbrief gebraucht, im Einklang zu stehen.

Die Waschung, die der Geist bringt, ist demgemäß in erster Linie eine moralische und geistliche Reinigung. Hesekiel sprach davon, dass die Juden von ihrer Unreinigkeit und ihrem Götzendienst gereinigt würden. Hierin liegt die Grundlage eines veränderten Lebens.

Der Christ ist auch *wiedergeboren* worden (3,5). Ein neues Leben ist uns eingepflanzt worden. Es ist nicht einfach irdisches Leben; es ist Leben aus dem Himmel. Der mächtige Heilige Geist hat in uns Wohnung genommen. Gott ist nicht mehr einfach nur der Gott droben im Himmel - der Vater; oder selbst Gott mit uns - der Herr Jesus, sondern Gott in uns - der Heilige Geist. Diese drei Personen der Dreieinigkeit sind natürlich auf unerklärliche Weise eins. Wir werden nicht zu

„Gott" und auch nicht zu „einem Gott", wie die falsche New-Age-Lehre uns glauben machen möchte. Aber der Heilige Geist wohnt als Tröster, Berater und mächtiger Freund in uns.

Der Christ ist auch durch den Heiligen Geist *erneuert* worden (3,5). Dieser Ausdruck ist fast gleich bedeutend mit der Wiedergeburt, hebt jedoch einen anderen Aspekt hervor. Wiedergeburt betont die Veränderung, Erneuerung die Lebenskraft. Wenn der Heilige Geist in das Leben eines Menschen einkehrt, so kommt er, um uns noch mehr zu einem wahren Menschen zu machen, um uns noch mehr zu dem zu machen, was wir eigentlich sein sollten. Das nennt man Erneuerung. Er beginnt, die alten, verdorbenen Eigenschaften zu beseitigen und ersetzt sie durch neue. Hesekiel spricht davon, dass das alte, steinerne, harte und Gottes Geboten gegenüber gleichgültige Herz entfernt wird und ein neues, fleischernes, weiches Herz, das für Gottes Wort empfänglich ist, an seine Stelle gesetzt wird.

Auf diese Weise führt uns Gott aus dem alten Leben auf einen neuen Weg des Lebens. Dies bildet die Grundlage für ein verändertes Leben. Gottes Geist gibt uns eine neue Reinheit, eine neue Kraft und eine neue Empfänglichkeit für Gott und seine Wege.

Mit allem Nachdruck sagt Paulus in Vers 6, dass der Heilige Geist, den Gott gegeben hat, reichlich ausgossen worden ist. Es ist der Heilige Geist, den **„er über uns reichlich ausgegossen hat durch Jesus Christus, unseren Heiland"**. Christi Himmelfahrt hatte die Ausgießung des Geistes auf die Gemeinde am Pfingsttag zur Folge. Paulus sprach davon, dass die Güte und Menschenliebe Gottes erschienen sind und eine neue Ära in der Weltgeschichte begonnen hat. Insbesondere durch Christus ist der Heilige Geist gegeben worden, und nun steht er für immer in der Fülle seiner Kraft und seiner Mittel durch den Glauben an den Herrn Jesus Christus zur Verfügung.

Man beachte, dass diese Verse uns sagen, dass es keine Errettung ohne den Empfang des Geistes gibt: Er errettete uns **„durch das Bad der Wiedergeburt und Erneuerung im Heiligen Geist“**. Dementsprechend ist das Wirken des Heiligen Geistes sichtbar, wenn jemand zum Glauben an Christus kommt. Wie Hesekiel sagte, ist es sein Werk, Menschen von den Götzen zu reinigen, nicht zuletzt von dem Götzen des Ichs, und bringt sie dahin, sich Gott unterzuordnen.

Sie mögen sich vielleicht sagen: „Es ist mir unmöglich, mich zu ändern!“ Aber durch die ganze Bibel hindurch sagt uns Gott, dass es gerade die aussichtslosesten Situationen sind, mit denen der Heilige Geist am besten umzugehen vermag. Wie konnte die gesamte Schöpfung aus dem Nichts ins Dasein gerufen werden? Unmöglich! Und doch kamen unsere Welt und das ganze weite Universum durch die Kraft des Geistes ins Dasein. Wie kann ein altes und unfruchtbares Ehepaar im Alter von fast 100 Jahren ein Kind bekommen? Unmöglich! Und doch bekamen Abraham und Sara durch Gottes Macht einen Sohn, Isaak. Wie kann ein einziger Mann 1000 Philister im Kampf gegen sich niederstrecken? Simson tat dies in der Kraft des Geistes Gottes, der auf ihm war. Wie kann ein junger Teenager einen fronterfahrenen Krieger, der über zwei Meter groß ist, besiegen? David jedoch besiegte und tötete den Riesen Goliath, weil der Geist Gottes auf ihm war. Und die großartige Botschaft des Evangeliums ist, dass aufgrund dessen, was Christus auf Golgatha vollbracht hat, nicht nur unsere Sünden vergeben worden sind, sondern auch der Geist Gottes ausgegossen und allen Gläubigen zur Seite steht. Der wunderbare Heilige Geist ist nicht länger, wie in der Zeit des Alten Testaments, auf ein paar Propheten und Könige und Helden und Heldinnen beschränkt; er steht uns allen zur Verfügung. Wie konnte ein engstirniger, fanatischer, mörderischer, eingebildeter Mann wie Saulus von Tarsus je anders werden? Aber durch den Geist Gottes wurde er verändert. Er wurde zum liebevollen, warmherzigen Prediger der Wahrheit, dem Apostel Paulus. Und nun schreibt er diesen Brief an Titus. Wenn Gott Saulus durch die Kraft seines Geistes erneuern konnte, dann kann er jeden erneuern.

3. Das neue Leben (3,7)

Das Ergebnis von Gottes Erlösungswerk ist, dass der Christ durch den Geist wiedergeboren worden ist. Jene Wiedergeburt bedeutet, dass bereits etwas mit dem Christen geschehen ist, und sie weist gleichzeitig auch auf etwas hin, was noch geschehen wird - in der Zukunft. Wir sind durch den Geist wiedergeboren worden, **„damit wir, durch dessen Gnade gerecht geworden, Erben des ewigen Lebens würden nach unserer Hoffnung“**.

Der Christ ist gerechtfertigt worden; das heißt, wir haben eine neue Stellung, in der uns völlig vergeben worden ist und wir für gerecht vor Gott befunden werden. Wir sind auch Erben geworden. Wir sind als Kinder in Gottes Familie aufgenommen worden. Wir haben folglich eine neue Beziehung zu Gott; er ist unser Vater. Aufgrund dessen können wir uns mit Gewissheit auf die ganze Fülle des Himmels und das ewige Leben freuen.

Wenn wir eine Bestandsaufnahme machen, erkennen wir, dass wir ein neues Herz haben, eine neue Kraft, ein neues Verlangen, eine neue Stellung, eine neue Beziehung und eine neue Zukunft. All das läuft auf ein neues Leben hinaus - und die Fähigkeit, sich von der Welt zu unterscheiden. Das bedeutet nicht, dass wir in diesem Leben vollkommen sein werden. Wir sind noch nicht im Himmel angekommen. Aber es bedeutet, dass wir die erforderlichen Mittel haben, um gegen die Sünde zu kämpfen und Fortschritte zu machen und anders als die Welt zu sein. Wir haben alle erforderlichen Mittel, um uns zu verändern. Es ist in der Tat möglich, die Diskrepanz zwischen dem, was wir glauben, und unserer Verhaltensweise zu überwinden.

Wie Paulus hier betont hat, sind die Kraft und Wirksamkeit des Heiligen Geistes, der uns dazu befähigt, uns selbst zu verleugnen, das Kreuz auf uns zu nehmen und Christus in unserem Leben nachzufolgen, entscheidend.

Ich liebe folgende kleine Geschichte aus dem Schottland früherer Zeiten, die unser Bedürfnis veranschaulicht, beständig im Gebet zu sein und in enger Verbundenheit mit dem Geist zu wandeln, um im Christenleben von einem Sieg zum anderen zu leben.

Ein Bauer in Kilmarnock war einst damit beschäftigt, Getreide zu dreschen. Er war den ganzen Tag über damit beschäftigt, und es lag als Ergebnis seiner Mühen ein beträchtlicher Haufen auf der Tenne. Doch als er am nächsten Tag zu seinem Korn zurückkam, war das ganze gedroschene Getreide verschwunden. Dies geschah ein zweites und ein drittes Mal, bis der Bauer es nicht länger ertragen konnte. So beschloss er, sowohl die ganze Nacht zu wachen als auch den ganzen Tag zu arbeiten. Er musste nicht lange warten, bis der Dieb erschien und begann, sein Getreide aufzulesen. Der Bauer sprang auf den Dieb zu und versuchte, ihn niederzustrecken, so dass er ihn entweder fesseln oder festhalten konnte, bis Hilfe ankam. Doch der Dieb erwies sich als stärker als er und warf den Bauern auf den Rücken und hätte ihn beinahe erwürgt, als plötzlich ein Freund eintraf und dem Bauern zu Hilfe kam.

Als er den Dieb in seiner Gewalt hatte und der Bauer wieder auf den Beinen war, sagte der Freund zu ihm: „Was soll mit dem Dieb geschehen?“ „Nun ja, fessele ihn“, war die Antwort, „und lege ihn mir auf meinen Rücken, und ich werde mich sogleich mit ihm zum Gefängnis in Tain aufmachen.“ Sein Freund tat, was er verlangte, und der Bauer machte sich mit seiner Last auf den Weg. Doch als er außer Sichtweite seines Freundes war, gelang es dem Dieb, in einer Senke der Straße, den Strick zu zerreißen, der ihn fesselte; und sofort fiel er über den Bauern her und setzte ihm mehr zu als zuvor. Der Bauer wäre getötet worden, wäre nicht sein Freund rechtzeitig gekommen, um ihn zu retten. Sein Freund fragte ihn erneut, was er nun tun würde. Die Antwort war dieselbe wie zuvor, nur dass er hinzufügte: „Ich werde diesmal vorsichtiger sein." So ging er wieder los, die beschwerliche Last auf seinem Rücken; und alles war ruhig, bis er an einen dunklen Teil des Weges kam, durch die Wälder in Calrossie, als die Fesseln wieder zerrissen wurden und auf den Bauern - noch schlimmer als je - dreingeschlagen wurde. Einmal mehr kam ihm sein Freund zu Hilfe, doch nun wollte der Bauer nicht mehr von seinem Freund lassen, bis er ihn mit seiner Ladung zum Gefängnis begleitet hatte. Seine Bitte wurde gewährt, das Gefängnis erreicht, der Dieb eingeschlossen, und der Bauer, der seinen Freund über die Freude, seinen Peiniger nun endlich losgeworden zu sein, vergessen hatte, machte sich unbeschwerten Schrittes auf den Weg zu seinem Haus.

Als gerade alle Furcht aus seinem Herzen verflogen war und er anfing, sich über eine friedvolle Zukunft zu freuen, fiel plötzlich der Dieb, der aus seinem Gefängnis entkommen war und sich beeilt hatte, den Bauern einzuholen, von hinten an und warf den armen Bauern mit sogar noch größerer Brutalität als zuvor zu Boden und hätte ihn wahrscheinlich getötet, wäre nicht die ersehnte Hilfe seines Freundes einmal mehr gekommen, als er sie am meisten nötig hatte. Einmal mehr fragte ihn sein Freund, was geschehen solle. Der Bauer, besorgt und erschöpft, warf sich seinem Freund zu Füßen und ergriff ihn mit beiden Händen und rief: „Möge der Tag nie anbrechen, an dem du und ich für einen Augenblick getrennt sein werden, denn ohne dich kann ich nichts tun."[24]

Es ist wirklich so, dass wir in der Person des Heiligen Geistes einen mächtigen Freund haben, durch den wir unsere

[24] Diese Geschichte ist, in einer geringfügig bearbeiteten Form, dem Buch *The Days of the Fathers in Rossshire*, Christian Focus Publications, entnommen.

Versuchungen und Sünden überwinden und anders werden können. Er wohnt in uns und kann nie von uns getrennt werden. Ohne ihn können wir nichts tun, aber mit ihm vermögen wir alles, wenn wir unter Gebet mit ihm zusammenarbeiten.

Dies sind also alle zur Verfügung stehenden Hilfsmittel. Egoismus kann besiegt werden. Die Diskrepanz zwischen unserem Glauben und unserem Verhalten ist keine Diskrepanz, die unmöglich überwunden werden kann. Sind wir wirklich errettet, liegt alles für uns bereit, was Gott uns im Herrn Jesus Christus bereitgestellt hat.

Aber wenn wir noch keine Christen sind, wie erfahren wir seine Errettung persönlich? Wie wird sie unser Teil? Und wenn wir Christen sind, wie beharren wir in ihr und wenden ihre Hilfsquellen auf unser Leben an? Der nächste Vers gibt uns die Antwort.

Eine echte Reaktion (3,8)

„Das ist gewisslich wahr. Und ich will, dass du mit Ernst lehrst, damit alle, die zum Glauben an Gott gekommen sind, darauf bedacht sind, sich mit guten Werken hervorzutun. Das ist gut und nützt den Menschen.“ In Bezug auf das, was er gerade über die Errettung und das, was Gott für uns im Herrn Jesus Christus getan hat, dargelegt hat, sagt Paulus: **„Das ist gewisslich wahr.“** Das deutet nicht nur darauf hin, dass die vorherigen Verse ein weithin bekanntes Glaubensbekenntnis unter den frühen Christen gewesen sein könnten, sondern gibt uns auch unmittelbar den Schlüssel für die Reaktion, die Gott von uns fordert. Gott lügt nicht. Sein Evangelium ist vertrauenswürdig. Was sollen wir also tun? Wir sollten vertrauen. Wir sollten dem Herrn und seinen Verheißungen vertrauen und uns in seine Hände legen. Dass dies die

Reaktion ist, die Gott fordert, wird in der Art und Weise unterstrichen, wie Paulus die Christen in Vers 8 beschreibt. Er bezeichnet sie als solche, „die zum Glauben an Gott gekommen sind".

An dieser Stelle sollten wir einmal über drei Dinge nachdenken, was echtes Vertrauen in den Herrn beinhaltet.

1. Es gibt in einer Armee immer zwei Sorten von Männern

Es gibt in ihr solche, die ihrem Offizier ungern folgen, sondern nur aus bloßem Pflichtgefühl. „Na ja, es gibt für mich keine andere Möglichkeit, also folge ich ihm besser." Das ist nicht die Art Vertrauen, die hier gemeint ist. Es gibt andere, die mit einer zuversichtlichen Erwartungshaltung folgen. Sie vertrauen auf ihrem Offizier und seinen Fähigkeiten, die Sache auszuführen und sie durch ihre Mission zubringen. Diese Art Vertrauen ist biblischer Glaube an Jesus. Es ist jene zuversichtliche Überzeugung dem Herrn Jesus Christus gegenüber, welche die gute Botschaft in uns wecken möchte. Er liebt uns wirklich. Wir wissen das, weil er für uns nach Golgatha ging. Er hat die Kraft, um uns durch alles ans Ziel zu bringen. Wir wissen das, weil er von den Toten auferstand und jetzt im Himmel thront. Wir können ihm wirklich vertrauen. Wir können ihm erwartungsvoll und zuversichtlich folgen. Das ist die Antwort auf Christus, welche die echte Errettung persönlich zu uns bringt.

2. Unser Vertrauen soll aktiv, nicht passiv sein

Wir lehnen uns nicht einfach zurück und betrachten Gottes Errettung so, wie ein Publikum sich ein Theaterstück anschaut. Vielmehr stehen wir von unseren Sitzen auf und werden zu Darstellern in Gottes Schauspiel. Solche, die zum Glauben an Gott gekommen sind, müssen darauf bedacht sein, **„sich mit guten Werken hervorzutun"** (3,8). Mit unserem Vertrauen auf Christus beginnen wir mit dem Versuch, durch die Kraft Christi

Dinge zu tun, die wir zuvor nicht tun konnten, und wir finden zu unserem Erstaunen heraus, dass wir sie tun können.

Auf Jesu Gebot hin konnte Petrus aus dem Boot steigen und auf dem Wasser wandeln, wenn er seine Augen unverwandt auf den Herr richtete! Im Vertrauen auf die Güte Christi und die Macht seines Wortes entdeckte der Mann mit dem verdorrten Arm, dass er tun konnte, was er nie zuvor vermocht hatte - seinen Arm ausstrecken, und als er das tat, wurde der Arm gesund.

Auf Christi Gebot hin, indem wir uns auf ihn, unseren Kommandanten, verlassen, trachten wir danach, gute Ehemänner und liebende Ehefrauen zu sein, und wir entdecken, dass wir es sein können. Auf Christi Gebot hin und im Vertrauen auf ihn versuchen wir, vor anderen Zeugnis für das Evangelium abzulegen, und wir entdecken, dass wir diesem Auftrag mit einigem Erfolg entsprechen können. Auf Christi Gebot hin, indem wir im Glauben auf ihn blicken, versuchen wir, unseren Feinden zu vergeben und den Bedürftigen zu helfen und die Sünde in unserem Leben zu überwinden, und wir entdecken, dass wir Fortschritte machen können. Unser Vertrauen auf Christus ist nicht passiv, sondern aktiv.

3. *Es ist das Evangelium, das den Glauben an Christus in uns weckt*

Die Verkündigung und Betonung des Evangeliums, so sagt Paulus, ist **„gut und nützt den Menschen“** (3,8). Ob man nun ein Christ oder kein Christ ist, jeder benötigt dieselbe Botschaft von Gottes Errettung. Sie kann den Glauben an Jesus zum ersten Mal wecken und uns so ewiges Heil bringen. Sie kann den müden Christen ermutigen und uns im Glauben erhalten. Sie ist für jeden nützlich.

Aufrichtiger Glaube, Vertrauen auf Gott durch Jesus Christus, ist die geforderte Antwort, die die ganze Wirklichkeit einer genuinen Errettung in unser Leben hineinbringt.

Eine aufrichtige Absicht

Kannst du jetzt, wenn du auf diesen Abschnitt zurückblickst, entdecken, was Paulus getan hat? Wir fingen damit an, über Menschen nachzudenken, die behaupten, dass christliche Maßstäbe zu hoch seien, die sagen: „Ich würde gern Christ werden, aber nein, danke, denn ich könnte den Anforderungen nicht nachkommen." Siehst du, was Paulus in dem, was er hier dargelegt hat, getan hat? Er hat in Liebe alle unsere Entschuldigungen entkräftet. Alles, was wir Sünder brauchen, steht uns zur Verfügung.

Du kannst für Gott anders werden, denn Gott kann dich verändern. Lieber Christ, Gott kann dich befähigen, die Diskrepanz zwischen deinem Glauben und deinem Verhalten zu überwinden. Lieber Nichtchrist, es gibt tatsächlich keinen triftigen Grund für dich, kein Christ zu werden und Jesus nicht anzunehmen. Vertraue ihm! Vertraue ihm ganz! Vertraue ihm jetzt!

Weise das Gesagte nicht einfach zurück. Ich möchte dich etwas fragen, falls du noch kein Christ bist. Wenn du dein Mittag- oder Abendessen beendet hast, was machst du mit den Speiseresten? Würdest du dich freuen, wenn man dir Essensreste eines Menüs vorsetzen würde, das jemand anderes so richtig genossen hat? Natürlich würdest du das nicht mögen. Aber wenn du zu Gott sagst: „Ich will Christ werden, aber später; nicht jetzt", dann sagst du in Wirklichkeit: „Gott, wenn der Teufel das vom Teller meines Lebens genommen hat, was er möchte, dann kannst du die Reste haben." Das ist es, was eigentlich geschieht, wenn du es ablehnst, sofort auf das

Evangelium zu antworten. Du würdest nicht die Speisereste anderer Leute essen wollen. Du darfst sie durchaus ablehnen. Und Gott verheißt dir nicht, dich zu einer anderen Zeit als jetzt anzunehmen. Jetzt ist der Tag des Heils. Er verspricht, dich jetzt anzunehmen. Komm zu Christus, wenn du noch kein Christ bist. Komm jetzt! Vertraue ihm und folge ihm, als aufrichtiges Zeichen auf sein aufrichtiges Heilsangebot.

10.

Voller Einsatz für das Gute (3,9-15)

Schriftlesung: Titus 3,9-15

Titus wurde von Paulus auf der Insel Kreta zurückgelassen, um Irrtümer und die Ich-bezogenheit in den dort neugegründeten Gemeinden zu korrigieren und in Ordnung zu bringen. Wenn wir zum Schlussteil des Briefes von Paulus an Titus kommen, so sehen wir, dass der besondere Nachdruck seiner Abschiedsbotschaft auf Vers 14 liegt: **„Lass aber auch die Unseren lernen, sich hervorzutun mit guten Werken, wo sie nötig sind, damit sie kein fruchtloses Leben führen."**

Die Sache mit den „guten Werken" ist ein Thema, das im ganzen Buch immer wieder zur Sprache kommt. Wir wollen diesem roten Faden der „guten Werke" im Titusbrief für einen Augenblick nachgehen. Ein Ältester, so wird uns gesagt, muss jemand sein, der das Gute liebt (1,8). Im Gegensatz dazu verurteilt Paulus die falschen Lehrer, denn sie sind „zu allem guten Werk untüchtig" (1,16). Die älteren Frauen sollen ermahnt werden, Gutes zu lehren (2,3). Titus selbst sollte sich den jungen Männern „zum Vorbild guter Werke" machen (2,7). Paulus bringt zum Ausdruck, dass der Tod Jesu am Kreuz geschah, „damit er uns erlöste von aller Ungerechtigkeit und reinigt sich selbst ein Volk zum Eigentum, das eifrig wäre zu guten Werken" (2,14). Als er die Einstellung des Christen der

Obrigkeit und anderen Menschen gegenüber skizzierte, befahl Paulus, dass sie „zu allem guten Werk bereit“ seien sollen (3,1). In unserem letzten Kapitel sahen wir, dass das Evangelium von Titus betont werden sollte, „damit alle, die zum Glauben an Gott gekommen sind, darauf bedacht sind, sich mit guten Werken hervorzutun“ (3,8). Schließlich sind wir nun beim letzten Abschnitt angekommen, und wir finden folgende Abschiedsbotschaft des Paulus: **„Lass aber auch die Unseren lernen, sich hervorzutun mit guten Werken, wo sie nötig sind, damit sie kein fruchtloses Leben führen“** (3,14).

Dieser Nachdruck zeigt den anderen Aspekt, den anderen Hauptgedanken des Briefes, der sich darum dreht, wie die Kluft zwischen dem, was Christen bekennen zu glauben, und dem, wie sich Christen ganz praktisch verhalten, geschlossen werden kann. Wir können die Kluft nicht einfach schließen, indem wir die Versuchungen abwehren, sondern nur, wenn wir aktiv uns um das bemühen, was wirklich gut und nützlich ist. Es geht darum, dass wir aus der Ichbezogenheit ausbrechen und einen fruchtbaren und Gott-wohlgefälligen Dienst aufnehmen. Wie wir sehen werden, gebraucht Paulus im Titusbrief zwei unterschiedliche Worte für „gut“. Sie decken ein weites Bedeutungsspektrum ab, vom moralischen Sinne dessen, was rein und heilsam ist, bis hin zu dem, was nützlich und schön ist, weil es den Umständen angemessen, ehrenvoll und sittlich richtig ist. Der Gedanke des „Guten“ im Sinne des geistlich Nützlichen und Fruchtbaren tritt in diesem letzten Abschnitt in den Vordergrund. Die gute Botschaft muss zu einem Gott-wohlgefälligen Lebensstil führen. Ein kleines Kind betete einmal: „Herr, mach du die bösen Menschen gut und die guten Menschen gütig.“ Dies ist so entscheidend, wenn es um die Glaubwürdigkeit der Gemeinde vor den Augen einer Welt geht, die sie beobachtet. Dies ist außerdem so wichtig für die moralische Integrität der Gemeinde in den Augen Gottes, dass Paulus meint, er könne den Brief nicht abschließen, ohne

Titus noch einmal nachdrücklich angewiesen zu haben, dass Christen sich **„mit guten Werken"** hervortun sollen.

Wir wollen seine Motive in diesen letzten Versen unter zwei Hauptüberschriften zusammenfassen.

Nützliche und unnütze Lehre (3,9-11)

Im letzten Kapitel sahen wir, dass Paulus in 3,8 sagt, dass die Wahrheit und die Lehren des Evangeliums gut und nützlich sind. In Vers 9 bewertet er die falsche Lehre als „unnütz und nichtig": **„Von törichten Fragen aber, von Geschlechtsregistern, von Zank und Streit über das Gesetz halte dich fern; denn sie sind unnütz und nichtig."**

Die vorgebrachten Anliegen und die Verkündigung der falschen Lehrer führen nicht zu einem Christus ähnlichen Charakter und zu guten Werken, sondern nur zu Egoismus, Spaltungen und Streitigkeiten. Hier finden die Worte des Herrn Jesus bezüglich der falschen Propheten einen Widerhall: „An ihren Früchten sollt ihr sie erkennen. Kann man denn Trauben lesen von den Dornen oder Feigen von den Disteln? So bringt jeder gute Baum gute Früchte, aber ein fauler Baum bringt schlechte Früchte. Ein guter Baum kann nicht schlechte Früchte bringen, und ein fauler Baum kann nicht gute Früchte bringen" (Mt 7,16-18). Mit dem Gedanken im Sinn, dass die gute Nachricht zu einem guten und fruchtbaren Leben führen muss, stellt Paulus der Nützlichkeit des Evangeliums die Nutzlosigkeit der falschen Lehre gegenüber. Wir wollen hier drei Dinge festhalten:

1. Was Paulus voraussetzt

Paulus setzt voraus, dass unser Verhalten entscheidend durch die Lehre, das Dogma, die Weltanschauung, die uns gelehrt wird und die wir annehmen, geprägt ist. Es ist, wie er im allerersten Vers des Buches erklärte, die in unsere Herzen aufgenommene Wahrheit, die ein Gott-wohlgefälliges Leben zur Folge haben wird. Irrtum oder mangelnde Belehrung in unseren Herzen werden zu einem selbstgefälligen, lockeren Christentum undeiner dekadenten Gesellschaft führen.

Nun leugnen heutzutage natürlich viele Leute diesen Zusammenhang. So sagen manche Leute: „Es ist sehr gut möglich, eine anständige, tugendhafte Person und gleichzeitig ein Atheist zu sein." Während dies vielleicht auf ganz bestimmte und besondere Einzelpersonen zutreffen mag, die im Grunde immer noch unter dem unbewussten Einfluss ihres christlichen Erbes leben, würde die Bibel das im Großen und Ganzen bestreiten. Psalm 14,1 macht uns das deutlich: „Die Toten sprechen in ihrem Herzen: ‚Es ist kein Gott'"; und weiter erklärt er im selben Vers, dass Folgendes die unweigerliche Konsequenz sei: „Sie taugen nichts; ihr Treiben ist ein Greuel; da ist keiner, der Gutes tut." Ohne Gott ist das sündige Ich entfesselt, das zu tun, was ihm gefällt. Paulus erklärt uns im ersten Kapitel des Römerbriefes, dass, wenn die Menschen sich von Gott abwenden, die gesellschaftliche Moral in eine Richtung geht, und zwar nur in eine Richtung - abwärts. Wir haben für diese These nicht nur das Wort der Heiligen Schrift; wir können es auch in der Geschichte sehen. Schauen wir uns an, was in der westlichen Welt im Laufe des letzten Jahrhunderts geschehen ist, als der Mensch beschloss, dass er mündig geworden sei und den Gott und das Christentum seiner Vorfahren nicht mehr benötige. Wir leben heute in einer Gesellschaft, die unter der Belastung der Sündenverschmutzung, der Gewalt und der Korruption, mit all den sich daraus ergebenden Tragödien zerbrochener Familien, mit Armut, Depression und zunehmender Angst zu leiden hat. Es besteht ein Zusammenhang zwischen dem, was Menschen gelehrt wird, und ihrem Lebensstil. Wie ein Mensch in seinem Herzen denkt, so ist er.

Die Tragödie ist, dass die Gemeinde von heute diesen Zusammenhang nicht mehr sieht. Stattdessen sieht sie die Antwort auf ihre aktuellen Krankheiten ausschließlich in der Kraft des Heiligen Geistes.

Aber eigentlich kommen die Krankheiten, die man in den Gemeinden beobachten kann, aus einer ganz anderen Richtung. Sie rühren teilweise von der Tatsache her, dass wir in einer Kultur leben, welche die Idee der absoluten Wahrheit ermordet und begraben hat. Alles ist in den Augen der Welt relativ geworden und eine Sache der persönlichen Meinung. So kommt es, dass Ideen und Lehren nur in einer sehr provisorischen, lockeren Weise vertreten werden können, und daher keine Dringlichkeit besteht, sie im praktischen Leben umzusetzen. Der moderne Relativismus unterbricht die Verbindung, die Paulus zwischen der Wahrheit und dem Leben, zwischen der Lehre und dem Handeln herstellt. Dieselbe Einstellung hat auch auf die Gemeinde abgefärbt. Das Wachsen im heiligen Lebenswandel, der Sieg über Versuchungen und die Änderung von Gewohnheiten werden heute eher in speziellem Gebet und einer neuen Salbung des Geistes gesucht als in einer gründlichen Belehrung. Probleme sind ein „Geist", der aus einem Christen ausgetrieben werden müsse (wo findet man so etwas im Neuen Testament?), oder man sucht ihre Bewältigung in der Öffnung der Gefühle durch besonderes Gebet. Unterdessen werden Lehre und persönliches Bibelstudium verachtet oder als bloßes „Kopfwissen" oder nur als „Auslegung des Predigers" abgetan.

Sicher müssen Prediger darauf bedacht sein, die Schrift richtig auszulegen und sie auf das Herz anzuwenden, aber es ist äußerst bedenklich, wenn man die Rolle der gesunden Lehre herunterspielt, etwas, was dem Neuen Testament völlig fremd ist.

Die Gemeinde von heute ist ihrer eigenen Version des weltlichen Prinzips, die Verbindung zwischen Wahrheit und

Leben aufzugeben, gefolgt. Aber Jesus zufolge ist es die Wahrheit, die das Leben der Menschen verändert. Er betet für seine Jünger zu seinem Vater: „Heilige sie in der Wahrheit; dein Wort ist die Wahrheit“ (Joh 17,17). Der Gemeinde in Rom erklärt Paulus, dass Christen verwandelt werden durch die Erneuerung ihres Sinnes (Röm 12,2), nicht durch Erfahrungen, die am Verstand vorbeigehen oder ihn herunterspielen oder ihn „neutralisieren“. Gerade in diesem Brief an Titus, den wir studieren, begann Paulus zu betonen, dass es die Wahrheit ist, die „Menschen zu einem rechten Wandel in der Gottesfurcht“ hinführt (1,1; Bruns).

Durch die subjektive, gefühlsorientierte Atmosphäre unserer Zeit hat sich die Gemeinde von heute in einem viel größeren Ausmaß als sie es erkennt der Erregung und dem Gefühl auf Kosten der Wahrheit und der Lehre hingegeben. Wir haben die Verbindung unterbrochen, die Paulus dargestellt hat.

Während wir tatsächlich die Kraft des Geistes benötigen, so ist er auch der Geist der Wahrheit. Er ist der Geist, der die Heilige Schrift inspiriert hat und das Evangelium bezeugt. Er ist der Geist, der eine Sicherheit und Überzeugung gibt, sodass wir die christliche Lehre nicht locker oder leichtfertig vertreten. Er ist der Geist, der Gewissheit schenkt, sodass wir die Wahrheit erkennen und wissen, dass wir sie erkennen und daher bestrebt sind, sie auszuleben und sie anderen weiterzugeben.

Eine Gemeinde, die die Erfahrung des Geistes betont, während sie die Notwendigkeit gesunder Lehre vernachlässigt, nähert sich Problemen nicht aus der Richtung des Paulus. Der Apostel ist im Neuen Testament immer um die Reinheit der Lehre besorgt, denn er weiß, dass die Befehlszentrale eines Menschen letztlich der Verstand ist, und nur gute Lehre, die fest auf die ewige Wahrheit Gottes gegründet ist, zu einem fruchtbaren Leben führen wird.

2. Was macht Lehre nützlich oder unnütz?

Zweitens wollen wir die Frage stellen, was die Lehre des Evangeliums „nützlich" und die falsche Lehre „unnütz" macht, wenn es um die Veränderung des Lebens von Menschen zum Besseren geht. Paulus gibt uns im Titusbief nur sehr wenige Informationen darüber, was die falschen Lehrer auf Kreta nun genau vertraten. Verständlicherweise geht es ihm darum, die Wahrheit darzulegen, nicht den Irrtum. Aber ihre Lehre beinhaltete **„törichte Fragen"** über Geschlechtsregister und führte zu Zank und Streit **„über das Gesetz"** (3,9). Die falschen Lehrer schienen eine neue Methode des Zugangs zum Alten Testament und der Auslegung des Gesetzes zu haben, welche viele Streitigkeiten und Zänkereien zur Folge hatte. Sie schien sich auf alttestamentliche Familienstammbäume und auf gesetzlich vorgeschriebene Rituale zu konzentrieren. Wir sollten bei Menschen, die das Alte Testament überbetonen, sofort Verdacht schöpfen. Nicht dass das Alte Testament irgendetwas anderes wäre als das reine Wort Gottes. Aber das Alte Testament ist nach seinem eigenen Zeugnis vorbereitend und weist auf das Kommen Christi hin. Der Herr Jesus ist die Hauptperson in Gottes großem Erlösungsplan. Wir verstehen das Alte Testament also am besten im Licht des Neuen Testaments und des Wortes Christi, das dort entfaltet wird.

Wir können über die genauen Einzelheiten der falschen Lehre nur Vermutungen anstellen, aber ihre Betonung des Gesetzes und von Geschlechtsregistern führt uns zu der Annahme, dass sie die natürlichen - vielleicht in der Familie weitergegebenen (?) - Fähigkeiten von Menschen und das Erreichen irgendeiner Form eines religiösen Maßstabs, dem man entweder durch tatsächliche Anstrengungen oder angebliche persönliche Erleuchtung gerecht werden konnte, in den Vordergrund stellte. Aber alle Lehre, die in eine solche Richtung geht, ist aus zwei Gründen nutzlos.

Erstens *basiert sie auf einer naiven Sichtweise der menschlichen Natur*. Sie setzt einen ethischen oder rituellen Maßstab und lehrt, dass wir danach ringen müssten, diesem zu entsprechen, um so Anerkennung zu finden. Aber sie vergisst die Tatsache und die Macht der Sünde in unserem Leben. Es ist die Wahrheit über das völlige Gefallensein der menschlichen Natur, die häufig von Irrlehren zutiefst abgelehnt wird, einfach, weil diese Wahrheit natürlich für die stolze menschliche Natur unpopulär ist. Obwohl die Sünde uns nicht so böse macht, wie wir es vielleicht sein könnten, zieht sie jeden Teil von uns in Mitleidenschaft und hebt jede Möglichkeit einer Errettung durch persönliche Verdienste jeder Art auf. Diese Lehre, die die Sünde nicht wirklich ernst nimmt, ist zum Scheitern verurteilt.

In den 1920er Jahren rief ein Mann namens Frank Buchman die Oxford-Gruppe ins Leben, die später in „Moral Rearmament“ - Moralische Aufrüstung - umbenannt wurde. Er betonte vier absolute Eigenschaften für das Christenleben. Dies waren absolute Ehrlichkeit, absolute Reinheit, absolute Selbstlosigkeit und absolute Liebe. Der Relativismus war damals noch nicht völlig in den Vordergrund getreten. Die Bewegung hatte auf ihre Zeit einen tiefen Einfluss und forderte viele Menschen heraus, eine persönliche moralische Pilgerreise zu unternehmen. Sie lehrte, dass man keine christliche Theologie oder das altmodische Evangelium benötige; man müsse einfach den menschlichen Tugenden nachjagen. Aber wo steht diese Bewegung heute? Welchen bleibenden Eindruck auf das Leben unseres Volkes hat sie hinterlassen? Keinen! Derartige Bewegungen, selbst solche voller glänzender, guter Absichten, scheitern unweigerlich. Sie können nicht aufrechterhalten werden. Die menschliche Schwachheit aufgrund der Sünde ist zu groß. Sie erkennen weder die Macht der Sünde an, noch haben sie eine Antwort darauf. Letztlich sind sie deshalb unnütz.

Der zweite Grund, warum solche Bewegungen scheitern, ist die Tatsache, dass *sie nicht den Herrn Jesus predigen, der uns in der Heiligen Schrift geoffenbart worden ist.* Es sind nicht nur die Bewegungen, die moralische Werte betonen und sich auf die persönlichen Bemühungen konzentrieren, die scheitern, sondern auch Bewegungen, die eine persönliche Erleuchtung betonen. Diese Lehren ermutigen ihre Anhänger, in sich selbst hineinzublicken, anstatt von sich selbst wegzusehen auf den lebendigen Heiland, der für unsere Sünden gestorben und auferstanden ist. Anstatt das historische, ein für alle Mal geschehene Sühnungswerk Jesu zu betonen, konzentrieren sie sich hauptsächlich darauf, persönliche geistliche Erfahrungen und veränderte Bewusstseinszustände zu suchen. Die Quäker, eine Bewegung, die von George Fox (1624-1691) im siebzehnten Jahrhundert ins Leben gerufen wurde, waren eine Gruppe, die mit etwas begann, was durchaus eine echte Wirkung des Geistes Gottes gewesen sein mag. Doch bald begannen sie, zu betonen, dass man eher in sich hineinblicken denn zu Jesus aufsehen solle. Diese Bewegungen neigen dazu, zu betonen, dass unser größtes Bedürfnis die geistliche Aufklärung unwissender Menschen ist, und nicht die Vergebung unserer Sündenschuld vor Gott.

George Whitefield, der große Evangelist des achtzehnten Jahrhunderts, macht an ein paar Stellen in seinen Tagebüchern Bemerkungen über die Quäker. Während einer Rückreise nach Amerika schreibt er: „Am Morgen legte ich mit Kraft das Evangelium den Matrosen aus und lieh meine Kabine am Nachmittag einem Prediger der Quäker. Er sprach mit großer Ernsthaftigkeit, aber meiner Meinung nach war sein Fundament verkehrt. Er schien das Licht des Gewissens und des Heiligen Geistes zu ein und derselben Sache zu machen und stellte Christus in uns und nicht Christus außerhalb von uns als das Fundament unseres Glaubens dar; während doch die uns zugerechnete, äußerliche Gerechtigkeit Jesu Christi, so glaube ich, die einzige Quelle und Ursache all der innerlichen Mitteilungen ist, die wir vom Geist Gottes empfangen. Ach, dass doch alle, welche die Ansicht der Quäker teilen, hiervon überzeugt würden; bis sie es sein werden, können sie nicht die Wahrheit predigen, wie sie in Jesus ist.“ Als Bibelchristen schätzen auch wir die spürbare Gegenwart Christi in unseren Herzen; sie ist kostbar und wundervoll und etwas, was man eifrig suchen sollte. Aber selbst das darf nicht den Vorrang über Christi objektives Sühnungswerk zur Abschaffung unserer Sünde einnehmen.

Während er in Philadelphia war, schrieb Whitefield erneut in sein Tagebuch: „Am Abend ging ich in eine Zusammenkunft der Quäker und empfand irgendwie eine Sympathie für den Mann, der dort sprach. Aber ich wünschte von Herzen, dass sie sowohl von einem äußeren als auch von einem inneren Christus sprechen würden; denn ansonsten machen wir unsere eigene Heiligkeit und nicht die Gerechtigkeit Jesu Christi zum Grund für unsere Annahme bei Gott. Von solch einer Lehre darf ich mich immer abwenden.“

Wir sollten uns daran erinnern, dass es Männer wie Whitefield und nicht die Quäker waren, die so predigten, dass sie von Gott gebraucht werden konnten, um die Kirche Jesu Christi zu erwecken und das moralische Gesicht sowohl Englands als auch Amerikas im achtzehnten Jahrhundert zu verwandeln. Es ist das biblische Evangelium von dem gekreuzigten Christus, der uns von der Sünde erlöst, das allein wirklich nützlich ist. Was das Evangelium nützlich macht, ist seine radikale und realistische Lehre von der menschlichen Sünde und die gute Botschaft, dass die Sühnung für die Sünde ein für alle Mal vom Herrn Jesus Christus auf Golgatha vollbracht worden ist. Das Evangelium ist folglich mehr als nur ein Lehre; es führt uns zu einer Person - zu Christus und zu Gott selbst. Es führt uns weg von uns selbst und hin zu ihm, der uns liebt und immerdar lebt.

Die westliche Welt steht in unserer Zeit einer zunehmenden Kriminalitätsrate gegenüber. Schon im Jahr 1770 veröffentlichte William Romaine, der große Prediger aus London, ein Traktat unter dem Titel *A Method for Preventing the Frequency of Robberies und Murders* (Eine Methode zur Verringerung der Häufigkeit von Raubüberfällen und Morden). Darin argumentiert er, dass, obgleich die Rechtsordnung des Landes und die von den Gerichten verhängten Strafen nützlich sind, sie das Verbrechen lediglich eindämmen könnten. Er behauptet, dass das eigentliche Problem im sündigen Zustand der Menschheit liege und daher die einzige wahre Lösung die Verwandlung der menschlichen Natur wäre - mit anderen Worten, in der christlichen Bekehrung. Daher, so schlussfolgert er, solle die Regierung die Verkündigung des Evangeliums unterstützen und finanzieren! Er sagt dasselbe wie Paulus. Es ist das Evangelium, das nützlich ist. Alles außer der Wahrheit Christi im Evangelium ist nutzlos.

3. Warum Paulus diese Haltung den falschen Lehrern gegenüber einnahm

So können wir drittens verstehen, warum Paulus in 3,10.11 folgende Haltung gegenüber den falschen Lehrern einnimmt: **„Einen ketzerischen Menschen meide, wenn er einmal und noch einmal ermahnt ist, und wisse, dass ein solcher ganz verkehrt ist und sündigt und sich selbst damit das Urteil spricht."**

Die Irrtümer der falschen Lehrer beunruhigten die Gemeinden und verursachten Streit und Spaltung. Paulus lehnt es ab, mit diesen Irrlehrern in den Dialog zu treten. Titus soll, anstatt mit sektiererischen Menschen über Theologie zu sprechen, ihnen eine Warnung erteilen und ihnen dann eine zweite Chance geben, wenn sie nicht nach der ersten Zurechtweisung Buße tun. Danach müssen sie abgewiesen werden. Paulus scheint hier das Verfahren der Gemeindezucht vor Augen zu haben, das vom Herrn Jesus Christus eingerichtet worden ist: „Sündigt aber dein Bruder an dir, so geh hin und weise ihn zurecht zwischen dir und ihm allein. Hört er auf dich, so hast du deinen Bruder gewonnen. Hört er nicht auf dich, so nimm noch einen oder zwei zu dir, damit jede Sache durch den Mund von zwei oder drei Zeugen bestätigt werde. Hört er auf die nicht, so sage es der Gemeinde. Hört er auch auf die Gemeinde nicht, so sei er für dich wie ein Heide und Zöllner“ (Mt 18,15-17).

Der Herr Jesus spricht von drei Warnungen, wohingegen Paulus nur von zweien spricht. Der Unterschied ist wahrscheinlich, dass die erste Warnung des Herrn eine private Warnung ist und Paulus sich einfach auf die beiden öffentlichen Warnungen mit Zeugen und mit der Gemeinde konzentriert. Die Weigerung, das öffentlich bestätigte apostolische Wort zu hören, ist gleich bedeutend damit, dass ein solcher Mensch Gericht auf sich zieht. Wer es ablehnt, zu hören, ist hartnäckig und widerspenstig. „Wisse, dass ein solcher ganz verkehrt ist und sündigt, scheue dich also nicht, die traurige, aber notwendige Zuchtmaßnahme zu verhängen.“ Indem er die apostolische Wahrheit ablehnt und am Irrtum festhält, ist er „durch sich selbst verurteilt“.

Kehren wir dieses Argument für einen Augenblick um. Oft fragen wir in Fällen von Gemeindezucht: „Was ist das Zeichen dafür, dass jemand bußfertig ist?“ Die Antwort lautet: „Es handelt sich um eine Bereitwilligkeit, das Wort Gottes zu hören, es anzunehmen und aktiv darauf zu reagieren.“ Wir können nicht die Tiefe der Reue im Herzen eines Menschen beurteilen, und wir sind auch nicht dazu berufen, das zu tun. Allein Gott kennt die Herzen der Menschen. Alles, was wir in Erfahrung bringen können, ist, wie sie auf das Wort Gottes reagieren. Sind sie bereit, zu gehorchen? Zeigen sie das durch ihre Taten? Wenn diese Fragen mit Ja beantwortet werden können, dann ist das gut genug, denn Gemeindezucht zielt nicht auf Bestrafung ab, oder darauf, „Gerechtigkeit“ zur Geltung zu bringen, sondern darauf, den Sünder zu gewinnen.

Die nützliche Lehre ist also das biblische Evangelium. Die gute Botschaft führt zu einer guten Lebensführung. Unsere Sitten sind im Evangelium verwurzelt und in der Bekehrung durch das Evangelium zu Christus. Wie sieht es mit uns aus? Haben wir Christus gefunden und sind durch seinen Geist von neuem geboren? Wenn nicht, dann müssen wir Jesus in Demut suchen, in Buße und im Gebet, bis wir ihn finden. Wir müssen ihn finden. Hier muss der Anfang liegen. Aber wenn wir Christus gefunden haben, wie sollen wir dann weitergehen? Dies führt uns zur Betrachtung der letzten Verse des Briefes an Titus.

Fruchtbare und unfruchtbare Lebensführung
(3,12-15)

„Wenn ich Artemas oder Tychikus zu dir senden werde, so komm eilends zu mir nach Nikopolis; denn ich habe beschlossen, dort den Winter über zu bleiben. Zenas, den Rechtsgelehrten, und Apollos rüste gut aus zur Reise, damit ihnen nichts fehlt. Lass aber auch die Unseren lernen, sich hervorzutun mit guten Werken, wo sie nötig sind, damit sie kein fruchtloses Leben führen.“

Es könnte durchaus sein, dass Paulus' Sekretär, dem er den Brief an Titus diktiert hat, seine Feder niedergelegt hat und Paulus selbst diese letzten paar Verse mit seiner eigenen Hand schreibt, wie es seine Sitte war. Dies könnte die persönlicheren Bezüge erklären, die wir in diesen Schlusssätzen ebenfalls finden. Aber auch hier betont er die Notwendigkeit, dass Christen solche sein sollten, die sich um gute Werke bemühen. Sich zu bemühen, bedeutet, ein einziges Ziel zu haben und dieses Ziel nicht aus den Augen zu verlieren, was auch immer kommen mag. Auf diese Weise sollten Christen das Ziel verfolgen, gute Werke zu tun, denn ihr Gott ist ein Gott der Güte, der sie in seiner Güte errettet hat. Sie sollen kein fruchtloses, egozentrisches, unergiebiges Leben führen. Vielmehr sollen sie Quellen der Güte sein.

Wir wollen nun ein paar Fragen stellen:

1. Was meint Paulus mit einem fruchtbaren Leben ?

Wir können diese Frage zuallererst allgemein vom ganzen Brief her beantworten. Paulus gebraucht zwei unterschiedliche Worte, wenn er im Brief an Titus über Güte spricht. Das Erste - *agathon* - meint das, was an sich gut und deshalb für andere nützlich ist. Das Zweite - *kalos* - bezieht sich auf das, was an sich gut und deshalb schön anzusehen ist. Paulus möchte sehen, dass Christen ein schönes und nützliches Leben führen.

In früheren Abschnitten des Briefes haben wir viele verschiedene Aspekte davon gesehen. Die Ältesten sollen solche sein, die ein untadeliges Leben führen, mit starken, warmen, gastfreundlichen Familien, an dem christlichen Glauben festhalten und es lieben, durch ihre Lehre und ihre Güte anderen Gutes zu tun. Die älteren Frauen sollen aus Liebe den jüngeren Frauen einen gottseligen, liebevollen Lebensstil durch ihr sanftmütiges und weises Lehren und durch das Mitteilen von jahrelanger Erfahrung einprägen. Gute Werke sollen durch Güte, Lehre und Vorbild materiell, moralisch und geistlich solchen in unserer Umgebung nützlich sein. Wenn wir Gutes tun, dann heißt dies, so zu leben, dass wir in jeder Hinsicht, in Übereinstimmung mit dem Evangelium der Gnade, und bei jeder sich uns bietenden Gelegenheit alles, was in unserer Macht steht, tun, um „der Lehre Gottes, unseres Heilands“ in allen Beziehungen unseres Lebens „Ehre zu machen“. Wir sollen ein schönes, nützliches Leben führen. Wir sollen ein Leben führen, das einen Segen für andere darstellt und dem Namen Christi Ehre macht.

Wir können die Frage, was ein fruchtbares Leben ausmacht, aber auch konkreter aus diesen Versen am Ende des Briefes beantworten. Unser Vers 14 macht deutlich, dass ein fruchtbares Leben ein Leben ist, das, wenn es die Gelegenheit zur Arbeit hat, seinen eigenen Unterhalt verdient und für die „täglichen Bedürfnisse" (NIV; „die notwendigen Bedürfnisse", revElbf) anderer sorgt. Aus Glauben zu leben bedeutet nicht, mittellos leben zu müssen (obwohl Gott manchmal wie durch ein Wunder für uns sorgt). Vielmehr schließt ein Leben aus Glauben an Christus im Allgemeinen ein, dass wir Christus an die Hobelbank folgen oder an jeden anderen Ort, wo unsere Fähigkeiten gefragt sind, um unseren Lebensunterhalt zu verdienen und für unsere Angehörigen zu sorgen. Dies heißt ganz praktisch, Gutes zu tun.

Wir können auch aus den Versen 12 und 13 ersehen, dass sich um gute Werke zu bemühen auch bedeutet, das Werk des Evangeliums in jeder uns möglichen Weise zu unterstützen. Diese Verse waren an Titus gerichtet. In Vers 12 wird Titus gebeten, sobald wie möglich zu Paulus in Nikopolis zu kommen, einem Seehafen an der Westküste Griechenlands. Dann bittet er Titus, alles, was er vermag, zu tun, um Zenas und Apollos zu unterstützen. Diese Männer scheinen beide Rechtsgelehrte und Experten im Alten Testament gewesen zu sein (Apg 18,24). Vielleicht hatte Paulus sie gebeten, Kreta zu besuchen, um die falschen Lehrer durch ihre Kenntnis des Alten Testaments zu bekämpfen, das die falschen Lehrer ja missbrauchten. Was auch immer ihre genaue Aufgabe gewesen sein mag, sie waren Männer, die in der Arbeit am Evangelium engagiert waren, und wenn Paulus Titus bittet, sie gut zur Reise auszurüsten, **„damit ihnen nichts fehlt"**, dann möchte er offensichtlich, dass die Christen auf Kreta mit in ihre Unterstützung einbezogen werden. Dieser Gedanke mündet also natürlicherweise in Vers 14, wo der Wunsch, dass alle Christen sich um gute Werke bemühen sollen, zum Ausdruck gebracht wird. Christenmenschen tun gute Werke, wenn sie durch Gebet, Gastfreundschaft, finanzielle oder andere Unterstützung Arbeitern am Evangelium helfen. Wir tun Gutes, wenn wir den Armen und Bedürftigen geben. Aber wir tun auch Gutes, wenn wir die Verbreitung der Wahrheit des Evangeliums unterstützen. Wir können ein gutes Werk tun, indem wir unser Geld als Opfer geben.

Nun wollen wir eine zweite Frage stellen. Nachdem wir gesehen haben, was ein fruchtbares Christenleben ist, möchten wir fragen, wie solch ein Leben aufgebaut ist.

2. Wie kommt ein fruchtbares Christenleben zum Vorschein?

Paulus sagt: **„Lass aber auch die Unseren lernen, sich hervorzutun mit guten Werken, wo sie notwendig sind, damit sie kein fruchtloses Leben führen."** Die beiden Schlüsselworte sind hier „lernen" und „sich hervortun" oder „bemühen".

Erstens, ein fruchtbares Christenleben kommt *über einen Lernprozess* zustande. Durch unsere Bekehrung zu Christus, durch unsere neue Geburt, durch unsere Rechtfertigung vor Gott ist ein neues Leben in uns eingeleitet worden. Es hat begonnen, wir müssen also lernen, es in der Praxis auszuleben.

Einer der entscheidendsten Teile dieses Lernprozesses mag zwar offensichtlich sein, wird von uns jedoch oft nicht begriffen oder nur teilweise verstanden. Christen müssen immer wieder lernen, dass das Evangelium für sie gilt. Das Evangelium ist nicht nur für Nichtchristen; es ist auch für Christen da. Es schenkt Vergebung für unsere Sünden, die Sünden, in die wir als Christen gefallen sind. Manchmal nehmen wir eine Haltung ein, die dies beinahe leugnet. Wir haben als Christen begonnen und Christus für die Vergebung vertraut, meinen aber irgendwie, dass, wenn wir jetzt, wo wir Christen sind, fallen, Christus uns nicht wirklich vergeben und uns lieben könne; schließlich hätten wir ihn doch so sehr verunehrt. Es ist wahr, dass wir ihn verunehrt haben, aber er liebt uns immer noch und ist bereit, uns zu vergeben. Gläubigen Menschen kann vergeben werden! Wir müssen lernen, demütig genug zu sein, um zu erkennen, dass wir als Christen immer noch jeden Tag dieselbe Medizin benötigen. Wir müssen lernen, dass Gott gnädig genug ist, um uns immer noch zu lieben, selbst wenn wir ihn als Christen verunehrt haben. Wenn wir dies vermehrt lernen, wachsen wir in der Dankbarkeit gegen Gott, der das Zentrum aller wahren Frömmigkeit und alles wahren christlichen Dienstes ist (Kol 2,6.7).

Wir müssen natürlich auch lernen, fruchtbar zu werden, indem wir lernen, was Gott wohlgefällig ist. Wenn wir zu Christus kommen, sind wir hinsichtlich der Wege Gottes unwissend. Wir müssen aus der Schrift die christliche Lebensweise lernen, Christi Gebote, Gottes Weisheit. Wir müssen lernen, mit dem Heiligen Geist zusammenzuarbeiten und auf Gottes Wort zu reagieren. Wir müssen uns darin üben, nach guten Werken Ausschau zu halten, und zwar in einer Weise, die für andere nicht bedrohlich oder anmaßend, sondern einfühlsam auf sie reagiert. Wir müssen lernen, Menschen des Gebets zu sein, so dass unser Dienst in Gottes Kraft geschieht, nicht in unserer eigenen.

Zweitens, ein fruchtbares Christenleben erfordert *Hingabe.* Wir haben dem Herrn bereits unsere Hingabe und Danksagung für seine Gnade gegen uns geschenkt. Aber in Vers 14 bezieht sich Paulus darauf, dass wir uns in unserer Liebe zu Gott um gute Werke bemühen sollen. Die Hingabe an eine Sache erfordert die Abweisung anderer Dinge. Das Bemühen um gute Werke wird Zielstrebigkeit erfordern. Wenn wir mehr Geld aufbringen werden, um Missionare zu unterstützen oder den Bedürftigen zu helfen, dann werden wir weniger zu unserer eigenen Verfügung haben. Wenn eine reife christliche Frau Zeit findet, um sich einer jungen Frau in der Gemeinde anzunehmen, um diese zu ermutigen, dann wird jene Zeit irgendwo anders hergenommen werden müssen. Hingabe bedeutet, dass

Prioritäten gesetzt werden müssen, und sie müssen beibehalten werden. Häufig sind junge Leute bereit, sich für irgendeine Tätigkeit in der Gemeinde zu engagieren. Vielleicht ist es die evangelistische Arbeit unter Kindern oder das Besuchen älterer Geschwister. Wenn jedoch in einer Woche mal ein besseres Angebot kommt, jemand seinen Geburtstag feiert oder sie die Gelegenheit haben, ins Theater zu gehen - dann fehlen sie bei ihrer Tätigkeit. Wir dürfen diesbezüglich nicht zu gesetzlich sein, aber es kann bedeuten, dass sie, obwohl sie mit guten Werken beginnen, keine Beständigkeit, keine Hingabe zeigen. Ein wirklich fruchtbares Christenleben erfordert Hingabe. Heute ist viel von der Evangelisierung ganzer Nationen die Rede, und davon, dass man Klein- und Großstädte für Christus gewinnen wolle. Das sind exzellente Bestrebungen. Aber so oft suchen wir nach einer schnellen Lösung. Schon im siebzehnten Jahrhundert gewann der Puritaner Richard Baxter (1615-1691) die Stadt Kidderrninster für den Herrn. Beinahe die ganze Stadt wurde gläubig, und es fanden nicht nur in der Kirche, sondern auch in der überwältigenden Mehrheit der Häuser in der Stadt Gottesdienste statt, wenn christliche Familien zusammen beteten. Eine Stadt wurde für Gott gewonnen. Aber das war keine schnelle Sache. Es dauerte Jahre, in denen Baxter betete, beständig predigte und Besuche von Haus zu Haus machte. Ein großer Eindruck wurde hinterlassen. Aber es erforderte Hingabe. Er bedeutete, immer hart zu arbeiten, zu kämpfen, selbst wenn er sich krank fühlte. Es erforderte, dass er bei der einen Priorität blieb. Sind wir bereit, in den Bereichen Geld, Zeit und Energie Gott unsere Prioritäten setzen zu lassen?

Aber bei dem Bemühen um gute Werke geht es nicht einfach nur um Beharrlichkeit. Es geht nicht um eine verbissene Entschlossenheit. Sie entspringt aus einem Herzen der Großzügigkeit und Güte. Es ist dieser Geist der Liebe, den Paulus in Christen immer zu entfachen sucht. Es ist dieser selbe Geist der Freundlichkeit und Fürsorge, der sich in den Versen widerspiegelt, mit welchen Paulus seinen Brief an Titus abschließt: **„Es grüßen dich alle, die bei mir sind. Grüße alle, die uns lieben im Glauben. Die Gnade sei mit euch allen."**

Gottes Gnade ist mit uns, und sie führt uns dazu, anderen gegenüber gnädig zu sein. Dass Gottes Gnade mit uns ist, bedeutet nicht nur, dass wir Vergebung empfangen haben, sondern dass wir Gottes Kinder sind, mit Zugang zu all den Hilfsmitteln, die unser Vater bereitstellen kann. So ausgerüstet, können wir uns mit einem großzügigen Herzen und in einem Geist liebender Gemeinschaft um gute Werke bemühen.

Es ist heilsam, wenn wir uns bewusst werden, dass unser Leben sehr bald ein Ende nehmen wird und wir vor Gott stehen werden. Wir werden gefragt werden, wie wir von unserem Leben Gebrauch gemacht haben. Christus malt uns diese Szene in einem seiner großartigsten Gleichnisse von den Schafen und den Böcken sehr anschaulich vor Augen: „Wenn aber der Menschensohn kommen wird in seiner Herrlichkeit, und alle Engel mit ihm, dann wird er sitzen auf dem Thron seiner Herrlichkeit, und alle Völker werden vor ihm versammelt werden [...] Da wird dann der König sagen zu denen zu seiner Rechten: Kommt her, ihr Gesegneten meines Vaters, ererbt das Reich, das euch bereitet ist von Anbeginn der Welt! Denn ich bin hungrig gewesen, und ihr habt mir zu essen gegeben. Ich bin durstig gewesen, und ihr habt mir zu trinken gegeben. Ich bin ein Fremder gewesen, und ihr habt mich aufgenommen. Ich bin nackt gewesen, und ihr habt mich gekleidet. Ich bin krank gewesen, und ihr habt mich besucht. Ich bin im Gefängnis gewesen, und ihr seid zu mir gekommen. Dann werden ihm die Gerechten antworten und sagen: Herr, wann haben wir dich hungrig gesehen und haben dir zu essen gegeben, oder durstig und haben dir zu trinken gegeben? Wann haben wir dich als Fremden gesehen und haben dich aufgenommen, oder nackt und haben dich gekleidet? Wann haben wir dich krank oder im Gefängnis gesehen und sind zu dir gekommen? [...] Dann wird er auch sagen zu denen zur Linken: Geht weg von mir, ihr Verfluchten, in das ewige Feuer, das bereitet ist dem Teufel und seinen Engeln! Denn ich bin hungrig gewesen, und ihr habt mir nicht zu essen gegeben. Ich bin durstig gewesen, und ihr habt mir nicht zu trinken gegeben. Ich bin ein Fremder gewesen, und ihr habt mich nicht aufgenommen. Ich bin nackt gewesen, und ihr habt mich nicht gekleidet. Ich bin krank und im Gefängnis gewesen, und ihr habt mich nicht besucht.“ Beide Gruppen fragen ihn, wann sie dies getan haben. „Und der König wird antworten und zu ihnen sagen: Wahrlich, ich sage euch: Was ihr getan habt einem von diesen meinen geringsten Brüdern, das habt ihr mir getan“ (aus Mt 25,31-45).

Hierin liegt die große Dringlichkeit hinter den Worten des Paulus: „Lass aber auch die Unseren lernen, sich hervorzutun mit guten Werken, wo sie nötig sind, damit sie kein fruchtloses Leben führen.“ Gottes Gnade hat eine gute Lebensführung zur Folge, bei der man sich selbst vergisst und für andere sorgt. Nur wenn dies bei uns erkennbar ist, können wir gewiss sein, dass wir das Evangelium angenommen und Vergebung erfahren haben. Wir werden nicht durch gute Werke errettet, aber wir sind zu guten Werken errettet worden. Die Ichbezogenheit muss besiegt werden. Die Kluft muss geschlossen werden. Paulus hat Titus daran erinnert, dass Jesus „sich selbst für uns gegeben hat, damit er uns erlöste von aller Ungerechtigkeit und reinigte sich selbst ein Volk zum Eigentum, das eifrig wäre zu guten Werken“ (2,14). Am Jüngsten Tag werden Christi Leute an diesen guten Werken erkannt werden, die das Evangelium in ihrem Leben bewirkt hat. An ihnen wird gesehen werden, dass es tatsächlich die Wahrheit ist, die zur Gottseligkeit führt.

11.

Korrektur für eine egozentrische Gemeinde

Nachdem wir alles betrachtet haben, was Paulus an Titus bezüglich dessen, was getan werden musste, um die Gemeinden auf Kreta in Ordnung zu bringen, geschrieben hat, sollten wir nun kurz versuchen, die Puzzlestücke zusammenzufügen, um eine Schlussübersicht zu erhalten.

Die Gemeinden auf Kreta waren Gemeinden mit einer Diskrepanz. Sie waren aufsässig und neigten dazu, Autorität abzulehnen (1,10; 2,15; 3,1). Sie wurden von falscher Lehre beeinflusst, welche das Familienleben zerstörte (1,11). Sie zeigten nicht die Frucht des christlichen Glaubens beim Lernen, gute Werke für andere zu tun (3,8.14). Sie waren egozentrische Gemeinden. Es bestand folglich eine Diskrepanz in ihrem Christenleben zwischen ihrem Glaubensbekenntnis und ihrem Verhalten. Sie bekannten sich zwar zur Liebe Gottes, doch in der Praxis waren sie in der Selbstsucht gefangen.

Der Hintergrund zur Selbstsucht

Wir gefallenen Menschen neigen allesamt zur Selbstsucht, aber auf der Insel Kreta stellte sich das Problem in einer besonders verschärften Form dar (1,12). Dies geschieht dort, wo die Selbstsucht Ansehen erlangt und den Status bekommt, die beste und logischste Lebensform zu sein. Wo die Lebensphilosophie unsere angeborene Ichbezogenheit noch unterstreicht, da wird die Selbstsucht noch besonders verschlimmert. Sie kann das Denken der Menschen so vollständig an sich reißen, dass wir nicht einmal mehr bemerken, wie sehr sie uns beeinflusst. Sie wird dann für uns genauso natürlich wie das Schalten beim Autofahren. Wir tun es, ohne darüber nachzudenken. So tut sich eine Kluft im Christenleben auf, und die betroffenen Christen sind für ihre Ursachen blind.

Die antike Insel Kreta war ein Ort, der eine große Zivilisation hat aufsteigen und wieder fallen gesehen hat. Unsere postmoderne westliche Zivilisation sieht sich in ganz ähnlicher Weise als im Scheitern und im Niedergang begriffen. Wo die Vision einer Gesellschaft von sich selbst und ihrer Zukunft zusammenbricht, werden die Menschen verwirrt und desorientiert stehen gelassen. Ideale von Gerechtigkeit, Wahrheit und Liebe erscheinen bedeutungslos und nicht realisierbar. Dies ist ein fruchtbarer Nährboden für einen zügellosen Subjektivismus, der dann leicht das Ruder an sich reißt. Das gesamte Leben wird, beinahe unbewusst, einfach im Sinne der Frage „Wie wirkt sich das auf mich aus?“ gesehen. Unweigerlich werden die Menschen in die Knechtschaft einer tiefen und subtilen Egozentrik gebracht. Und dies wirkt sich auch auf Christen aus, denn der Zeitgeist färbt immer in gewissem Grad auf die Gemeinde ab.

In einer derartigen Gesellschaft wird es als naiv betrachtet, Ideale zu haben. Die Menschen haben keine gemeinsame Sache, für die sie eintreten. Die Vision für das Gemeinwohl der gesamten Gesellschaft geht verloren. Unter dem Banner der Selbstverwirklichung wird die Heiligkeit der persönlichen Entscheidungsfreiheit verkündigt. Die Entscheidung des

Einzelnen für sein persönliches Wohlergehen wird als die einzig wahre Freiheit empfunden. Wir leben in einer derartigen Kultur. Bestenfalls kann die Gesellschaft als ein Markt und jede Einzelperson als Kunde gesehen werden. Schlimmstenfalls wird sie zu einem Dickicht selbstsüchtiger Ausbeutung, wo es der menschlichen Natur überlassen bleibt, die sündigen Begierden des ihr eigenen Gefallenseins in vollem Maße auszukosten, „ein Gräuel sind sie und gehorchen nicht und sind zu allem guten Werk untüchtig" (1,16).

Paulus erkannte, dass, wenn die Weltgeschichte fortschritt und die verschiedenen Götter und idealistischen Visionen der gefallen Menschheit unweigerlich scheiterten, der menschliche Geist sich in aggressiver Ichbezogenheit in sich selbst zurückziehen würde. Vielleicht schrieb er deshalb an Timotheus: „Dies aber wisse, dass in den letzten Tagen schwere Zeiten eintreten werden; denn die Menschen werden selbstsüchtig sein [...] mehr das Vergnügen liebend als Gott" (2.Tim 3,1-4; revElbf).

Symptome einer selbstsüchtigen Kirche

Lesen wir zwischen den Zeilen, können wir in den Anweisungen, die Paulus Titus gibt, viele Symptome der Selbstsucht in den Gemeinden auf Kreta entdecken. Leider beherrschen viele derselben Symptomen die Gemeinde Jesu in unserer heutigen Zeit.

Christen, die von einer subjektiven Sichtweise der Realität beherrscht sind, kommen nicht in die Gemeinde, um Gott zu suchen und ihn anzubeten. Sie kommen zur Gemeinde mit der Einstellung: „Was kann Gott für mich tun?" Sie sind vor allem anderen an ihrem eigenen, persönlichen Wohlergehen interessiert.

Sie haben wenig oder kein Empfinden für die Größe und Herrlichkeit Gottes. Frömmigkeit als „Gottseligkeit“ ist eine theozentrische Einstellung, die das Leben eines Menschen durchdringt. An ihrer Einstellung kann man nur wenig Gottseligkeit (1,1) merken. Statt dass die Gemeinde eine Art Sonnensystem ist, in dem sich das Leben der Menschen um den Vater, den Sohn und den Heiligen Geist, den einen Gott, dreht, gleicht sie eher einem Murmelsack, in dem jede Murmel mit der anderen um Aufmerksamkeit und Bedeutung kämpft: „Niemand kümmert sich um mich“; „die Leute sind so gefühllos gegen mich.“ Dies sind die „Wortbeiträge“ in einer egozentrischen Gemeinde. Unter der Oberfläche schlummern Bosheit und Neid (3,3). Der zentrale Gedanke, Gott zu dienen und einander Gutes zu tun, ist verloren gegangen (2,7).

Die egozentrische Gemeinde ist auch eine Gemeinde, deren Moral locker sitzt. Ichbezogenheit ermutigt nicht zur Selbstbeherrschung, ermutigt nicht, „Nein“ zu sagen und weltliches Vergnügen hinten anzustellen.

Eine ichbezogene Gemeinde ist auch eine Gemeinde, in der das Familienleben im Verfall begriffen ist. Wenn Ehemänner und Ehefrauen der Selbstverwirklichung auf Kosten des liebevollen Dienstes nachgehen, gibt es Spannungen zwischen den Geschlechtern. Männer verscherzen sich die Achtung ihrer Ehefrauen (2,2). Frauen empfinden ihre Rolle im Haus eher als eine Last denn als einen Segen (2,5).

Eine egozentrische Gemeinde ist auch eine ausgezeichnete Zielscheibe für falsche Lehre (1,10). Das wahre Christentum ist kein Zuckerschlecken. Zu ihm gehört, dass wir täglich das Kreuz im Kampf gegen die Sünde auf uns nehmen und uns täglich in der Bemühung um einen liebevollen Dienst selbst verleugnen. Der ichbezogene Christ (wenn er überhaupt ein Christ ist) möchte das ewige Heil, ist jedoch verzweifelt darauf bedacht, einen weniger beschwerlichen Pfad zum Himmel zu finden als den schmalen Weg der Nachfolge in den Fußstapfen des leidenden Herrn Jesus. Die falschen Lehrer sind geschickt darin, ihre Botschaft biblisch erscheinen lassen (3,9), aber gleichzeitig ihre Verkündigung darauf abzustimmen, dass sie unsere niederen Beweggründe anspricht. In ihrer Frömmigkeit dreht sich alles um Erfolg und Wohlgefühl, nicht um Buße und Christusähnlichkeit. Der ichbezogene Christ ist besonders empfänglich für Irrlehre.

Die Kehrseite der Medaille ist, dass eine egozentrische Gemeinde danach trachten wird, solche als ihre Führer einzusetzen, die Menschen gefallen, anstatt solche, die Gott wohlgefällig sind. Manchmal ist eine Gemeinde eher bereit, denen eine große finanzielle Gegenleistung zuteil werden zu lassen (1,11), die unterhalten können, als sie herauszufordern. Eine egozentrische Gemeinde ist eine Gemeinde, die den Blick für das verloren hat, was für Anforderungen tatsächlich an den Charakter eines christlichen Leiters gestellt werden.

Es ist eine Gemeinde, die lieber interessante Theorien, geheimnisvolle Geschichten oder unterhaltende Anekdoten hören möchte als gesunde biblische Lehre (1,14). In ihrem Gottesdienst geht es eher um eine Therapie für die Gemeinde als um die Ehre Gottes.

Gottes Heilmittel

Moses bat einst Gott, ob er seine Herrlichkeit sehen könne. In gewisser Hinsicht war diese Bitte eine unmögliche Bitte, denn kein gefallener, sterblicher Mensch kann Gottes Angesicht sehen und leben (2.Mose 33,20). Aber durch Gottes Gnade hatte Paulus die Herrlichkeit Gottes im Angesicht Jesu Christi gesehen und war dem auferstandenen Herrn auf der Straße nach Damaskus begegnet. Jenes Empfinden der Ehrfurcht gebietenden Größe des Herrn wurde nur durch die Tatsache unterstrichen, dass Paulus den heiligen Gott auch als Gott, unseren Heiland, kennen lernte (1,3; 2,10.13; 3,4.6).

Das Heilmittel für ichbezogene Christen ist die Wahrheit über Gott, unseren Heiland. Dies ist die Wahrheit, die zu einem Gott-wohlgefälligen Wandel führt (1,1). Die Welt dreht sich nicht um uns. Es gibt einen souveränen Gott, der alles nach dem Ratschluss seines Willens wirkt und seine Auserwählten zum Glauben an seinen Sohn, den Herrn Jesus, bringt, der „sich selbst für uns gegeben hat, damit er uns erlöste von aller Ungerechtigkeit und reinigte sich selbst ein Volk zum Eigentum, das eifrig wäre zu guten Werken“ (2,14). Die Welt ist letztlich kein Parkett für menschliche Entscheidungen; sie ist der Schauplatz, auf welchem Gott durch seine Knechte die Ratschlüsse seines Reiches zur Ausführung bringt. Dies ist die Wahrheit, die immer noch die Wahrheit ist, ob sie nun gefällt oder nicht. Dies ist die Wahrheit, die eine ehrfurchtsvolle Einstellung auch unserem Lebensstil gegenüber (2,3) und einen Ton der Ernsthaftigkeit in unserem Reden erfordert (2,7).

Die Wahrheit Gottes, unseres Heilandes, stellt die subjektive, egozentrische Lebenseinstellung als einen verhängnisvollen Fehler bloß. Sie zeigt uns zuallererst, dass eine Welt, die „mancherlei Begierden und Gelüsten dienstbar“ ist, eine entsetzlich versklavte Welt ist, die der Rettung durch Gott, unseren Heiland, bedarf. Sie zeigt uns, dass eine Welt, die in egozentrischer „Bosheit und Neid“ lebt, eine „in die Irre“ gegangene Welt ist (3,3), denn wenn Gott sich selbst selbstaufopfernd in der Person Jesu gab, um uns zu erretten, dann beweisen wir durch ein Leben der Zügellosigkeit, dass wir Gott nicht kennen (1,16). Umgekehrt, wenn wir die Empfänger der Gnade Gottes sind, weil wir unsere Sünden durch Christus vergeben bekommen haben (3,7), können wir, ohne Heuchler zu sein, in unserem Leben danach trachten, der „Freundlichkeit und Menschenliebe Gottes“ (3,4) in einem

Leben der Besonnenheit, der Gottesfurcht und in Werken der Freundlichkeit und Güte nachzueifern. Durch ein derartiges Leben wird der Welt das Evangelium der Gnade Gottes empfohlen (2,10; 3,8). Gott hat seinen Heiligen Geist reichlich ausgegossen, damit unser Leben ganz gereinigt, erneuert und befähigt werden kann, diesen Kurs in unserem Leben zu steuern (3,5).

Wunderbarerweise gibt Gott, unser Heiland, uns ewiges Leben durch den Glauben an Christus (1,2). Egozentrische Haltungen werden durch den Verlust von Idealen und Visionen in einer verfallenden Gesellschaft verstärkt. Aber obwohl alle Zivilisationen dieser Welt vergehen und sich als unbefriedigend erweisen, beruft Gott sein Volk zu einem Leben jenseits dieser Welt.

In Christus sind wir Menschen, die ihr Leben so führen, dass sie ihre Augen fest und unverwandt auf die zukünftige Welt richten, auf die Wiederkunft Christi (2,13), welche Paulus „die Hoffnung auf das ewige Leben", „die selige Hoffnung" nennt (1,2; 2,13; auch 3,7).

Hierin liegt eine Vision, die unsere Verzweiflung vertreibt. Hier ist eine Hoffnung, für die sich das Warten und Ausharren lohnt (2,2). Hier ist ein Königreich, für das sich die Arbeit lohnt. Hier ist eine Zukunft, die es wert ist, dass wir ihr nachstreben. Hier ist die Wahrheit des Evangeliums, die zu einem Gott-wohlgefälligen Leben führt. Hier ist die Gnade Gottes, die einen Christus ähnlichen Glauben, Liebe und Besonnenheit hervorruft, welche die weltliche Egozentrik der Gemeinde als die schädliche und üble Heuchelei bloßstellt, die sie ist.

Gott ist unser Heiland. Er liebt uns mit einer überwältigenden Liebe, die in unserer Welt im Leben, im Tod und in der Auferstehung Jesu Christi erschienen ist. Können wir anders, als ihn mit zutiefst empfundener Anbetung zu verehren? Können wir anders, als unser Leben seiner Gnade auszuliefern, die uns in sein Bild umgestalten will? Können wir anders, als für seinen Dienst zu leben?

Diese Dinge müssen der Gemeinde nicht nur gelehrt werden, sie müssen auch ganz praktisch der Gemeinde vorgelebt werden durch das Leben der christlichen Leiter, die um ihres untadeligen Lebens, um ihres Festhaltens an der vertrauenswürdigen apostolischen Botschaft und ihrer Fähigkeit willen, die Gemeinde Gottes zu beaufsichtigen und sie zur Treue unserem Heiland-Gott gegenüber anzuregen, eingesetzt werden.

Exkurs: Christus am Arbeitsplatz

Wenn der Arbeitsplatz einmal mehr unter die Herrschaft Christi gebracht werden soll, so stellt sich die Frage, welche Hindernisse überwunden werden müssen? Dies ist ein umfangreiches Thema, das jemanden mit größerer Erfahrung und Sachkompetenz erfordert als mich. Ich möchte dennoch drei Probleme hervorheben, die, wie mir scheint, direkt angegangen werden müssen, wenn Christen wirklich ein Zeugnis sein wollen und Christus und christliche Werte im Geschäftsleben weiter empfehlen wollen.

Ohnmachtsgefühle

Industrie und Handel, mit ihrem zugrundeliegendem Professionalismus, sind ein riesiges Gebäude. Die rasante Veränderung der Wissensgesellschaft und die Kompliziertheit am modernen Arbeitsplatz scheinen uns zu überwältigen. Es ist verständlich, dass wir, wenn wir die Herausforderung annehmen, den Arbeitsplatz wieder für Christus zu gewinnen, uns ohnmächtig fühlen und daher schlussfolgern könnten, dass die Aufgabe völlig unmöglich sei. Wir mögen zustimmen, dass das Ziel, den Herrn Jesus am Arbeitsplatz auf den Thron zu setzen, richtig und angemessen ist, aber wir zu klein und die Aufgabe zu riesig ist, sodass allein schon der Versuch, Dinge zu verändern, lächerlich ist. Wir müssen begreifen, dass gerade diese Einstellung ein Hindernis für Fortschritte ist.

Haben wir noch nie die Geschichte von David und Goliath gelesen? Ja, wir sind sehr klein, aber unser Gott ist sogar größer als die multinationalen Riesen unserer Zeit. Im Namen des allmächtigen Herrn, des lebendigen Gottes, können aussichtslose Kämpfe gewonnen werden.

Irrige Vorstellungen

Natürlich müssen wir im Blick auf die heutige Geschäftswelt realistisch sein, aber wir sollten uns davor hüten, Denkweisen anzunehmen, die uns sagen, dass es für den Christen unmöglich sei, etwas auszurichten.

Schon im siebzehnten Jahrhundert veröffentlichte der große Puritaner Richard Baxter sein *Christian Directory, or a Sermon of Practical Theology and Cases of Conscience* - Christlicher Leitfaden, oder eine Predigt über praktische Theologie und Gewissensfragen[25]. In diesem Band richtet sich Baxter an die Geschäftswelt seiner Zeit. Er nimmt die kommerzielle Umgebung Englands in der Zeit der Restauration als seinen Ausgangspunkt, und seine Lehre ist für „Rom oder London, nicht für Wolkenkuckucksheim“ gedacht. Sein Versuch, Prinzipien des ökonomischen Verhaltens für den Christen zu formulieren, impliziert, dass die Wirtschaft ein Lebensbereich ist, für den jeder Einzelne moralisch verantwortlich ist und der nicht das Resultat unpersönlicher Mechanismen, sogenannter „markt forces“, ist, für die ethische Beurteilungen irrelevant sind. Baker besteht darauf, dass der Christ durch seinen Glauben Gottes Maßstäben verpflichtet ist, und diese Maßstäbe sind im Bereich von Geschäftsabschlüssen ebenso verpflichtend wie in jedem anderen Lebensgebiet. Auf den beliebten Einwand, dass Religion nichts über Wirtschaft zu sagen hat, antwortet er frei heraus, dass ein Christ so nicht handeln darf. Was Baxter für den christlichen Geschäftsmann der Restaurationszeit zu tun versucht, muss auch für die moderne Welt getan werden.

---

[25] R. Baxter, *A Christian Directory*, Soli Doe Gloria Publications, Ligonier, 1990.

Selbstzufriedene Einstellungen

Zweifellos werden manche Christen, die diese Aufforderung, die Wirtschaft zu reformieren, lesen, antworten: „Die Dinge am heutigen Arbeitsplatz stehen gar nicht so schlecht. Hören Sie doch auf, sich Gedanken zu machen!" Aber selbst wenn dies wahr wäre (worauf zumindest die schier endlosen Nachrichten von Wirtschaftsskandalen in unser Zeit einigen Zweifel zulassen), sind wir immer noch aufgefordert, alles zu unternehmen, Jesus im Alltag zum Herrn über alle Lebensbereiche zu machen. Unser Ziel sollte es sein, dass wir „der Lehre Gottes, unseres Heilands, Ehre machen in allen Stücken" (2,10). Wir sind nicht zur Selbstgefälligkeit berufen, sondern dazu, die Seele unseres Arbeitsplatzes wieder für Christus zu gewinnen.

Dies erfordert in der Wirtschaft große Initiativen seitens der Christen. Es erfordert konkretes durch Gebet getragenes Nachdenken - leider ist der Anti-Intellektualismus in großen Teilen des heutigen Evangelikalismus an dieser Stelle nicht sehr hilfreich. Es wird erforderlich sein, dass christliche Gebetskreise in den unterschiedlichsten Unternehmen nicht Whirpoole geistlicher „Gemeinschaft" sind, sondern zu Schauplätzen werden, wo Strategien entworfen werden, Christus in die Wirtschaft zu bringen. Dies ist ein riesiges Thema, und alles, was ich hier tun kann, ist, zum Nachdenken anzuregen. Dennoch empfehle ich die Lektüre einer kleinen Broschüre von Os Guiness mit dem Titel *Winning back the Soul of American Business* - Die Seele des Amerikanischen Geschäftslebens zurückgewinnen[26].

---

[26] Hourglass Publishers, Washington, D.C.

Auswahlbibliographie

Roy D. Clements, *Turning Points*, IVP, 1995.

Os Guiness, *The Gravedigger File,* Hodder & Stoughton, 1983.

Donald Guthrie, *The Pastoral Epistles*, Tyndale Commentary, IVP.

Philip Jensen & Tony Payne, *The Path to Godliness*, St. Matthias Press.

John Piper und Wayne Grudem, *Recovering Biblical Manhood und Womanhood*, Crossway Books, 1991.

J. C. Ryle, *Five Christian Reformers*, Banner of Truth.

David Seamans, *Healing Grace*, Scripture Press, 1989.

Philip H. Towner, *1-2 Timotheus & Titus*, IVP New Testament.

Graham Twelftree, *Drive Home the Point*, Monarch Publications, 1994.

Brian Walsh, *Subversive Christianity*, Regius Press, 1992.

David F. Wells, *God in the Wasteland*, IVP, 1994.

John Benton
„Ganz oder gar nicht!" – Maleachi

Gott zieht Bilanz.
Dieser Kommentar zeigt die Ursachen
geistlichen Stillstandes und gibt Impulse
für einen Neuanfang.

Pb, 13,5 x 20,5 cm, 180 S.
DM 21,90 / sfr 21,90 / öS 160,–

„Ohne mich!"
Jona – Auf der Flucht vor Gott
Gordon J. Keddie